ヤシャ・モンク

自己責任の時代

その先に構想する、支えあう福祉国家

那須耕介・栗村亜寿香訳

みすず書房

THE AGE OF RESPONSIBILITY

Luck, Choice, and the Welfare State

by

Yascha Mounk

First published by Harvard University Press, 2017

Japanese translation rights arranged with
Harvard University Press through
The English Agency (Japan) Ltd., Tokyo

自己責任の時代　目次

序——自己責任の台頭　1
現代の政治および哲学上の責任概念／無駄な抵抗／隠された合意——責任の枠組み／打開策／ここからの議論

第1章　責任の時代の起源　29
政治／哲学／社会科学／結果責任としての責任

第2章　責任の時代の福祉国家　71
「矛」と「盾」に直面する／責任追随的な制度と責任緩和的な制度／責任追随を強いられる福祉制度／責任追随の擁護／福祉改革の何が問題か

第3章　責任の否定　101
運か責任か／道徳的責任が運に打ち勝つ可能性／責任否定論の政治的失敗／補論——運と責任に関する道徳的直観のもう一つの説明

第4章　責任に価値を認める理由　148

自己への責任／他者への責任／他者を責任ある存在と考えること

第5章　ある肯定的な責任像　175

前制度的な責任／制度上の価値／制度に基づく期待／責任制度の実際——道徳哲学からの実例／公共政策における肯定的な責任像

結語——自己責任の時代を越えて　210

謝辞　213

訳者解説　219

原注　*8*

索引　*1*

Alaに捧げる

序——自己責任の台頭

「自己責任 personal responsibility」は奇妙な言葉だ。それは耳当たりのよさと不気味さとをかねそなえており、当たり障りのない分別を表す一方で無謀なふるまいに盲執する思慮の浅い人びとへの露骨なおどしにもなる。運動のスローガンや卒業式の式辞、自己啓発書のなかで愛用されるこの表現を、まったく無意味で空疎な呪文——コモン・ローがその洒落た創意をもって「単なるこけおどし mere puffery」[1]と呼ぶもの——とみなして片付けてしまいたくなるのももっともなことだろう。

通常、責任に訴えることは、品位ある市民には賛同できる美徳を耳当たりよく説くための方法である。愛とレモネード、愛国心とパンケーキ、自己責任とアップルパイ。責任を語る言葉は、もはや米国の——実は欧州でも——公的生活のありふれた一面となるあまり、字義通りには受けとられなくなってしまっているものの、責任の流行は無視しがたい影響をもたらしてきた。自己責任をめぐる修辞の我が物顔ぶりは、我々の読む説教コラムや運動スローガン、政治言語のなかだけのことではない。責任への関心はこの半世紀間の哲学論争を牛耳り、我々の道徳的想像力を縛りあげ、ついには我々の福祉国家の性質を塗り変えてきたのである。

さらに驚くべきことに、我々の政治や哲学にとって責任の意味がここまで拡大したのは比較的最近のことである。戦後からこの方、大半の哲学者や社会科学者、政治家たちは、個々人の自己責任への注目は、いくらひいき目に見ても的外れだと考えてきた。かれらの考えでは、もっと重大な構造的で規範的な問題こそが本当の問題だったのである。経済的資源の分配はどのようなものであるべきか？　母親の階級、人種、居住地はその子の将来にどんな影響を及ぼすか？　困窮者に対し、その不幸の理由にかかわらず国家が負うべき義務とは何か？[2]　仮に責任を論じることがあったとしても、通常かれらの念頭にあったのは、個々人は自立すべしという意味での責任ではなく、むしろ我々はみな、自分の同胞市民を援助すべきだという意味での責任の方だったのである。

社会レベルの構造的事情から各個人の責任への力点の移動は、哲学や社会科学内部の静かな変容の結果、ゆっくりと始まった。そしてあるとき、それはのっぴきならない仕方で政治の舞台上に噴出し、一九八〇年代初頭の保守革命の主要素となったのである。自己責任の新解釈は、たとえば、ロナルド・レーガンの最も有名な演説の一節に潜む主題だった。「私たちは、法が破られたとき、罪を問われるべきは法を破った者ではなく社会なのだ、という考え方を捨てなければなりません。いまこそ、誰もが彼の行動の結果に責任を負う、という米国流の原則を蘇らせるときなのです[3]」。事実、最も熱狂的な支持者の大半は、「レーガン革命」を、月並み表現の通り、まさに「自由な企てと自己責任」の結合からなるものと考えていたのである。

この責任重視の姿勢が広く公衆の共鳴を得たことを知り、共和党はその決め台詞を福祉国家批判に用いはじめた。やがて思いがけないことが起こった。民主党がその後に続いたのである。[4]一九九〇年代に両党派の政治家たちが「旧態依然の福祉国家を終わらせ」るべく共謀するなか、米国の公的給付システムに過去半世紀で最大の改革をもたらした法案には、かれら好みの新しい標語が使われた。それは「自己責任・就労機会調整法[5]」と名づけられたのである。欧州では、トニー・ブレアやゲアハルト・シュレーダーといった政治家が速やかにこれに従い、自身の福祉改革を見事なまでに瓜二つの言葉づかいで正当化した。[6]

今日、「自己責任」論議は大西洋の両岸に、またあらゆる政治的党派にも、広く浸透している。中道右派の政治家は、市民に対する国家の福祉提供任務を軽減したいと考えており、責任の価値を高唱することでその改革を正当化している。中道派懐柔策のなかで、多くの左派政治家は自分たちの言葉づかいや目標をこれに合わせて改めてきた。責任は事実上あらゆる政治家が口にする言葉となり、その結果、これら中道左派の指導者でさえ、国家の経済上の任務を拡大したいと考えながらも、もはや万人対象のセーフティネットの構築については語らなくなっている。バラク・オバマ合州国大統領もそうだが、その代わりにかれらは、責任ある行動をとってきた人びとを不運から守らねばならない、と言う。そんな風に再分配政策を回りくどく論じつつ、オバマは一貫して、正当に扱われるべきは「真面目に働き規則に従う」米国人だと力説してきたのである。[7] 他方、彼は、多くの聴衆——二〇〇九年の始業日にビデオで語りかけた国中の生徒たち[8]から、黒人大学としての伝統をもつモアハウス大学の卒業生たち[9]に至るまで——に対し、己の責任を果たしなさい、と説いてきたのである。

こうして、政治的合言葉として生み出された表現は、次第に一個の文化現象へと成長していった。集団レベルでの自己責任の奨励は、もはや国民の経済的課題を解決するためだけのものではない。説教コラムニストと生活アドバイザーの小隊もまた、これを個人の生活を一変させうる万能薬と考えはじめた。それゆえＭＢＡのローラ・Ｍ・スタックはこう主張する。「私たち一人ひとりの根本的な責任とは、私たちが、自分の人生の行方に対し、あまねく一〇〇パーセントの責任を負っている、ということなのです」。『自分でやれば、うまくいく』でジョン・イッツォ博士は、これを一歩進めて、「責任を負えば何もかもが変わります」[10]と読者に請け合っている。

歴史家や社会学者は、我々の政治的・経済的状況の特徴の把握に腐心してきた。種々の解説者によると、我々は「リスク社会」[11]、「グローバル化時代」[12]に生きており、「加速する資本主義」[13]や「カジノ資本主義」[14]、広範な「金融化」[15]にあえいでおり、あるいは「新好況時代」[16]に突入している。これらの描写は、どれも我々の時代の重要な側面に注目を促している。しかしながら、私の考えでは、これらはどれも、同じぐらい重要なもう一つの近年の社会的、政治的変化を見落としている。この三〇年というもの、自己責任は我々の道徳的語彙の、分配的正義をめぐる哲学論争[17]の、政治的修辞[18]の、そして現実の公共政策の中心を占めてきた。いまや我々は「責任の時代」に生きていると言っても過言ではないのである。

本書のねらいは、この責任の時代を理解し、批判することであり、そこから離脱するための知的基盤の建設に着手することなのである。

現代の政治および哲学上の責任概念

自由や民主政といった他の政治的流行語と同様、責任の意味は、この言葉を口にする機会が増えるとともに融通無碍になってきた。この意味の増殖のせいで、今日の多くの自己責任論の中心にある、ある深刻なディレンマが隠されてしまっている。政治的修辞のなかで人が暗に想定している責任像は、あまりに単純化されてしまっている――したがって、責任ある（と思しき）人物を無責任な（と思しき）人物よりも優遇すべき、動かしがたい根拠があると考えるには無理がある。他方、膨大な哲学論文中であからさまに擁護されている責任像は、複雑さのきわみに達している——その結果、その道徳的重要性は高められたものの、政治的実践の現場ではまったく使い物にならなくなってしまったのである。

政治

戦後直後には、一個の広範な社会的合意があった。それによると、国家は市民に一定の義務を負っており、その多くは当の市民が下した選択とほぼ無関係である。路頭に迷う人がいれば、国家はかれらを助けなければならない——たとえ、軽率さのせいで財産を失った人を国は援助しなくてよい、ということが真理だったとしても。[19] 今日では対照的に、福祉提供の約束は、善良な、あるいは「責任ある」行動をとっていたかどうかに左右されるようになりつつある。[20] 世論調査によると、多くの有権者はまだ、生来の身体障害者と同様、自分ではどうしようもない理由のために困窮している同胞市民を喜んで援助したいと思っている。しかし他方で、「無責任」にふるまった人びとにまでこの種の義務を広げることについて、否定的な立場をとる有権者や政治家の数は増えつつある。年長者世代は、責任とは人助けの義務のことだと考えてきた。一方、今日広く浸透している責任像は、きわめて懲罰的 punitive なのである。

共和党、民主党の両穏健派が自己責任・就労機会調整法案の可決時に公言していた目標は、まさに懲罰的責任像が今日及ぼしている現実的影響の証左である。かれらの見解によると、従来の給付制度は無差別に援助を提供してしまっており、援助に値する者とそうでない者との見境がない。この状態を変えるべく、穏健派たちは膨大な数の過酷な改革に合意したのである。新たな「勤労福祉」制度では、受給者への現金給付は立証された勤労意欲次第で決まる。[21] 生涯にわたる厳格な受給制限が設けられたことで、長期間の支援を要する人びとは、自活への誘因を目一杯に与えられた。[22] さらに、従来の貧困緩和財源を勤労所得税額控除の財源へと振り替えることで、勤勉な勤労者だけが公的機関からの気前のよい施しにあずかることになったのである。[23] これらの施策は、立法者が「責任を果たしている」とみなす人びとに恩恵を与え、「責任を果たしていない」とみなす人びとに懲罰を加えるよう、露骨に設計されていた。ビル・クリントンがこの改革法案への署名時に宣言した通り、新たな福祉制度は「(よりいっそうの)自己責任を求める」ものである。彼は、この点について重ねて念を押しつつ、その目的が「勤労と責任、家族という根本的価値」を高めることにあると主張したのである。[24]

福祉改革は、合州国の公的補助プログラムを根こそぎ改革しただけではない。それは、強力な超党派的合意をも実らせた。この合意の核となったのは、市民の請求権が決定的に足場を失うのは、当人が自分の責任でその悪い結果を招いたと判明した場合のことだ、という発想である。しかしこのことは先の疑問をもう一度呼び覚ます。どんな事情が揃えば、市民はこの種の悪い結果への責任を負うとみなされるのだろうか?

この問題については、まだそれほど広い合意があるわけではない。しかし総体的には、主流派の政治家は多くの一般有権者同様、こう考えるようになっている。人がある帰結に責任を負うのは、当人の選択やその属性がその原因の一部である場合のことだ——たとえそれ以外の意のままにならない要因が同時にはたらいていたとしても。だからこそ、企業家の能力と勤勉がその会社の成功に寄与したのなら、当人だけが何百万ドルもの稼ぎを報い《リスポンシブル》として受けるべきだとされる。同様に、貧困者の失業の原因が高校を中退したことにあるのなら、当人だけが困窮状態を報い《リスポンシブル》として受けるべきだとされるのである。

ある特定の行為に責任があるということと、その行為がある帰結を招いた多くの要因の一つならばその帰結に責任がある、ということとの間には直接の連関がある。この想定はきわめて広く受け入れられているので、それに疑いをさしはさむそぶりは、即座に激しい反発を招くだろう。ここでは、彼が蒔いた最大の論争の種の一つに数えられる、バラク・オバマによる再選キャンペーン時の発言の一節を見てみよう。

みなさんが成功を収めていらっしゃるなら、その過程で誰かが手を貸してくれたはずです。みなさんの生涯には、偉大な教師がいたはずです。私たちのこの驚くべき米国の制度も、これを作り出すにあたっては誰かが手を貸してくれたのであり、そのおかげでみなさんは繁栄を手にしているのです。誰かが道路や橋に資金を出してくれたのです。みなさんに職があるならば――その仕事を作ったのはみなさんではありません。誰かがそれを作り出してくれたのです。[25]

この発言が激論を招いた[26]理由の一端は、それが広く支持されている自己責任観に対して暗に異を唱えるものであったことと、深く関わっている。つまり、企業家の成功は当人だけが報い《リスポンシブル》として受けるべきことではない、と力説することで、オバマは個人の行為と最終結果との直接の連関をこじらせてしまい、多くの有権者はこれをもはや快く受け入れられなかったのである。彼の「失言」は、今日の我々の政治状況にとっての根本的前提の一つに疑義を呈するものだった。それによると、例外はあるものの、我々は自分の境遇にみずから責任を負っている。それゆえ福祉国家が手を差し伸べるべきは、当然、同胞市民のうち、そのような例外的な事情で援助を要する少数の人だけに限られるのである。

これらの反応を総合すると、ある未完成の、暗黙の、そして不完全な――しかしそれにもかかわらず、筋の通った――枠組みが浮かびあがる。主な政治的言説のなかでは、市民がある帰結に責任を負うのは、自分の行為や属性がその原因として作用した場合だけだ、とされる。いったん原因がそこに認められると、それだけでこの人たちが社会の援助をどの程度あてにできるのかが決まってしまう。もし援助を要する状況に陥った原因が自分にあるならば、かれらは、そうでなければ享受できたはずの社会的援助を受ける道徳的権原の大半を失うのである。

哲学

責任への着目は、一般社会と同様、学者世界でも――特に哲学と政治理論において――耳目を集めてきた。政治哲学者の先行世代は過去の経緯を考慮せずに正義を論じることが多く、そこでは自己責任問題は論争の主流の外にあるとみなされていた。たとえば多くの平等主義者は、財の一定の分配状態を社会目標に掲げ、個々の市民がどんな選択をしたかは問わない、という態度をとってきた。今日、それとは逆に、多くの英米の哲学者は、まず個々人の過去の行動に注目し、何に正当な権原があるかを見定めようとしている。[27]

驚くべきことに、最も左翼的な立場をとる哲学者でさえ、今日では選択の重要性を力説する。たとえば運平等主義者 luck egalitarians と呼ばれる人びとは、人びとの間に生じた顕著な物質的格差が各々特異な選択から直接生じたのであれば、それはまったく正当なものだと考えている。[28] 現在の不平等な分配状況は、したがって、我々の過去の行動によって完全に正当化されるかもしれないのである。G・A・コーエンの記述によると、「選択の重要性」を認めることで、この増長しつつある伝統は「平等主義が、反平等主義的右派の武器中最強の観念、選択と責任の観念を手中に収めることに、実際上、大きく貢献してきた」。[29] その結果、責任の時代の鍵となる規範上の前提は、今や左翼的傾向をもつ政治哲学者でさえ広く共有するに至っている。人が自分自身の選択ゆえに自分の持ち分を減らし、場合によっては深刻な欠乏状態に陥っても、この不平等は正当化される。自業自得で貧困に陥った者への援助措置を正義が要求することは、ありえないのである。

しかし政治哲学者たちは、責任概念にかつてないほどの意義を認めてきたものの、特定の帰結に関する我々の責任の有無の問題が、公の議論で想定されるよりもはるかに込み入っていることを自覚している。約四〇年の間に、分配問題に対する選択の重要性は広く認められてきたが、その結果哲学者は、どんな種類の選択が物質的不平等を正当化しうるのかを示すべく、これまで以上に精妙かつ厳格な説明を提示してきたのである。

ロナルド・ドゥオーキンは、「選択の運 option luck」と「自然の運 brute luck」とを区別することで、この論争にいち早く貢献した。ドゥオーキンによると、我々が自覚的に選んだ状況における運不運と、無自覚に直面させられる状況における運不運との間には大きな違いがある。

選択の運は、結果的に賭け師がどれくらい慎重で、よく計算された賭けをしたことになるかという問題――ある者が特定のリスクを予測したはずであり、そしてそのリスクを冒すことを辞退することもできたとき、その者は当のリスクを受け容れることによって得をするか損をするか、という問題である。自然の運は、上記のような意味での慎重な賭けとは言えないリスクがどのような仕方で人々に降りかかるか、という問題である。もし私が株を買い、その取引率が上昇したならば、私の選択の運は幸運だったことになる。もし落下過程を予測できなかった隕石に私が打たれたならば、私の不運は自然の不運である。(30)

ドゥオーキンの見解は、彼に触発されたより広範な運平等主義プロジェクトと同様、自然運の招いた格差は補償されるべきだが、選択運の招いた格差はそうではない、という発想を基礎にしている。言い換えれば、我々は自覚的な選択（特定のリスクに直面することの選択を含む）の帰結には責任があり、自分で招いたわけではない外在的事情のために降りかかった帰結には責任がないというのである。

ドゥオーキンの区別は広く影響を与えることになった。しかしそれは、実生活のなかでは、概念的な理由からも、経験的な理由からも、使いにくいものである。[31] 経験的な使いにくさは明白だ。市民がみなからの援助を要する状況に陥ったことに責任があるかどうかをドゥオーキンの概念図式に即して知るには、その人たちはある決定にしくじっていなければいまも職にありついていただろうか、という仮説的な問いに答えられねばならないだろう。怠けないで高校を卒業していれば職にありつけていただろう、と考えるか、それとも出身地域の学校教育の低劣さと求人の乏しさゆえに結局は貧困に陥ったはず、と考えるか？[32] 明らかに、現実世界の国家官僚機関が何百万人もの市民についてこの種の複雑な仮説的問題に答えるのは——仮に、これに伴う規範的代償、たとえば避けがたいプライヴァシー侵害などを許容したとしても——不可能と言うほかない。[33]

さらに、もし奇跡的にそうした証拠が手に入ったとしても、同じぐらい重大な概念上の困難が生じるかもしれない。たとえば、私がある稀少な癌に罹ったとしよう。このことは自然的不運の問題のように思えるかもしれない。なにしろ私は、このような生物としての危険に直面したいと願ったおぼえはないのだから。しかし別の視点から見れば、これは選択的不運の例だとも考えられるだろう。というのも私は、癌治療に要する物質的費用をまかなう包括的な保険に入っておくことだってできたはずだから。しかしながら、私が罹ったのがきわめて稀な病で、よほど骨を折らなければそれを知ることさえできなかったとしたらどうだろう？　あるいは、ごく最近になるまでこの種の出費が保険の補償範囲に含まれておらず、大半の市民はそのことを知らなかったとしたら？　どんな現実生活の実例についても、この種の問題によって、概念的な根拠からも経験的な根拠からも、自然運と選択運との線引きはきわめて難しいものになってしまうのである。

まだある。カスパー・リッパート＝ラスムッセンとピーター・ヴァレンティンは、ドゥオーキンの自然運と選択運の区別を揺るがせて、責任の特定作業の敷居をさらに高くしてしまった。二人によると、珍しい病気に罹った人のうち、ある人が通常より広い保険に入っており、別の人は入っていなかった、という事実だけでは、両者に物質的格差が生じることを十分には規範的に正当化できない。というのも、保険の購入者はもともと非常に裕福で、もう一方の人に比べ、保険に入っても他の生活上の目標追求にほとんど支障が生じないのかもしれないからである。したがって、ドゥオーキンが特定の帰結をもたらす決定を下したという事実さえあればその人は最終結果に全責任を負う、と主張したのは誤りだった、と彼らは言う。逆に、異なる帰結をもたらす我々の選択が分配上の格差をどの程度正当化するかは、出発点で我々にどの程度似た選択肢があったかで決まるのである。[34]

規範的観点から見ると、これらの主張の力は見過ごせない。さらに、ここからは、主流の政治的言説を席巻している安直な帰責になぜまったく説得力がないかがよくわかる。また経験的観点から見て、そこには大きな困難が露呈している。ある帰結が自然運の結果なのか選択運の結果なのか、判別できそうにないのなら、社会内で行為者個々人の下しうる全選択の相対的価値を算定できる見込みなど皆無なのだから。実際、ある市民が特定の帰結にどこまで責任を負うべきかを画定するには、いまや、各人の才能やその経済状況、世界についての知識をおよそ完璧に把握するだけでなく――かれの同胞市民についても、一連の同様の事実を把握しなければならなくなっているのである。[35]

ここで私は現代の政治哲学者の見解を正面きって批判したいのではない。通常、かれらは自分が「理想理論」の企てに携わっているつもりでいる。つまり、経験世界に実在する社会のための最善の政策を考案するのではなく、正しい社会 just society が理想状態下でどんな姿をとるのかを描き出そうとしているのである。各々の思想家に各々の理想状態像があり、その大半が実世界の官僚の直面する課題を等閑視するのは当然のことだ——どの行為、どの帰結に誰が責任を負うのかを判定する必要があることも、同じ事情から無視される。[36] これら哲学者の理想理論上の見解に異を唱えるつもりはないが、ただ次のことを指摘しておこう。選択と責任の問題を理想理論の中心に押し上げる主力となった哲学者でさえ、自分たちの理想理論が、我々の暮らす非理想世界に対してごくわずかな意義しかもっていないことを理解できるし、実際理解すべきである。今日我々の暮らす社会において、自分の物質的福利に対する人びとの責任の範囲を、ドゥオーキンやリッパート＝ラスムッセンら著述家たちの求める精密さで画定したいという望みは、どんなものであれ、幻想だろう。

板ばさみ

責任概念を緻密に説明して、規範的観点から十分な説得力をもたせようとすると、どうしても実践的観点からは実行しがたいものになってしまう——特に福祉国家のように、ケースワーカーが短時間に膨大な決定を迫られるようなところでは。現実には、哲学者好みの緻密な責任論は、穏当な形での帰責を、まったく不可能とはいかないまでも、困難にしてしまっている。それゆえ、現実の政治的論争のなかで、ごく単純化された（なおかつ規範的には説得力のない）責任概念が勝利を収めていることは、決して驚くべきことではないのである。ゆえに我々は、哲学的に緻密な責任概念を政治的実践に統合できるなどという考えを、すっぱりあきらめるべきだろう。現実に与えられている選択肢は二つに一つである。一つは分配に関する決定は、なるべく責任の観念を持ち込まずに下す、という選択。もう一つは、たとえ責任の観念に理論上同情的な大多数の哲学者がやっきになって反対しようとも、粗削りな自己責任観の本質的な重要性を認めることである。

この板ばさみ状況は、責任の時代が抱える最重要課題の一つを暗示している。選択と自己責任の大切さに依拠する議論の大半は、ある詐術に頼っているのである。自己責任に訴えることには、抽象論上は説得力がありそうに思える。一般論のレベルで言うと人は自分の人生を支配し、自力で何事かを成し遂げようと努力すべきだ、という考えには、実際のところアップルパイ並みの、当たり障りのない無害さしか感じられない。しかしこの訴えを特定の政策の文脈で実行に移そうとすると、当たり障りがないどころではすまない。ひとたび責任への訴えが福祉国家における冷徹な官僚制の論理に翻訳されると、自己責任の修辞に喚起された諸政策は、一人ひとりから、公的扶助を逐一理由をつけながら、奪いとってしまう。なおかつ、これらの決定を導く——そして一人ひとりから喫緊必須の支援を奪う——実際上の理由は、もともと自己責任への関心を支えていたはずの規範的直観から、ずれてしまっているのである。

無駄な抵抗

政治の舞台上で、自己責任などどうでもよい、とか、選んだことの報いを受けなくてもよい、などと発言するのは容易なことではない。息を吹き返した経済的右派が合州国や英国を席巻し、ことあるごとに独立独行の訓示を垂れて歩いている間に、左派は戦線を縮小してもう少し有望な場所に新たな塹壕を掘ることにした。総じて左寄りの政治家や哲学者は、いまや自己責任の規範的重要性を認めてしまっている――ある者は、自業自得で窮状に陥った市民はみなからの援助を求める権利を失うかもしれない、と正面から認めることで、またある者は、徐々に共有されつつあるこの想定への攻撃を静かに断念することで。その後かれらは、別の理由に足場を移して、無条件のセーフティネットなど、自分たちが長年愛着を感じてきた一部の公共政策に、究極の基礎を与えたいと考えたのである。国家は「無責任な選択」のせいで苦境に陥った人びとへの援助を控えるべきだという主張に反論する代わりに、かれらは、通常、人はそもそも自分のせいでそのような状況に陥りはしないのだと力説した。懲罰的責任像の主要な規範的前提を受け入れた結果、徐々に多くの左派の政治家や哲学者が、人は自分の陥った生活状態について責任を負ってはいない、と論じる方向に力を注ぐようになったのである。

この「責任の否定 denial of responsibility」論は、通常、政治的かつ修辞的な戦略の形をとって現れる。主流派の責任像を大幅に修正しつつ、この立場の公の擁護者は、構造的変化と意図的な政治的決定こそが不平等を拡大させているのであり、個々人の選択の積み重ねのせいではない、と力説する。他方、経済的苦難の原因を個別選択の累積に求める立場に反対するこの見解は、個別事例の評価にも姿を現す。懲罰的責任像の擁護者ならば高校中退者を非難してしまうところ、責任否定論の擁護者は、教育制度が国の最貧層に低劣な教育しか提供してこなかったことに、正しく注意を促している。また、愛の鞭の提唱者が薬物常習者や犯罪者は自己責任を果たしていないと非難するのに対し、虐げられた人びとの擁護者は、巨大な社会的、経済的勢力がかれらの運命を決定してしまっているのだ、と反論しているのである。

この懲罰的責任像への反論には、その規範的難点に関する独自の分析も含まれている。帰責の根拠を否定することで政治的救済への活路を見出そうとする人びとは、こう述べている。個々人に選択の失敗の結果責任を負わせようとすることになぜ重大な欠陥があるかというと、それが無慈悲な仕打ちだからでも、かれらのさらなる努力を鼓舞しようという意図が空振りに終わるかもしれないからでもない。懲罰的責任像が、「被害者に鞭打つ」ことになるからである。しかし結局のところ、責任否定論は、論争の形勢逆転には、外見ほどには役立っていない。要するに両者は、立場を異にしつつも、国家の市民に対する責任の内容を決めるのは、資本主義下の民主政における平等と連帯の正当な役割というより大きな課題ではなく、誰が何に責任を負うのかについての経験的・概念的な論争だ、という点では、見解を一致させているのである。

この点がさらに重要なのは、責任否定論が責任の時代批判の急先鋒を担ってきたのは政治の世界だけではないからである。責任の時代に向けられた同種の反応は、倫理学や政治理論にも深い影響を与えてきた。哲学版の責任否定論の論理は、その政治版とほぼ同じである。多くの哲学者は、我々の行動の大半は、子ども時代のしつけから遺伝子に至るまで、当人には制御不可能な外的要因に規定されている、とますます固く信じるようになっている。これら外的影響の広さを認めるなら、人は自分が責任を負うべき行動の範囲を従来よりもずっと狭めねばならないことを認めるはずだ、とかれらは主張する。[37] かれらの結論によると、自分自身の行動に責任がない以上、人を当人の行動ゆえに罰することは、当然、誤りなのである。[38]

この何十年かの間に、この基本的直観は「道徳的運 moral luck」の存在とその含意をめぐり徐々に難解化した論争のなかで表明されはじめた。バーナード・ウィリアムズやトマス・ネーゲルといった哲学者は、運――我々の思い通りにならない要因――が、我々の道徳的評価に大きく影響しているらしい、という不可解な事実にいち早く言及した。日常道徳において、人は飲酒運転で子どもを死なせてしまった運転手を、飲んではいたが、当人のはからいを超えた事情のおかげで無事に帰宅できた運転手よりも厳しく非難する。持ち主が離席した隙にノートPCを盗んだジムを、同じ好機に恵まれさえすれば盗んでいたはずのジョンよりも厳しく非難する。また、養護施設をたらい回しにされてきたジェニーが自分の子どもの育児を放棄すると非難するが、道徳的には申し分のない両親をもち愛情豊かな母親になったジェインは非難しない。ジェインもまた、ジェニーのような過酷な環境で育てば同じことをしたかもしれないのに[39]。

道徳的運という現象を考察するうち、多くの哲学者はこのこと全体の意義を自問しはじめた。まったく思い通りにならない事柄――たとえば行動の帰結や我々がおかれている状況、そして我々という人間を形づくっている諸々の影響関係でさえ――が、我々の道徳的地位をそこまで徹底的に規定しているはずだ、などと言ってしまってよいものだろうか？　多くの哲学者は否と答えた。我々の行動が一定範囲で制御不可能な諸要因の影響下にあることを認めてしまったら最後、賞賛や非難といった日常の実践は成り立たなくなる、とかれらは主張する。「結果」運や「状況」運、「構成」運は賞賛や非難の根拠にはならない、と保証するならば、我々の道徳的実践を根本から作り直さねばならない――あるいは、すっかり放棄してしまわねばならない[40]。こうして、責任の時代への哲学者の応答の大半は、責任の規範的重要性の否定ではなく、もっぱらある行動や帰結の真の責任を個々人に負わせることがどれだけ困難か、ということとの力説に終始したのである。

責任否定論が、政治においても哲学においても責任の時代への応答の主力となったことはもっともなことである。結局のところ、懲罰的責任像が我々の政治的言説の中心に居座ったおかげで、間違いなく、経済政策や社会政策上の重要課題が奇妙な非難ゲームへと矮小化されている。その結果、個々人の行動と選択ばかりに注目することで、それらがどんな形でより大規模な経済転換に惹起されているのか、見えなくなっているのである。非熟練労働が減少し、中産階級の所得が伸び悩み、政治がグローバル化の圧力を抑えきれなくなりつつあるこの時代に、活力ある経済と強靭な福祉国家の回復策を問う、という大きな課題を避け、この責任像は、困窮状態にある人びとの経歴を粗探しし、どこでましな選択をしていればかれらが社会の勝ち組に入れたのかを嗅ぎ回っているのである。

それでも責任否定論は、最終的には我々の時代の支配的潮流への適切な反撃にはなりえない。その理由は主に二つある。まず、多様な事例をばらばらに扱っているかぎり、当人の選択やその実際の帰結が当人の制御不可能な要因の影響下にあった場合にはその人に責任を負わせてはならないという考えは、直観的に正しそうに思える。しかしすぐにわかる通り、そのような「制御原則 control principle」を貫こうとすれば、当初の見込みよりもはるかに過激な結果になってしまうだろう。無関係そうな要因を除去することで我々の道徳的判断を純化していくという策は、最初は有望そうに思えても、あっという間に個人の主体性の余地を根こそぎ否定するところにまで発展してしまう。それは畢竟、あらゆる道徳的判断を断固拒むことに等しいのである。いったん人の行動が遺伝子構造や周囲の環境といった制御不可能な要因からどの程度影響されているかを数え上げ始めると、たちまち自我というものは溶けてなくなってしまう。そこにはもはや道徳的判断の対象も存在しえないし、深層にある人格性の表現として行動や決定を担う主体も存在しえない。第3章で示す通り、哲学者たちは徐々に、この種の空虚な道徳的世界観には説得力がなく、まったく魅力に乏しい、と考えるようになっている。そこで私はこう主張したい。

責任の時代への正しい応答とは、市民が自身の選択を理由に不当に非難されたりひどい目にあわされたりすることがないように防御すること――そして本来の選択能力を否定しないこと――なのだ、と。

第二に、責任否定論の欠点は哲学上のものだけにとどまらない。それどころか、これらの理論的欠点は、重大な政治的課題にも反映されている。人種や社会的地位、教育機会といった恣意的な要因が明らかに人生の帰趨を左右していることに、多くの有権者が当惑している。このことを認めた懲罰的責任像の反対者の多くは、経済秩序全体の恣意性を人びとに確信させられるかもしれないと考えた。しかし有権者は、公立学校間に資金格差があるのは重大な不正だという考えなら抵抗なく受け入れても、学校の成績がいい生徒は単に幸運だっただけだと言われると抵抗を示す。平均的な人びとの生活水準が伸び悩んでいるのは世界経済の大規模な構造転換のせいだという説明は認めても、個人の選択が当人の経済的命運を左右することはない、という話には首をかしげる。したがって、責任を包括的に否定するには、道徳世界と同様、政治の世界でも広く共有された直観を根底から更新しなければならない――そしてそんなことはほとんど非現実的な望みなのである。

隠された合意――責任の枠組み

一見、懲罰的責任像と責任否定論とは正反対の立場のように思える。しかし、特定の問題について見解を対立させつつ、より深層の知的勢力図の分析を共有している者たちにはよくあることだが、その表面下にはおびただしい類似点が潜んでいる。適切な帰責条件については動かしがたい不一致が残るものの、責任の規範的重要性については、両者は驚くほど見方を一致させているのである。相違を声高に言

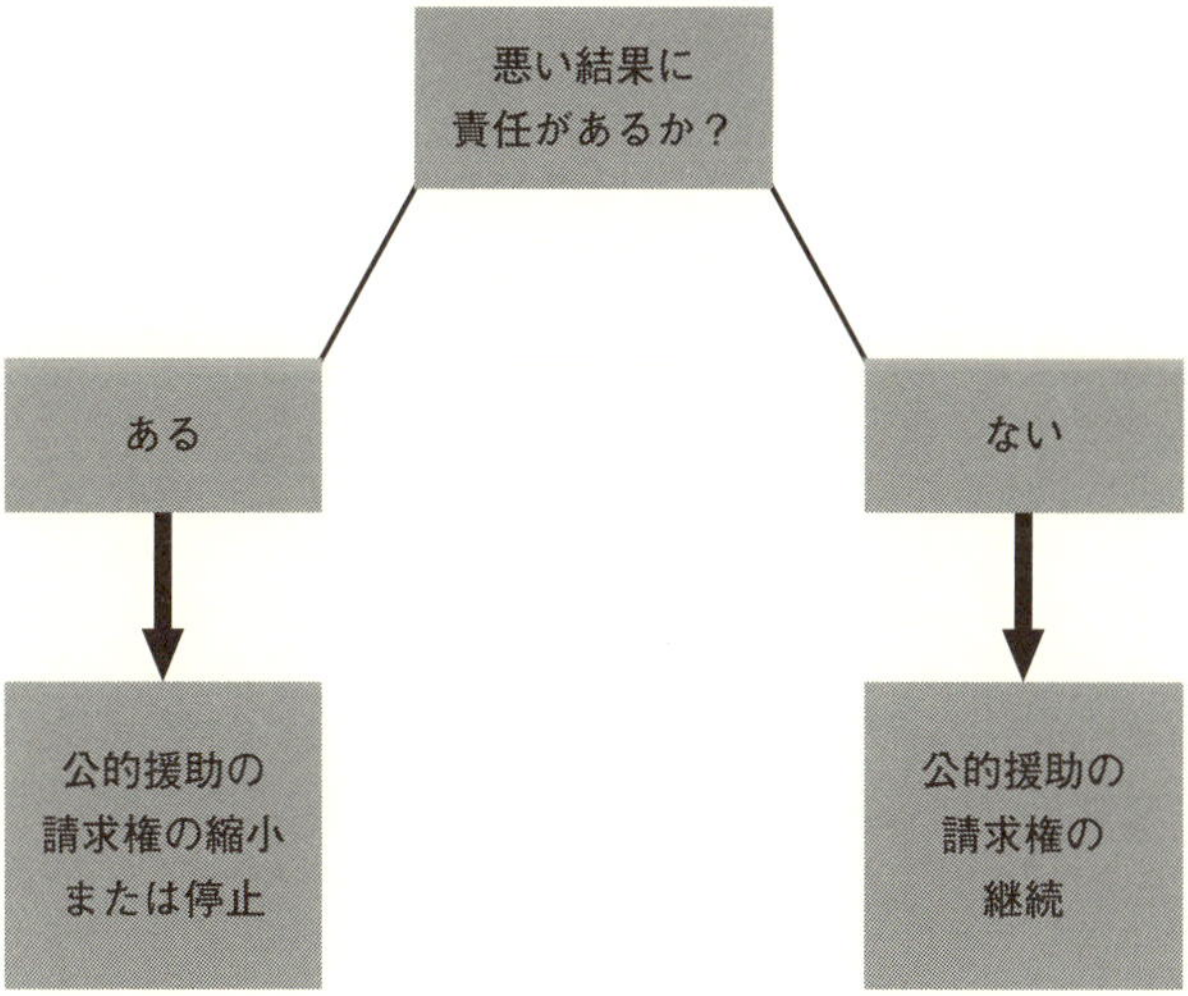

図1　責任の枠組み

いつのっておきながら、両派は次の点についてひそかに合意を交わしている。ある人の取り分が他の同胞市民よりも少ないこと、あるいは現に援助を要する状況にあることに関しては、当人がみずから招いたことかどうかによって、当人がどの程度補償を正当に要求できるのかが決まる、という点である。

　このような責任理解は、以下のような形にまとめられる。これを「責任の枠組み responsibility framework」と呼ぶことにしよう（図1）。この枠組みは二つの主要な想定を伴っており、これによって責任の時代の政治的思考の輪郭を把握できるのである。

1. ある人が悪い帰結をみずから招いたのなら、それに関するその人の責任は、（おそらく）当人の公的援助に対する正当な請求権を狭める。

2. その結果、ある人が公的援助を受けるに値するかどうかは、（おそらく）当人みずから困窮状態に陥ったとみなせるか否かという先行問題にかかっている。

これらの想定は、今日の政治的、哲学的状況に広く浸透しており、特に支障はないように思える。しかし実はそれは、一連の深層病理に結びついている――その一部は責任の枠組みが論理的に含意する規範的見解であり、別の一部は自己責任を中心におく世界観のおかげでもっともらしく見えているだけのものである。

まず、責任の枠組みは、他者への対応の仕方を、ある帰結が生じたのはその人の責任かどうかという問題に、あまりにも強固に結びつけてしまう。その結果、無責任な行動をとったと思しき人を支援すべきあらゆる理由が、簡単に忘れられてしまうのである。一つには、その気になれば我々の援助を求めずにすんだかもしれないというだけの理由で、他者を正当に扱うべき義務がまるごと停止されてしまう、などということは、とても自明とは言いがたい。ある人が危険を承知で満潮時に遊泳して溺死しかけた場合でも、我々にはこの人を助ける道徳的な義務がある、と考えることには、少なくとも一理ある。またさらに、我々は慈善という理由からも、無責任にふるまった人を助けるべきかもしれない。たとえ溺れている遊泳者を助ける責務はないことにしたとしても、義務以上の親切さの問題として、救助を決意するかもしれない。最後に、当人の福利とはまったく無関係の強い理由から、我々は他者を助けるべきかもしれない。多くの場合、苦境にある人への無条件の援助は、たとえば効率性や公衆衛生の観点から、公益に含められる可能性があるのである。

第二に、責任の枠組みは責任問題を規範的に不適切な文脈のなかに組み込んでしまう。その結果我々は、まったく別の考慮にたって進めるべき論争を、旧態依然たる責任言語で表現してしまう。福祉国家や刑事司法、あるいは同性愛者の権利について論じる場合でさえ、誰かが何らかの行動を本当に「選んだ」のかどうか、そしてそれゆえそのことの責めを負うべきか否かに、注目が集められてしまうのである。その結果我々の政治的語彙が貧困化し、責任に訴えることでは表現しにくい重要な価値——平等な社会で暮らしたいという願望など——が目に入らなくなっているのである。

最後に、責任の枠組みのせいで、貧しい人びとの運命を気遣う人はみな、ある行為や帰結に当人が責任を負うべき条件を過剰に厳しく理解して活動することを迫られる。その結果、多くの政治家や哲学者は今日、困窮状態にある社会成員の主体性のレベルを軽視し、否定し、ときにはみずから引き下げてしまっている。貧しい人びとを恒常的な被害者に仕立てあげることで、潜在的な主体性の担い手として見ることがますます困難になっているのである。この姿勢が善意に由来することは疑いえないが、結局、不利な状況にある人びとを軽視し、無力化してしまっている。かれらを対等な存在として援助する代わりに、かれらは永遠に自力でその状況を改善できないだろうという理解のもと、もっぱら施しの対象とみなしてしまっているのである。

打開策

これらの問題を乗り越えるためにできる最善のことは、責任を論じる際にもっと多くのことを視野に入れることである。この何十年かの間、責任の概念は懲罰的な核へと収斂してきた。今日では通常、責任に訴えることは、正しく責任あるふるまいを——懲罰という脅しをちらつかせながら——人に強いる方法なのである。しかしこのような自己責任像は、不変のものではありえない。責任の語彙を再構想することで、我々は社会における選択の役割や個々人の主体性の役割について、これまでよりも前向きの見通しを得られるのである。

この目標のためにまず銘記すべきは、一般の人びとが責任を見出そうとするのは実際のところ当然だということである。人はみな、自分はみずから責任を果たしている、という実感を得たいはずだ。人は主体性の感覚を味わいたいと思っている。それは、自分の人生を手応えの感じられる程度には自分で作り上げられるだろう、という現実味のある希望である。かれらはまた、自分の選択や嗜好が、この世での自分の扱いにどう影響するのか確かめたいと思っている。そして最後に、かれらは完全な責任ある主体として同胞市民から認められたいと思っている。

自分に対する責任——懲罰的責任像のまさに中心にあるもの——はしたがって、より肯定的な展望のなかでも重要性を失わない。しかしこの肯定的な展望はまた、責任が重要な一面において外向的であることを認めている。つまり、市民が他者への責任を果たすことを重んじるさまざまなやり方にも、最大限の評価を与えねばならないのである。子どもをもつことを決意する人もいれば、捨てられたペットを引きとることを決意する人もいる。率先して病気の親戚や友人の世話をする人もいれば、生涯をビジネスや慈善事業に捧げる人もいる。スポーツにおいて、あるいは芸術創作において秀でたいと思う人もいる。これらさまざまな方法を通じて、人は他者や事業への責任を果たし、自分の外にある事態のなりゆきに自分の人生を深く結びつけていくのである。我々の社会とその成員の生活における責任の役割を前向きに理解するには、現代社会の市民にとってこれが責任の意味の重要な一部であることを認める——そして人びとのこうした試みをいかにして支援できるのか、もっと慎重に省みる——必要がある。

責任を重んじることの意義は、畢竟、自分や他者に対する責任の遂行に拘泥することにではなく、他者を責任ある存在と考えることにこそ、深く関わっているのである。責任否定論の欠点の一端は、前述の通り、他者、特に社会で最も困窮している人たちと関わりあう際に、かれらを真の主体性ある存在として扱えなくなってしまうところにある。このことが、この人たちへの見方や接し方の形を決めてしまう。我々が他者を主体性ある存在と考えないとき、我々はこの人たちを憐れみ、時には駆け寄って施しを与えようとするかもしれない――それでもなお、かれらを自分と対等の社会成員と考えることはほとんどないだろう。あるいは、かれらが境遇改善への機会をほとんど与えられていないことについて、抗議することもまずないだろう。それだからこそ、我々が社会の全成員に等しい地位を真に認める社会は、我々に対し、自分以外の市民を真の主体性の担い手と見ることを要求するのである。

　肯定的責任像は、責任を重んじるべき理由に関する、この新たな認識の上に築かれなければならない。そしてその次の一歩で、個人の受給権を確定する際に政治家や哲学者が各人の過去の選択を評価する方法を更新する――そして、いまよりも広い価値観を許容して、たとえば対等な人びとからなる共同体で暮らしたい、福祉国家の制度設計を活性化したい、といった願いを受け入れる――必要がある。そのための方法が、福祉国家の正当化を「前政治的」なものから「政治的」なものに転換することなのである。

　この何十年かの間に福祉国家の諸制度は、驚くほど広範囲で、責任ある行動をとったと思しき人に褒美を、無責任な行動をとったと思しき人に懲罰を与える道具になってしまった。つまり、責任の枠組みの擁護者は社会による個人の処遇方法について断定を下すが、哲学者は適切にもこれを「前政治的」ないし「前制度的」方式と呼んできた〔ある人の責任の有無や軽重は政治的に設けられた制度とは無関係に決まる、という発想に由来する〕。前政治的思考によると、最初になすべきは個々人の功績《メリット》の確定、この場合は彼、彼女の選択の善し悪しを問うことである。いったん相応の報い《デザート》のパタンが決まると、次のステップは、しかるべき褒美と懲罰をそれぞれに与えることで、既定の「相応の報い」のパタンに制度を「追随tracking」させることである。この過程では、諸制度は付随的な役割しか担っていない。その制度の下にある人びとの正当な受給権を構築する代わりに、それらの役割は、前もって想定されている分配上の理念に現実を合致させることにまで、格下げされてしまっているのである。

これとは対照的に、私の唱える肯定的責任像は、前制度的ではなく制度的性格の強い、また前政治的ではなく政治色の濃いものである。その出発点には、「相応の報い」に関する既成観念ではなく、我々の制度が貢献すべき実質的な政治的諸価値が据えられる。これらの価値のリスト化——およびその項目の序列化——は、もちろん民主的議論の主題である。議論の結果、何を重視するかは当然国々で違いが生じるだろう。それでも、福祉国家の本性をめぐる有益な議論は、一定の価値には必ずしかるべき顧慮を迫られるはずである。しかし責任の時代に、その多くは棚上げにされてしまっていた。この議論では、福祉国家制度の主目的とは無用な苦痛を減らし、市民が相互に対等な関係をとり結ぶことなのだということが認められるだろう。またそこでは、人びとが各自なりに責任を果たすこと、人びとにその力を与えること——場合によっては教育や財産上の前提条件を整え、実生活のなかで真の主体性を発揮できるようにすること——が受け入れられるだろう。さらには、人びとを鼓舞して多様なケア提供に向かわせる方途が探られ、自分以外の誰かの福利に奉仕することは単なるただ働きと同じだ、などという解釈は退けられるだろう。そして、人びとにとって何より望ましいのは、万一この先どこかで失業したり愚かな決定を下したりすることがあってもむやみに悲惨な将来が待っているわけではない、という安心感を得られることだ、ということが認められるだろう。「相応の報い」に関する一定の前政治的図式ではなく、まさにこれらの政治的価値こそ、福祉国家制度が寄与しようとしているものなのである。したがって、それらを適切に位置づけなければ、我々は個々の社会的、経済的政策を確定できない。

もちろん、個々人の過去の選択には何の意味もない、というわけではない。また、相応の負担を拒む者にも、通常と変わらない処遇が保障されるわけでもない。当然ながら、福祉国家は人びとの苦痛の除去とその力の増進とを期待されているのだから、持続可能でなければならない――また、経済的繁栄とも両立できなければならない。一定の経験的文脈、特に資源が極端に限られていたり、人びとが誘因に極度に敏感に反応したりする場合、福祉国家はこれらの目標を達成するために、一定の厳格な条件を課すほかなくなるかもしれない。しかしこの種の条件が本当に正当化できるかどうかは、それが福祉国家本来の存在意義である政治的価値の実現方法として最善かどうかにかかっており、ある所与の道徳的報いを特定すればすむというものではない。それゆえ、責任について前向きに考えるには、ある条件を設けた場合に生じる効果の肯定的側面（公的扶助を求める人の減少など）とありうる否定的側面（生活保護対象者からの除外が実際に招く生産力の低下という事実、たとえば自家用車を手放さざるをえなくなり、本来通えたはずの地域での職を得られなくなるなど）の両方を考慮に入れねばならないのである。

責任の枠組みには、前述の通り、少なくとも三つの欠点がある。責任以外の価値について口を閉ざしてしまうこと、多くの経済的帰結の構造的要因から注意を逸らせてしまうこと、そして対等な地位を保障するはずだった当の人びとを保護の対象として見下してしまうことである。肯定的な責任像は、これらの欠陥一つひとつに対応できる。新しい政治空間を開拓し、我々の福祉国家が追求すべき価値について慎重に、想像力をもって考えられるようになる。経済的帰結の構造的要因についてはるかに慎重な省察を促し、福祉国家の制度設計が人びとの生活をどう変えるかについても熟考させる。そして、おそらく最も大事なことだが、ある魅力的な社会生活の展望――社会的劣位にある人たちを見下すのではなく、自分と社会的に対等な存在として手を差し伸べるのだ、という展望――と両立するのである。

ここからの議論

本書では通常とは違い、複数の方法論を組み合わせて用いている。ここには、精神史、社会理論、比較政治学、そして規範的政治理論などの要素が含まれる。道徳哲学や理想理論への貢献は企てず、特定の歴史的に限定された議論に加わりたい。我々の政治的想像力内の特定概念の重要性に目を向け、これを狭く解釈したとき政治的現実にどんな支障が生じるかを強調することで、いまありうる選択肢をとらえなおせるようになりたい。懲罰的責任像から肯定的責任像への転換を通じて、我々はこの何十年かの不正義を新たな観点から把握できるだろう――そしてまた、より公平な未来を築くために必要な政治的語彙を取り戻せるだろう。

この目標を達成するには、一般の人びとの道徳言語と近年の倫理学上の論争の間、そして日常的な政治的修辞と専門的な政治哲学との間を行き来しなければならないだろう。そのため、運や選択、責任といった用語に一貫した定義を与えられず、個別の議論領域ごとの意味に従わざるをえなくなるだろう。このような方法をとるべき理由は三つあり、その結果本書はおそらくいっそう晦渋なものにならざるをえない。第一に、政治と哲学の両方について語り、また歴史的、経験的な議論と規範的な議論の両方に関与することで、責任の時代の政治的前提の多くに根深い知的淵源があることが理解できる。これらの前提をいつのまにか今日の政治に紛れ込んだ奇妙で表層的な比喩として無視してしまいたいのはやまやまだが、それらは実際、重大な哲学的諸前提に根ざしているのである。第二に、これによって重要な否定的議論を理解しやすくなる。学者世界の内外で、非専門家は、当人の意のままにならないことには責任を負わなくてよい、と考えている――そして道徳哲学においても政治哲学においても、この考えが広く学問上の合意に支えられていると考えている。私は、必ずしもそうではないことを示し、福祉給付に関する重要な論争を、誤った――そして窮屈な――哲学的前提から解放するつもりである。そして第三に、私は「制御原則」に最も手厳しい批判を加えるためのある方法を、日常政治上のこの原則に対応する諸想定への反論の手本として示したい。責任の時代の諸前提は、今日の政治的言説に深く組み込まれている。しかし我々が道徳的、政治的想像力を解き放つならば、結局のところそれらがたいして頑強なものではないことがわかるだろう。

今日の極右ポピュリストの台頭は、一般の人びとが経済発展の限界を感じたときに自由民主主義体制に生じうることの一端を垣間見せてくれた。この流れに抗うには、福祉国家改革の展望が必要であり、自動化とグローバル化という社会的激動に直面する市民を力づけ、かれらが当然抱くはずの経済的不安の一部を鎮める必要がある。広範な繁栄は、これまで常に安定した民主政の基盤でありつづけてきた。そのための基盤を再建するには、まずは自己責任への単細胞的な関心を克服しなければならない。これこそが我々の重んじるべき政策理念、我々が構想すべき経済的諸制度を狭めてきたのである。

議論は以下の順序で進める。まず、責任の時代の知的源泉に目を向ける。第1章で近年の自己責任の言語をめぐる精神史を素描し、この政治状況がいかなる意味で特異なのかを明示するとともに、責任の枠組みが今日の政治思想のなかでいかに重要な役割を果たしているかを詳述したい。次に第2章では、北米および西欧の福祉国家の展開に目を向ける。近年の改革事業の検討を通じて、責任の言語が公共政策に大きな影響を与えてきたことを示す。福祉国家の特徴のうち「責任追随的 responsibility-tracking」と解された部分は大半がそのまま維持され、他方で「責任緩和的 responsibility-buffering」と解された部分は多くが廃止された。このことは、規範的観点から見てきわめて憂慮すべきだと言わねばならない。次いで第3章では、責任の時代に対する最も一般的な反応について詳細に検討する。「責任消去論 no-responsibility view」は、責任の枠組みが略示する責任の懲罰的解釈を受容してしまっており、その上で大半の個人の行為に責任を負わせるのはあまりにも過酷だ、と主張している。これは結局のところ、帰責に対し高い障壁を設けるべき哲学的理由と、同胞市民への帰責を控えるように人びとを説き伏せる政治的可能性との両方を過大評価してしまっているように思えるのである。

これら診断的部門の後、責任の時代への応答を、従来とは大きく異なる肯定的な仕方で擁護したい。第4章では、肯定的責任像の重要性を提示する。選択の意義を論じたT・M・スキャンロンの著作をひもときながら、自己志向的理由、他者志向的理由、そして社会的な理由に照らして、なぜ我々が自分たちの道徳的、政治的想像力のなかで責任に本来の役割を与える必要があるのかを説明する。この一連の考察を通じて、私は責任の「制度的」説明を提案する。この説明は、責任の観念を公正な社会的分業の構想に用いるものであって、「真の」責任に関する何らかの神秘的で前制度的な観念に追随するものではない。この作業は第5章で行う。この制度的な見地からとらえ直すならば、責任は懲罰的ではなく人びとを力づけるものになりうるだろう。

第1章　責任の時代の起源

我々が責任の時代に生きていると主張することは、大きな誤解のもとになりかねない。この主張は、かつて責任は話題にならなかった、責任については今よりわずかな領域でしか語られなかった、または責任にはもっと狭い意味しかなかった、といったことを示唆してしまうからだ。私が主張したいのはそのどちらでもなく、福祉国家はまさにその創設の瞬間から「援助に値する貧困者」と「仕事嫌いの人間」との道徳的な区別によって形成されてきた、ということである。[1] 同様に、多くの政治的画期において、そして冷戦が最も激化した時期には特に、重要な公的修辞は責任を軸に展開された。ジョン・F・ケネディの最も有名な格言の一つが思い起こさせる通り、この時代は、米国人に「国が自分に何をしてくれるかではなく、自分が国のために何をできるかを問え」と求めれば、政治家が聴衆の熱狂的な喝采を引き起こせた時代だったのである。[2]

つまり私は、責任が空前の重要性をもったことについて何か包括的なことを述べたいのではなく、もう少し細かなことを論じたいのである。私には、大多数の人にとっての責任像はここ何十年かの間に根本から変容した、と思える。かつて責任という言葉は他者を助ける個人の義務のことを思い起こさせたものだが、今日では、自分で自分の面倒をみる責任——そしてそれを怠ったときにはその結果を引き受ける責任——のことが真っ先に思い浮かぶ。本章で使うつもりの用語で言うと、我々は「義務としての責任 responsibility-as-duty」〔他者への責任〕というとらえ方が優勢だった世界から、「結果責任としての責任 responsibility-as-accountability」〔自己責任〕という新たなとらえ方が舞台を支配する世界に移ったのである。責任そのものが人目を引くようになったことではなく、この変容した責任像が優位を占めていることこそが、責任の枠組みと責任の時代の両方をまとめて特徴づけているのである。

この責任像の変容は、特に一般向けの政治的修辞によく表れている。近年、政治家が自分は「個人」責任または「自己」責任を信条としていると支持者に請け合うとき、その念頭にあるのは、人はみな、他者の生活を改善する義務があるとか、祖国のために犠牲になる義務さえある、といったことではない。かれらが考えているのは、人は自活すべく努力せねばならない——そして人がこの責任を果たしている程度に応じて、その人の困窮時に共同体がどこまでその援助に積極的になるかが決まる、ということである。市民に対する国家の配慮に付されるこの条件が、結果責任としての責任像の核にあるのである。

しかしながら、責任という言葉の意味の変化は、特に政治的修辞の文脈で顕著だったとはいえ、専門家間で確立された知的合意とは無縁の一般大衆についての（特にサミュエル・シェフラーが論じてきた）[3]話だけにはとどまらない。またこの変化は、責任についての広い合意がいわゆる分裂の時代における不協和音にとって代わられるという（特にダニエル・ロジャーズが論じてきた）[4]話でもない。それどころかこの変容の知的根源は、思いのほか深層にまで及んでいる。そしてこの変容の結果、我々は新たな合意らしきものを形成しつつあるのである。

過去半世紀にわたる責任概念の精神史について、そしてこの概念が知的・学問的趨勢のより広範な変化とどう結びついているかについて遺漏なく説明するには、それだけで一冊の本を要するだろう。そこで私は、完全な精神史を示す代わりに、本章ではそれよりかなり控えめな作業を成し遂げたい。すなわち、結果責任としての責任という新しいパラダイムが、哲学や社会科学を含む多くの重要な学問分野上の知的合意の変化のなかで、どんな位置を占めているのかを示すという作業である。

政治

冷戦期、西側諸国全体の政治的修辞は、主に自由を焦点としていた。この自由という大切にされてきた価値は、北米と西欧の政治家が自国民に言い含めていたところによると、自由世界とソヴィエト圏の間の大衝突の最中にあって危機に瀕していた。だが、絶え間ない自由への訴えかけは、ある点では全世界の聴衆向けのものだったのだが――それは鉄のカーテンの背後でみじめに暮らす人びとだけでなく、最終的に東西のどちらに忠誠を示すか態度を決めかねていた諸国民の歓心を買う手段だった――、そこには国内向けの意図も込められていた。指導者はいつも自国民に対し、いつとも知れない将来、犠牲を求められる可能性が目前に迫っている、あるいは潜在しているという心構えをさせていたのである。このような次第で、かれらが乱発した自由を語る高貴な言葉は明白に道徳主義的な色彩を帯びていた。つまりこの言葉は個人的というよりも社会的なものだったのである。ある意味でそれは、ニッコロ・マキャヴェッリの警告――それが発せられたのは、まったく別種の自治的共和諸国が、これまたまったく異質な独裁の脅威に直面した時代なのだが――を思い出させる。それによると、自由が保持されうるのは、自由な国家の市民がみずからの集団責任を果たした場合のみなのである。(5)

このような公共的修辞の特徴は、特に米国の政治的言説のなかで際立っていた。ダニエル・T・ロジャーズが『分裂の時代』で、冷戦期の大統領の修辞分析のなかで強調するように、自由を語る言葉と各市民が他者と国家に実質的責任を負うという発想とは、固く結びついていた。

一九四五年以降の世代において、歴代大統領の公的発言に浸透していたのは、冷戦という前提条件だった。言葉づかいにおいても場面設定においても、機構と機構の間の歴史的衝突に対する感覚が、大統領の語り口を支配していた。緊急性と責務とがその徴だった。冷戦の政治的語り口は、この時代の諸現象を強い切実さで飾っていた。それは、諸現象を地球規模の闘争劇と結びつけ、指導者と国民とを密接かつ緊迫した関係に引き込んだ。……自由は冷戦の政治的修辞の中心だったが、この緊迫した状況において、自由が社会的かつ公共的なものになるのは避けられないことだった。それは、ジョン・ケネディが国民に「自由の負担と栄光をつかみとる」ことを呼びかけたとき、その念頭にあったことだった。それはまた、バリー・ゴールドウォーターのスピーチライターが一九六四年に手を替え品を替えこの言葉について説きながら考えていたことだった。「自由！　秩序を与えられた自由……自由——秩序を失い、暴徒や無法地帯の放埒と化さないようにバランスをとられた自由」。この条件のなかで自由に行動するということは、単独でではなく、関係、目的、責務、責任のより大きな構造のなかで行動することを意味していた。(6)

周知の通りアイザイア・バーリンは、共産主義の核心にあると考えられる「積極的自由」とリベラルな国家の自己像の核心にあるとされる「消極的自由」とを区別した。(7)このことからしていっそう驚かされるのは、冷戦の大半の期間、自由をめぐる言葉が、個人の行動への不介入を中心にして語られたのと同じぐらい、負担をめぐっても語られたということである。東側諸国だけでなく西側諸国でも、自由と責任とは固く結びついたままだったのだ。だが米国の歴代大統領が用いた自由の概念に独自の色彩があったのと同様、これに呼応するように責任概念にもまた独特の色彩があった。彼らが語っていたのは、今日の言論を顕著に彩る自己責任の類ではなく、いまでは途方もなく高尚な要求に思える類の責任、社会全体の福利に貢献する責任である。つまりかれらは義務としての責任という考え方を賞賛していたのであり、そこでは己の義務を自活の義務に限定する結果責任としての責任ではなく、他者を援助し、より大きな全体に貢献する義務が強調されたのだった。

一九八〇年代初頭でさえ、この種の責任理解が優勢だった。「もしサッチャーの公式演説にキーワードがあったとすれば」、とロジャーズは述べている。「それは「責任」だった。彼女は急進的なトマス・ペインではなく、努力し負担を担う帝国時代の英国の桂冠詩人ラドヤード・キップリングから引用した。「私が仕えているのは、自由で責任ある社会です」とサッチャーは力説した[8]」。同様にロナルド・レーガンの演説も、当初は集団に対する米国人一人ひとりの義務に関する標準的な語法に依拠しつづけていた——ここで標準というのは、他の著名人の発言における標準であるだけでなく、公職にあった二〇年間のレーガン自身の演説における標準でもあった。「自由は」、とレーガンはおなじみの調子で警告した。「きっとあと一世代もしないうちに滅びてしまうでしょう[9]」。

だがレーガンが大統領在職中、彼独自の修辞様式を確立しはじめるにつれて、彼が「自由という責任」について語る機会は「急激に減っていった[10]」。その後数年間で、義務、責務、危険はしだいに彼の演説から抜きとられていき、それにとって代わったのが、個人の自由、機会、そして未来への期待だった。重要な場面ほど、レーガンは夢を語る言葉に訴えかけるようになった。急進的な税制と予算案を発表した議会演説のなかで、彼は、スペースシャトル・コロンビア号の打ち上げによって「我々は再び夢を見はじめたのです」と力説した。そして夢見ることで、「私たち米国人は特別な存在になる」のであり、実際、アメリカ共和国もまた「一つの夢なのです[11]」と。かつて際立っていた義務を語る言葉との対照は、かつてないほどまでに顕著なものとなっていた。ロジャーズはこう要約している。「大統領らしい高貴な語り口を手放すことで」、レーガンは「山のような責任を自身とその聴衆の肩から下ろしたのである[12]」。

他の多くの領域と同様、レーガンの修辞モデルは広く手本とされることになった。彼の成功を教訓に、ビル・クリントンとジョージ・W・ブッシュもまた夢や野心を希望にあふれた調子で語ることを好み、義務や危険について警告的に語ることは好まなかった。他方、バラク・オバマは正式に政治の世界に入る前から彼らと同じ調子で米国人に語りかけていた。彼を最初に有名にした自伝は、『マイ・ドリーム(原題 *Dreams from My Father*)』と題されていた。

ロジャーズの第一の関心は旧来の合意が消滅していくことにあったので、彼はレーガンにはじまる変容を、大規模な責任回避現象として描いた。だがこの見方はあまりに単純である。実際、責任という語自体は、レーガン以後の演説でも変わらずかなり頻繁に耳にした——ただ、それは以前とは意味合いを大きく変えたのである。

その転換の最初の兆しは、社会なるものの存在を否定したマーガレット・サッチャーの悪名高い発言に見られた。しかしめったに引用されないその後半部分が示す通り、ここでもなお、自分自身に責任をもつことの奨励と、他者にも責任を負うことの暗黙の要求とは結びついていた。

社会などというものはどこにも存在しません。あるのは男性と女性、人びとの織りなす人生模様であり、そしてその美しさと私たちの人生の質は、私たち一人ひとりがどのくらい自分自身に対する責任を負う用意があるかどうか、また不幸な人びとを顧みてみずから進んで手を差し伸べる用意があるかどうかによって決まるのです。[13]

英国保守党の実権を握ったサッチャーの後継者たちは、通常、彼女ほど厳格な立場はとらなかったと考えられている。とりわけかれらは、社会なるものの存在を否定した彼女の悪名高い発言を斥け、代わりにいわゆる「大社会 Big Society」[14]が必要だと力説した。だが他方、結果責任としての責任観の重要性は、その懲罰的色彩とともに、かれらが福祉予算縮小を正当化する際には結局のところいっそう露骨になったのである。たとえばデイヴィッド・キャメロンは『ガーディアン』紙に次のように書いている。「今日の主要な論争の多くは、結局は責任の問題に逢着する。従来政治家は、一方的断定だと思われるのを怖れて、この問題とは距離をおいてきた。しかしながら、より強靭で公正な社会を作っていくには、これと取り組まないわけにはいかないのだ」[15]。ジョージ・オズボーンは、英国財務大臣に在任中、保守党の党大会の演説で、福祉政策の具体的な含意がどういうものかについて、たっぷりと説いてみせた。

私たちは、こう尋ねたいのです。まだ暗い早朝に家を出る交替勤務の勤労者が、福祉手当に頼って寝て暮らしている隣人の閉じられたブラインドを見上げる。このとき、どこにこの人たちに対する公正さがあるというのでしょうか。私たち現代の保守党員は、大志を抱くすべての人びと、働き、貯蓄し、希望を抱くすべての人びと、受け取るだけでなく責任を果たそうとするすべての人びとの代表なのです。[16]

すでにかなりの長きにわたって、責任談議は右派が福祉予算縮小を正当化する際の主要な修辞的特徴となってきた。とはいえ、一九八〇年代後半から一九九〇年代初頭以降、それは中道左派の政治家の修辞的戦略においても、徐々に主要な地位を占めるようになってきた。かれらは伝統的に構造的要因に基づく説明の方を好んできたが、それを手放し、個々人の責任に照準を合わせはじめたのである。今日の左派はみずから責任の修辞を採りいれる必要があるという認識は、たとえば労働党革新派《ニュー・レイバー》の「第三の道」にとって生命線となる要素だったのであり、トニー・ブレアが飽くことなく強調した点だった。

福祉において、あまりに長い間、右派は社会的分断と慢性失業率を増大させてきました。他方、左派は権利を擁護しましたが、責任に関しては弱腰でした。私たちは人びとに福祉手当から抜け出し仕事に就く機会を与えることを強く支持します。私たちはそれを一二五万人に対して行ってきました。ところが、機会があれば働ける人はさらに数十万人います。それはかれらにとって、この国にとって、社会にとって正しいことなのです。ですが機会には、個人の責任——機会をとらえる責任、自力で何事かを成し遂げる責任、自分の能力と潜在能力を十分に活用する責任——が伴うのです。[17]

これはアングロサクソンだけの話ではない。責任に相当する多様な表現への訴えかけが、欧州大陸のほとんどの国の政治的言説においてますます大きな役割を担ってきた。ドイツとオーストリアの政治家はいまや習慣的に Eigenverantwortung[18] について語り、フランス人は responsabilité individuelle[19] を論じる。イタリア人は responsibilità individuale[20] を、ポーランド人は odpowiedzialność osobista[21] の必要性を語るのである〔いずれも各言語における「個人責任」を指す語〕。

したがって我々の公共的言説に実際に起きたことは、責任そのものからの離脱というより、この語の意味の変化なのだ。かつて責任は市民の他者に対する関心に訴えかけていたが、いまではまずもって自活する責務のことを表している。この「Rワード〔Rではじまる語（＝responsibility）〕」は、かつて国際政治や冷戦の闘いと結びついていたが、今日では国内政治の領域、とりわけ福祉改革をめぐる討論のなかに顕著に見られる。その基本教義は明快で、すべての市民は自活する責務を負う、というものである。事故や先天的障害といったどうしようもない理由で困窮状態に陥ったのであれば社会からの援助を期待できるが、この種の公共的な連帯の形態は厳格な条件と結びついている。無責任にふるまって責任を果たさなかった人は、援助を求める権利を失う。クリントン大統領が最初の就任演説で指摘したように、「私たちは、米国がなしうる最善のことを行わなければなりません。すべての人により多くの機会を提供すると同時に、すべての人に責任を果たすことを要求します。政府やお互いに対して、ただで何かしてもらうことを期待する悪習を断ち切る時が来たのです[22]」。

義務としての責任から結果責任としての責任という発想の転換がより多くの聴衆に明示されたのは、一九八〇年代のロナルド・レーガンやマーガレット・サッチャーの公式演説を通じてのことだった。しかしながら、一般公衆の気づかないところで、この移行の知的起源は長い時間をかけて醸成されていたのである。この変化の知的土台の全史は本書の守備範囲外だが、結果責任としての責任への移行が可能になった経緯を理解するには、二組の論争がとりわけ重要である。一つは政治哲学と道徳哲学とにおける論争であり、次節ではこれを論じる。他方が社会学、犯罪学の論争および社会科学全般にわたる論争であり、これはその次の節で論じる。

義務としての責任から結果責任としての責任への転換は、政治哲学と道徳哲学の近年の発展に驚くほど深く根ざしている。戦後、英米の哲学は二つの学説に支配されていた。ほとんどの政治哲学者は契約論者ではなく帰結主義者だった（今日もなおそうである）。そのなかでさらに平等主義を支持する者は、特定の分配パタンを擁護した。その際かれらは、さまざまな行為者の過去の選択がいかにしてそれらの分配に影響を与えたかを気にかけることはなかった（今もそうである）[23]。

これら二つの学説はどちらも、義務としての責任の観念を大いに歓迎した。〔帰結主義の一つである〕功利主義は他者の福利を改善する各人の責務を強調したのであり、それらの他者が過去にどう行為したか、またかれらが我々の社会的協働の枠組みに参加できるほど時間的、空間的に近くにいるかどうかといった問題にはほぼ無関心だった。同じように、特定の分配パタンを例示しようとする平等主義も、おのずと経済の構造的特徴に力点をおくことが多く、特定の個人を公的支援の必要な状態に導くような種々の選択にはあまり目を向けなかった。いずれにせよ、この時代の支配的な哲学的信念は、他者への義務を負わせるものとしての責任理解と結びついていたのである。

二〇世紀後半と二一世紀初頭の道徳哲学・政治哲学を徐々に席巻しはじめた信念は、この点で大きく異なる。ジョン・ロールズからT・M・スキャンロンに至るまで、契約論者たちは通常、相応の報い《デザート》のような前制度的観念を斥けてきた。かれらの考えでは、我々の制度が財を分配する際、徳や才能といった政治的制度とは独立に存在すると思しき規準に追随するような方法をとるべきではないのである。それでもかれらのほとんどは、まさにこの種の概念に制度上縁の深い、「正統な期待」等の諸概念を支持してきた。けだしこれらの諸概念は、結果責任という形での責任の再構想に意外なほど役立っている。功利主義者に比べて、契約論者は諸個人の扱いを決める際、かれらの過去の行為にはるかに大きな役割を割り当てているのである。

同じことが、この半世紀の平等主義的信念の進展にはいっそう強くあてはまる。平等主義者が伝統的に創り出そうとしてきたのは、いついかなるときも全成員の物質的所有財産に極端な格差のない社会だった。他方、いわゆる運平等主義者は、平等概念を再構築し、個々人の過去の選択と密接に連動させようとしている。かれらの見方によれば、市民に対し、当人が犯した可能性のある選択ミスについて結果責任を負わせることは、経済的効率性という理由で優れているだけではない。それどころか、それは平等主義的正義のまさに核心をなす。かれらにとっての平等は、人びとに当人の責任ある行動、あるいは無責任な行動への釈明を要求するのである。

帰結主義 対 契約論

半世紀前、功利主義は分析哲学上最も有力な理論枠組みだった。合州国や英国の多くの政治哲学者は筋金入りの功利主義者だった。批判者もいたが、体系的な代替案はなく、大半の道徳や政治上の問題を統一的に扱う功利主義の手法には対抗できなかった。[24] 実際、功利主義がかつて一世を風靡していたことは、その支持者の著作だけでなく、批判者の著作からも明らかである。二〇世紀後半の政治哲学でおそらく最大の影響力をもつ著作、『正義論』においてジョン・ロールズが最も注力したのは、リバタリアニズムやマルクス主義ではなく功利主義に対抗することだった。ロールズの述べる通り、彼の目指す「目的は、功利主義思想に代わるべき正義の理論を編み出すこと［だった］」[25] のである。

帰結主義的な思考様式、特に功利主義がかつて支配的だったことが重要なのは、それがあるきわめて特異な責任解釈と結びついていたからである――それは結果責任としての責任よりも、義務としての責任を受け入れやすいものだったのだ。通常の道徳的思考では、我々の他者に対する責任は、次の二つの重要な点で制約されている。第一に、我々は作為と不作為とを区別する。人は自分の行為で他者を害さない強い義務を負うが、他者に手を差し伸べる義務はそれよりずっと弱い。結果的に他者に苦痛を与える行為は、同じ結果を招く不作為よりもはるかに悪いことだとされる。第二に、我々は「特別な関係」を幅広く許容する。我々は、家族や友人、同胞市民に対する自分の義務は、遠方の、あるいは見知らぬ者への義務にまさると考える。功利主義は、これら伝統的制約に各々強く異議を唱える――そうすることで、我々の道徳的責務を劇的に拡張するのである。

ジェレミー・ベンサムは、功利主義の古典的定式を述べる際にこう指摘している。「功利原理は、」

その利益が問題になっている人々の幸福を、増大させるように見えるか、それとも減少させるように見えるかの傾向によって、または同じことを別のことばで言いかえただけであるが、その幸福を促進するように見えるか、それともその幸福に対立するように見えるかによって、すべての行為を是認し、または否認する。[26]

このように功利原理は、常識道徳上きわめて重要な区別をまったく受け入れない――作為と不作為の区別も、特別な関係にある人の特別扱いも認めない。サミュエル・シェフラーの記した通り、「帰結主義は、ある人の行為の正誤を判断する際、その人が直接もたらした帰結とその人が防げなかった帰結を同等に重要なものとして扱う[27]」。同様に、「常識道徳は、家族など一定の特殊な関係にある他者への特別な責任の存在を唱える。これに対し、帰結主義は、人が何をすべきか決める際には家族も見知らぬ他者も同様に万人の利害が等しく重要であると主張する」[28]。どちらの点でも、帰結主義は「人が負う規範的責任の範囲を大幅に拡張する」[29]のである。

これらの見方はすべて正しい。しかし帰結主義がこの上なく責任と親和的だからといって、帰結主義を避ければ責任の役割が弱まるかもしれない、などと結論づけるのは誤りだろう。たしかに帰結主義は実際、義務としての責任を最大化し、他者への道徳的責務に極端に要求度の高い解釈を与えている――しかしながらそれは、結果責任としての責任に対しては並外れて敵対的でもある。功利主義の説明では、私は自活する特別の義務など一切負っていない（なにしろ、隣人が私と同じくらい容易に私を養えるなら、彼は私の福利への道徳的責任を私と同程度に負うのである）。それどころか、作為と不作為との区別や、友人と赤の他人との区別が功利主義的見解から論理的には導けないのと同様、この立場からは、なぜ人が善人と悪人、立派な人と怠け者、あるいは自分の責任を果たしてきた人とそうでない人とを別様に扱うべきなのか、はっきりしないのである。

他者への我々の責任の範囲が以上の方向に拡張されることは、帰結主義の一つの際立った特徴である。だがこの点ほどには気づかれていない、もう一つの特徴も同じく重要である。それは、功利原理の扱う苦痛や快楽が誰のものであるかについての、徹底的な無関心である。帰結主義の観点からすれば、人類に大きく貢献する責任を果たした人びとに大きな快楽を与えることは、自他に対する最も基本的な責任を一向に果たさない無責任な人びとに大きな快楽を与えることと比べて、何ら特に優位におかれるわけではない[30]。したがって帰結主義者は、他者のために多くをなすことを求めるが、我々が実際にその責任を果たそうと果たすまいと、かれらの我々に対する扱いには何ら明白な影響を与えないのである。帰結主義の観点では、義務としての責任が拡張される一方で、結果責任としての責任は著しく狭められるのだ。

一九六〇年代、一九七〇年代あたりから、帰結主義は流行らなくなった[31]。それに代わって新世代の政治哲学者は、『正義論』でのロールズの功利主義批判に依拠しつつ、義務論的で契約論的な議論形態に目を向けるようになった。このことによって、責任の本性についての我々の理解は、三つの重要な点で変容した。第一に、我々の道徳的関心の射程に常識道徳が設けてきた伝統的制約が一部再建され、義務としての責任の範囲が縮小した。第二に、契約論的見解が提示した「相応の報いについての制度上の理解」によって、行為者の過去の行為が当人の社会的扱いにどんな点で影響しうるかを導く足場が整えられた。第三に、行為者の道徳的地位に新たな重要性が加えられ、反応的態度――ここには非難やかつてないほど強権的な刑罰論が含まれる――の役割が再興された。総体的に見ると、このように政治哲学上の支配的合意が変化したことで、義務としての責任の役割は縮小された。同時にこの変化は、そこに生じた空隙を埋める形で結果責任としての責任像の強化に一役買ったのである。

以上の展開のうち第一のものは、既述のことから難なく導かれる。契約論をかなりの程度動機づけているのは、我々にあると想定されている、「社会的協働の公正な枠組み」[32]に参加したいという願望である。これは、少なくとも二点で他者に対する我々の責任の範囲を制限する。第一は、この社会的協働の枠組みに参加する同胞への義務が、我々の枠組みに参加しない人びと――その大半は同胞よりもずっと疎遠であり、またその一部は同胞よりも深刻な困窮状態にある――に対する義務よりもはるかに重い、ということにある。その結果多くの文脈では、「正義の状況」は国民国家に限定される。ロールズが『万民の法』で論じたように、グローバルな貧困者に対する我々の義務は、功利主義者の多くが我々に信じさせようとするよりもはるかに狭められるのである。[33]

契約論が他者に対する我々の責任を制限する第二の可能性は、我々の社会的協働の枠組みに現に参加している人びとへの義務の範囲さえ、功利主義よりも狭められるという示唆から生じる。功利主義者は、我々が常に他者の幸福を増やすために行為すべきだと主張する。私がもう一ドル寄付することで苦痛よりも幸福の総残高を増やせるのなら、そうすることが私の道徳的責任なのだ。契約論者は我々の道徳的義務の「要求の厳しさ」についてこれよりも控えめな立場をとる。[34]それは、社会的協働の枠組み全体は公正に設計されるべきだ、というものであり、これは――ロールズの「格差原理」におけるこの要件の比較的厳しい解釈を考慮に入れるとしても――はるかに急進性の乏しい社会的理念なのである。

これに加え、各市民の義務は、まずもって正しい規則を尊重しそれを促進することにある。ここで求められることは、功利原理が要求すると思われる恒常的な犠牲よりははるかに少ない。ロールズが「正義の義務」を論じる際に指摘するように、我々は「正しい諸制度が存在し、それが我々に適用される場合には、それらに従い自分の役割を果たす[35]」義務を負う。我々はまた、「正しい制度編成が存在しない場合には、その設立を手助けする」義務も負う。しかしロールズはすぐさま「そのことがほとんど負担にならない場合」に限ると強調しているのである。[36]つまり、我々が正しい社会に生きていようと、あるいは正しい秩序の構築を目指している途上であっても、我々の義務は大幅に限定される。功利主義の説明では、私は貧困者を支援するために自分の富の大半を手放すよう求められかねないのに対して、契約論の説明によれば、私は正しい制度を支持するために自分の限られた役目を果たすだけでよいのだ。

近年の哲学の発展が結果責任としての責任への転換をもたらすのに一役買った第二の理由は、契約論的見解をとると、個々人に対する我々の道徳的態度がよりいっそう、その人のふるまい方に影響される、ということにある。特に、ある人が公的支援を要求できるかどうかは、いまや大部分その人物の過去のふるまいによって決まるのであり、その重みは純粋な帰結主義的観点をとる場合よりもはるかに大きくなるのである。

これは意外なことかもしれない。というのも、一部の評論家が懸念してきたのは、最も広く支持された政治哲学の手法――功利主義、ノージック流のリバタリアニズム、サンデル的な共同体主義だけでなく、（おそらくとりわけ）契約論的リベラリズムも――が公衆にはそれほど広い影響を与えてこなかったのは、そこに「相応の報い」についての前制度的な見方が欠けているからではないか、ということだったからだ。[37] これらの批評家が指摘する通り、契約論者は政治が道徳的価値や功績《メリット》のような観念に特別な注意を払うべきだという発想を拒んできた。[38] たとえばロールズの見解によると、「他者にまさる生来の資質と自身を成長させるに足るすぐれた性格をもつ個人には、他者に利益をもたらすことなく自己利益を増大させうる協働の枠組みを要求する権利がある、という考え方は間違っている」。[39] この発言が意味するのは、契約論的リベラリズムが人びとの扱いを決める際には、当人の過去の行為にはほとんど依拠しない、ということではないのか。

必ずしもそうではない。確かに、これらの理論的アプローチは、どれも相応の報いについての前制度的観念を支持しているわけではない。だが、相応の報いについて制度的な観念「しかもたない」ことと、いかなる相応の報いの観念ももたないこととの間には大きな違いがある。実際、ロールズは前制度的な相応の報いを斥けるものの、政治的諸制度によって「正統な期待」が生じる道筋を略述し、これが実際に有能かつ勤勉な者によりよい処遇を受ける権利を与えるとしている。「正しい協働の体系が公共的ルールの枠組みとして与えられており、期待がその枠組みによって形づくられるとき、自分の状況を改善しようという見通しのもと、当該体系が公に報償の対象と認めた事業を成し遂げた人には、その期待が叶えられる資格がある」(40)。私が主張したいのはまさにこの点、契約論のプロジェクトの中心にはこの制度的な「相応の報い」観と、その他の制度的な賞賛と非難の形態があり、これらが、相応の報いの前制度的観念との対比によって示唆される責任像よりもはるかに強権的な――そしてはるかに懲罰的な――責任像をもたらしている、ということなのである。

大方の帰結主義に比べると、契約論的リベラリズムに共有されている相応の報いの制度的観念は、思いのほか堅牢な足場を用意して、国家が個々人の社会貢献度次第でその人の扱いを変えることを受け入れる。G・A・コーエンが指摘するように、ロールズ的な社会では、稀有な才能の持ち主は法外な賃金を他者に「強要」できる可能性があるが、これに応じてその社会がどの程度正義に適っているとみなされるか、という評価が低下することはない(41)。明らかに、これは最も極端な形の懸念でしかない。才能ある者が個々の出世街道を歩むように奨励する理由が社会にあるかぎり、そしてかれらが社会の要望に応じるかぎり、かれらがより大きな報酬を手にするのは「制度上ふさわしい」ことである――かれらの動機が何であろうとも。ロールズが前制度的な相応の報いを斥けたことは制度設計の観点からすれば根本的な枠組みの転換なのだろうが、一般市民の日常生活における、相応の報いその他の考慮事項への評価には、実際ごくわずかな影響しか与えない。いったん正統な期待が形成されてしまえば、自分は一定の利益を受けるにふさわしいという市民の主観的感覚は、ロールズ的社会でも相応の報いの前制度的形態を認める社会でも、根本的に異なるわけではないのである。

契約論には、もう一点、過去の行為が当人の地位に影響する可能性がある。第2章でより詳しく検討する通り、契約論の枠組み内では、その支持者は次のような要求を掲げられるようになる。すなわち、個々の市民に集団が配慮するには、かれらに共同体に対する自分の責任を果たそうとする意欲がなければならない。エイミー・ガットマンやデニス・トンプソン、そしてスチュワート・ホワイトといった理論家が説くように、「自分の役目を果たす」ことを怠る市民は、我々の公正な社会的協働の枠組みの成員ではなくなり、その結果、あらゆる援助請求権をも失う可能性があるのである。[42] それゆえどちらの点でも、契約論は一種のおとり商法的な手口を使っている。前制度的な相応の報いを拒むことで我々の行為責任の範囲を狭めているように見えるかもしれないが、契約論は、制度的な相応の報いを多様な形で説明することを通じて、実際のところ、かなり強力な形態の結果責任としての責任を、まったく無理なく受け入れられるようになっているのである。

契約論への転換に関する第三の注目すべき特徴に移ろう。契約論的な刑罰論もまた意外なほど強権的である。功利主義者にとっての刑罰は、もっぱらというほどではないにせよ、主に犯罪抑止策として正当化されてきた。無実の人を投獄する（あるいは誰も投獄しない）よりも罪人を投獄する方が望ましいとされる唯一の理由は、犯罪減少のために必要な誘因形成として役立つから——実際、最も厳格な説明では、その場合のみ——である。[43] 契約論者にそこまで言った者はほとんどいない。実際、ジョン・ロールズは前制度的な相応の報いの余地を否定したにもかかわらず、刑事司法の文脈では、彼の制度的相応の報い論は再度きわめて断固たる形をとることになるのである。

ロールズによれば、妥当な刑罰の正当化根拠には二つある。一つは、単に「人間の相互安全保障」[44] としての法、という観念である。これは、ホッブズによる自然状態の記述以来、契約論者が懸念してきた種々の集合行為問題の解決をはかるものである。[45] しかし第二の根拠はこれよりも意外なものである。というのもロールズは、「[法に違反する] 傾向は、悪い性格の印で」あり、それゆえ正しい社会では、「法的刑罰はこの種の欠陥を示す人に対してのみ向けられる「べきである」[46]とも述べているからだ。たしかにロールズは、個々の犯罪に対する正当な刑罰を特定する際、相応の報いの前制度的な指標を用いいようとするあらゆる企てに反対しており、どんな刑罰もその社会における確立ずみの規則に従わねばならない――これは彼の「正統な期待」についての考えに対応している――と主張しているにすぎない。しかし、マイケル・サンデルの『リベラリズムと正義の限界』での説得力ある議論の通り、このことによって、どれだけロールズの刑罰論が市民の資質に依拠して当人の処遇を決定しているかを隠しおおせることはできない[47]。

正統な期待の場合と同様、刑罰の場合にも契約論者は相応の報いを斥けるが、これは外見とは異なり、深い次元での拒絶とはほとんど言えない。相応の報いの前制度的観念をとらないことだけに目を奪われていると、帰結主義から契約論への移行が、義務としての責任から結果責任としての責任への移行と、どこまで密接に関連しているのかがごまかされてしまうのである。

旧平等主義 対 新平等主義

功利主義が一九五〇年代、六〇年代における主流派政治哲学の特徴の一つだとすれば、平等主義はそのもう一方の特徴だった。もちろん、現在でも同じことが言える。今日積極的に活動する最も有力な政治哲学者の多くは、自分を何らかのタイプの平等主義者とみなしている。だが平等主義者であることの意味は、この半世紀の間で根本的に変わった。古い平等主義解釈の支持者たちは、社会は正確にはどんな分配状態を目指すべきかをめぐって議論していた。かれらは概して現行の分配状態に至る歴史的経緯を考慮せず、経済を形づくる構造的諸力を重視する傾向があった。その後、焦点が根本から転換された。

莫大な数の現代の平等主義者たちは、社会が例示を試みるべき、一個の単独で正当化可能な分配状態があるとは考えない。その結果、かれらはより広い経済的状況を形成する構造的諸力と同程度に、個々の行為者やその資質、そしてその選択にも着目する。その結果平等主義的哲学は、自己責任に対してめざましく許容的になった。かつて平等主義者は、結果責任としての責任像の核となる考慮事項をほとんどまったく受け入れなかった。しかしいささか皮肉なことに、この数十年の間に、平等主義者は、国家にとって最も有能な教化指導者へと変身してしまったのである。

ロバート・ノージックが『アナーキー・国家・ユートピア』で、彼いわく当時最も支配的な二種類の分配的正義論を非難したことはよく知られている。彼が批判した第一の理論型は、「パタン化された」正義論であり、これは功績や勤勉といった一定の特性が一般市民間でどう分布しているかに応じて富が分配されることを要求した。この種の発想は相応の報いに関する前制度的観念に訴えるものであり、人の二倍勤勉な人、二倍道徳的に立派な人、二倍有能な人は、富も二倍享受すべきだとする。分配的正義についての二つ目にして最もなじみのある発想は、「結果状態」あるいは「最終結果」理論であった。この理論は、現時点の社会の富の分配が示す構造の性質によって社会を判断する。つまり平等主義者は、たとえば社会における現在の資源分布を見てその社会の正不正の程度を判断するが、その際用いられるのは、その資源がどのくらい平等あるいは不平等に分配されているかについての測定だけなのである。(48)

これらの理論が抱える難点は、ノージックによると、二つあった。第一に、これらの理論は特定の分配がそもそもどのようにして成立したのかを完全に無視していた。すなわち、とりわけそれが力や強制から生じたものかどうかにまったく注意を払わず、他方では、それが、各個人が正当な権原をもつ資源をどう処理するかについて各々が自由に選んだ結果生じたものかどうかにまったく注意を払わなかったのである。第二に、このような分配を維持しようとすれば、互いに自由に交際する市民の自由を必ず根本的に損なってしまう。ノージックいわく、たとえ完全に平等な社会であっても、スポーツのスター選手を見に行くために自分の富のほんの一部を支払うかどうかを決めるというようなことを当該社会の市民が行うにつれ、いずれ不平等を深刻化させていくだろう[49]（同じことはある時点の社会の富の分配が、勤勉や才能、道徳的功績といった何か別の望ましいとされる前制度的「パタン」とぴったり一致させられている社会についてもあてはまるだろう。時間の経過とともに、このパタン化された分配もまた自由な個々人の自然な交流によって覆されるだろうから）。以上を受けて、ノージックはこう述べたのである。

正義の結果状態原理またはパタン付き配分原理はどんなものでも、人々の生活に対する不断の介入なしには継続的に実現されえない、ということである。例えば、財やサービスを他人と交換したり、是とされる分配パタンの下で譲渡人がそれへの権原を有する様々な物を他人に（贈与として）与えたりなど、人々が様々な行動を選択することによって、この原理が是とするどんなパタンも、非とするパタンへと変形する可能性がある。[50]

結果状態の理論は不正義かつ不安定であり、満足のいく理論はどんなものであれむしろ「歴史的」（財の取得や移転の経緯・過程の正当性に着目するもの）でなければならない、というのが彼の結論である。平等主義者は、ノージックの提案する歴史的でパタン化を拒む特殊な理論に決して惑わされなかった。彼の基本的想定は、人びとの物質的権原は前政治的かつ不可侵だというものであり、これに説得力を感じる平等主義者は皆無だった。さらに、ノージックは確かに「獲得の正義」や「移転の正義」の説明は提供したものの、「矯正の正義 rectificatory justice」については一度も説明しなかった。その結果、彼の理論は現実との接点がないように見えたのである。資源の正当な獲得や移転に関する彼の原理に魅力を感じたかもしれない理論家でさえ、当時蔓延していた現実の物質的分配を形成してきたあからさまな不正義の矯正方法を示さない著作から、何らかの実質的な結論を導出することには躊躇したのである。

たしかにノージックの実質的理論は、熱心ではあってもごく少数の支持しか得なかったのだが、振返ってみると、一般には主流の左派政治哲学者、特に平等主義者が見た目ほどには彼の著述を斥けなかったのは明白だ。既存の分配的正義論に対する彼の批判は、最終的には広く影響を与えたのである。特に「結果状態」理論への彼の批判は広く銘記された。実際、おそらくロールズ以後の平等主義的思想の最大の特徴は、ノージックが力説した類の歴史的考慮事項をかなりの程度分配的正義の原動力そのものにしてしまったことにあるのである。

このような見解の変化の積み重ねの結果が運平等主義である。すでに序章でその中心的教義の一部を概説したので、次章以下でより詳細にこの作業に取り組むことにする。しかしながら、ここでの議論にとっては二つの側面が特に重要である。第一に、この立場は、歴史的な分配的正義観のために結果状態への着目を回避するというノージックの主要関心をどの程度取り入れているか、という点である。第二に、この新たな注目点は、どのようにして個人の過去の選択と行為とを主要な関心事とし、市民がもつべき権原の基礎をかれらの行為史におくのか、という点である。要するに、運平等主義がノージックの関心を取り込んだことで、この系統に属する平等主義的思考は、結果責任としての責任像に思いのほか調和することになったのである。

運平等主義というプロジェクトの最善の定式化の仕方をめぐっては、きわめて込み入った論争がいまも進行中であるが、この立場の核心となる着想は以下のような簡潔な思想にまとめられる。個々人は、選んだわけではない物質的不平等の補償を受けるべきだが、自分の選択から直接生じた物質的不平等の除去を正義の名において社会に求める権利はもたない、というのである。[51] どんな状況で、ある不平等が選択の産物とみなされ、またそうではないとみなされるべきなのかについては、論争が続いている。高価な嗜好をもつことには、責任を負うべきなのか。[52] 出発点における選択肢の束が互いにどの程度似通っていれば、悪い結果に終わった高リスクの賭けから生じた不平等を、選択の結果とみなせるのか。[53] だがそれでも明らかなことは、その理論のどんな解釈をとるにせよ、我々は厳格な平等主義の世界、社会がどの程度正義に適っているかは、全員がある時点でどの程度同じ物質的権原を有しているかに単純に比例する、と考えられていた世界から遠く離れてしまった、ということである。運平等主義者にとっては、ノージック同様、ある分配をもたらしたある歴史は、その分配の道徳的地位の評価にとって大きな意義をもつ。物質的条件では相当不平等な社会も、この不平等が正しい状況下での個々人の自由な選択を反映しているならば、その社会は正義に適っていると言える（そのような社会を平等と考えるべきだと力説する理論家もいるだろう）。同様に、物質的条件ではきわめて平等な社会も、その途上で各人が別個に下した選択を反映しそこねているならば、その社会は不正だということになりうるのである。

この種の平等主義解釈の興味深いところは、一つには、人びとの過去の選択が、特定個人に対する集団の責務に深く影響するという点である。先行世代の哲学者――自分を平等主義者とみなさない人も多く含む――は、困窮者の面倒をみるのは社会の義務であり、そのことはかれらがそれまでの人生でどんな選択をしてきたかとは無関係だと考えた。他方、このような姿勢が運平等主義の中心的教義から生じることは本来ありえない。たとえある市民にとって社会の援助を緊急に要するほど根本的な不平等であっても、それが平等な条件下でなされる自由な選択から直接生じるものであるかぎり、社会はその人を援助する正義の義務を一切負わないのである。[54]

前述の通り、結果責任としての責任概念は二つの主要な教義を含む。まず、個々人は自分にできる範囲で、自活する責任を負う。次に、この義務が果たされない場合、その分集団はかれらに手を差し伸べねばならないとは感じなくなるだろう。運平等主義は我々の時代の政治的合意とはかけ離れた言語でつくられており、まったく対照的な含意をもつ。しかしながら運平等主義は、結果責任としての責任と見事なまでに適合するのである。旧世代の平等主義者なら、援助を要する同胞市民を助ける前に、そもそもどんな経緯でそこまでの困窮状態に陥ったのか問いただすべきだ、などという考えは否定しただろう。他方で運平等主義者は、歴史的考慮事項が現在の個々人の地位に影響するという考え方に深く馴染んでいった。そのかぎりで、厳格な平等主義から運平等主義への移行は――功利主義から契約論へのもう一方の転換と同じく――現代の政治哲学の中心にある結果責任としての責任観念が受け入れられる余地を開いたのである。

当然のことながら、ここには留意すべきことが一つある。たしかに運平等主義者は結果責任としての責任の中心的な特徴の一つ――行為者がかつて無責任に行為したのであれば、そのことで現在我々がその人を援助する責任は大幅に減少するという見解――を共有している。だが他方、運平等主義者は、ある行為や帰結の責任をいつ行為者に負わせるべきかについて、主流派の政治的言説よりもかなり慎重な態度を示しているのである（実際第3章で論じるように、この点は責任の時代に対する左派の標準的応答と一致する。左派の大半は、結果責任としての責任の規範的前提を否定する代わりに、貧困者の運命は実は当人のせいではないと主張することを選んだのだった）。その結果一見すると、運平等主義者と左派の姿勢とはずいぶん異なる政治的含意をもつかのようだが、全体として見れば、かれらは貧困者の援助を支持しているのである。だがこの点については、かなり皮肉なことが生じている。というのも、責任感応的な規範的枠組みを使って責任に非感応的な政治的含意を確保しつづけようという政治哲学者の企てにおいて、帰責の否定がますます重みを増しているのは確かだとしても、別の複数の学問領域において、行為者に責任を負わせようとする意欲は着実に増してきているからである。実際この数十年の間、社会学、犯罪学、そして社会科学全般における最も興味深い進展は、まさに学者が個人の主体性を強調するようになったという点にあり、これは個人の行為を決定する構造的あるいは文化的要因を強調することと、正反対の指向なのである。

社会科学

構造か主体性かをめぐる論争は戦後社会科学最大の特徴だが、大半の社会学者は構造の側についた。合州国において、そしておそらく英国ではなおさら、主体性を強調する社会学的説明は多数から忌避された。人びとの教育上の達成、給料、犯罪行為などへの説明は、まずかれらを取り巻く社会・経済的条件に求めるべきだ、というのが社会学者の主張だった。この種の文脈で種々の結果責任としての責任を語ることは、よくても無意味、悪くすれば被害者に鞭打つことになると思われたのだろう。だがこの通説は、この数十年の間にゆっくり後退していった。今日、大半の主流派社会学者は、構造と主体性との間にははるかに複雑な相互作用があると考えている――その結果、時には無意識のうちに、責任観念が安泰でいられる世界を生み出してきたのである。

たしかに社会学内部の一般的合意は、控えめに見ても、行為者の選択を根拠にかれらに対する我々の規範的責務の縮小を正当化することについて、なお慎重な態度を保っている。しかし、生じた見解の転換はなお著しい。現在実践されている類の社会学は、普及している結果責任としての責任観に対し、全面的に賛同するわけではないにせよ、少なくとも二、三〇年前には思いもよらなかったほどに齟齬のないものになっているのである。以下に示す通り、この変容は社会政策研究、文化社会学、いわゆる貧困の文化論、犯罪学といったきわめて多岐にわたる下位領域において明白である。

社会政策

一九九九年発表の影響力ある論文でアラン・ディーコンとカーク・マンが主張したのは、社会学、特に社会政策に関わる研究が、「主体性の否定」[55]に長く支配されてきたということだった。それによると、かつて社会学は、「個人の行為への制約に対して」[56]過度な関心を払ってきた。とりわけ貧困層について、社会学者は構造的な障害——「労働市場での差別、教育上の不利、空間上の分離、階級化された居住地、経済の再構築、失業、福祉手当の罠、より抽象的なレベルでは家父長的資本主義経済という要件」[57]など——を強調し、その結果それ以外のほぼすべての要因が視野の外におかれてしまったのである。

このような主体性の否定は偶然ではなかった。むしろそれは思いのほか広く方法論上の源泉をもっていたのである。その一部は、タルコット・パーソンズの構造 - 機能主義的手法が数十年にわたり米国の社会学に与えつづけた比類ない影響力に由来する。この手法は、経験的事象の説明にはそれらの事象が引き起こしたマクロレベルの帰結を用いるため、個人の主体性の可能性をほとんど残さないのである。しかしパーソンズを受け入れない社会学者も、独自の方法論上の理由から、主体性と責任には懐疑的な立場をとった。たとえば大半のマルクス主義者は、史的唯物論の一形態を信じつづけており、この種の考慮事項はせいぜい付帯現象だとしか考えなかった。[58] その結果、マルクス主義的手法と経験主義的手法のいずれにおいても、社会学研究全体に主体性の出る幕はほとんどなかったのだ。公共政策の領域では、ピーター・テイラーグッビィ[59]やピーター・タウンゼント[60]、そしてリチャード・ティトマス[61]といった多彩な学者の業績がここに含まれる。

ところが一九九〇年代までに、社会学における主体性の否定は急速に力を失った。史的唯物論の影響力はソヴィエト連邦とともに崩壊した。同じころ、パーソンズは無残な仕方で時代の寵児の座から転落した。ハーヴァード大学の社会科学部門の多くは、ウィリアム・ジェイムズ・ホールというブルータリズム様式の建物に入っており、彼はかつてその最上階にあるグランドスウィート・オフィスを使っていたが、学者生活の最後の数年は、その建物の地下の片隅にある狭苦しい部屋に追いやられて過ごしたのだった。[62]

機能主義とマルクス主義の後に、「社会学・社会政策の論争における人間主体性への関心の復興」[63]が桁外れの規模で発生した。構造論的説明の意義を信じる学者も、真の主体性の可能性を認める形で自身の構造論的説明を再構築しようと努めたのである。たとえば、大きな影響力をもった一九九二年の『米国社会学ジャーナル』への寄稿において、ウィリアム・セウェルは次のように主張した。「最も根本的な問題は、構造論や構造主義の議論が、社会生活においてあまりに厳格な因果的決定論を想定しがちであることだ。……構造を語る言葉において見失われがちなのは、人間の行為の効力――あるいは現在好まれている用語を使うなら「主体性」である」。[64] こうして彼の理論は、「社会的行為者の主体性を認める」[65]方法で構造分析を変容させることを目指したのだった。

一九九〇年代、主体性の復活がとりわけめざましかったのが、社会政策の領域だった。それをもたらした学者は、互いに多くの点で異なっていた。アミタイ・エツィオーニ[66]、フランク・フィールド[67]、ローレンス・ミード[68]、チャールズ・マリー[69]といった人びとは、「責任ある行動を奨励しそれに報酬を与えるような形で福祉を再建する」[70]ことが必要だと信じていた。他方で、ジグムント・バウマン[71]、ウルリッヒ・ベック[72]、アンソニー・ギデンズ[73]らは、「そのような努力は無駄でありかつ危険でもあると考え[た]」[74]。けれども、二つの陣営には一定の政治的不一致があったものの、社会学的分析において主体性が従来よりもはるかに大きな役割をもつことについては、全員が認めたのであった。こうして、道徳的帰責のための新たな空間が開かれたのである。総体的に見て、ディーコンとマンによる以下の診断は、妥当なものである。

福祉をめぐる規範的論争のなかで個人の行動や性格にますます関心が払われるようになったことと、一部の社会学者の関心が、個々人が現代の社会生活のリスクや不確実性に直面するなかで選択を下し責任ある行動をとる能力をいかに保持しうるかに向けられてきたこととの間には、著しい共鳴が認められる。[75]

新しい枠組みについては論争が続いている。特に、北米から西欧にかけて行われていた包括的な福祉改革をこれに訴えて正当化しようとする試みは、つねに多くの学者からの激しい抵抗を受けてきたのである。しかしそれでも、構造論的説明から行為者的説明への転換は根本的なものだった。意図的だったかどうかにかかわらず、この転換は重大な政治的変容に知的根拠を提供したのである。行為者に着目した説明が前面化すると即座に、結果責任としての責任の帰責作業の道筋が敷かれることになった。意外なことではないのだが、結局のところ、自己責任を奨励する福祉国家改革が必要だという立場をきわめて明瞭かつ断固とした態度で選ぼうとした社会学者は、教授会では少数派のままだった――にもかかわらず、それは学者世界の外では最も顕著かつ有力な声となったのである。

文化社会学と「貧困の文化」

主体性と責任への移行が特に顕著だったのは、社会政策研究に取り組む社会学者の仕事だった。しかしながら、そのような直接的な政治的関心からはるかにかけ離れた領域でさえ、この移行は目を引くものだった。かつての主体性の否定が最終的にほぼ全面的に覆されたとりわけ印象的な例は、文化社会学の領域で生じた。

文化や伝統といったとらえにくい実体の影響や社会的役割の概念を説明しようとする試みは、当初、象徴や意味の体系によって隅々まで形づくられる個人を念頭においていた。人は、このような体系のなかに生まれ落ちるのである。たとえば終戦直後、ラルフ・ダーレンドルフは社会学的人間 *homo sociologicus* という概念を提案し、一部の経済学者が支持する経済人 *homo economicus* の一種の解釈上の最大のライバルとなった。彼はラルフ・リントンの役割理論から影響を受け、こう仮定した。社会学的人間すなわち「社会的に遂行される役割の担い手は、個人と社会の交錯点に位置している。個人とは、当人の社会的役割のことであるが、他方でこれらの社会的役割は、社会の不動の事実でもある[76]」。

個人の主体性が及ぶ範囲など、個人を包囲する文化的背景の前では取るに足りないという想定は、戦後の文化社会学の最大の政治的意思表明、いわゆる貧困の文化の存在をめぐる論争においても明らかだった。この手法を最初に導入したのは、発展途上地域の研究者で文化人類学者のオスカー・ルイスである。それによると、特定の下位文化がその担い手の熱意や性格、世界観を形成しており、これが貧困からの脱出を難しくしている。[77] マイケル・ハリントン[78]やダニエル・パトリック・モイニハンら社会学者は、ルイスの考えをすぐさま米国の文脈に拝借し、スラムで極貧状態が長期化する原因を解きあかそうとした。モイニハン報告は社会政策に多大な影響を与えた政府資金の研究だが、かれらはそこで、ゲットー文化の特徴は一人親家庭の有害な増加にある、と説いたのである。「黒人社会の基盤を蝕む最大の元凶は、黒人家族の堕落である」とモイニハンは記した。[79] しかしながら、この現象の根にあるのは、個々人の選択ではなく、奴隷制や黒人差別に起因するアフリカ系米国人の家族構造の弱体化である。つまり現在の文化的な態度は、文化の個々の担い手にはほとんど制御できない歴史的諸力によって説明されるべきなのである。

> 奴隷解放とともに、黒人米国人の家族が合州国で広範に形成されはじめた。だが、それは白人米国人の家族とは著しく異なる環境下で進んだ。黒人に自由は与えられたが、平等は与えられなかった。生活は危険で周縁的な状態が続いた。最も重要なことは、黒人男性は特に南部で激しい敵意の対象となった。この態度は疑いなくある種の恐怖に由来していた。……黒人に「身の程」をわきまえさせる、とは、黒人男性に身の程をわきまえさせる、ということに等しい。女性は誰も脅かさなかったからである。疑いなく、このことは、強い父親像の出現を妨げる方向にはたらいた。[80]

モイニハン報告は、社会学が二〇世紀米国の社会政策に干渉した事例中、最も影響力あるものの一つとなったが、この報告は当の社会学界では即座に退けられた。社会学者が特に反発したのは、それがあまりにも大幅に、劣悪な教育制度や経済的機会の不足といった貧困の構造的要因から、困窮者自身の行動や文化的パタンへと視点を変えさせるように見えたからである。ウィリアム・ライアンは、自著の題名のなかで標準的な抗議を行い、これがいまや周知の言い回しになりおおせた。それによると、モイニハン報告は、『被害者に鞭打つ』ことの実例なのである。[81] こうして、多くの学界の批評家たち、すなわちタルコット・パーソンズの機能主義に感化された多くの人びとは、学術的議論を再び構造的論点に向けはじめた。政治的文脈で文化を持ち出すことは、ある世代の米国の社会学者にとってはほとんどタブーとなった。フィリップ・スミスのあざやかな表現によると、文化社会学は「専門の周縁部での陰鬱な追放の身[82]」へと追いやられたのである。

ある意味で、この反発は非常に皮肉なものだった。モイニハンは、ニューヨーク州選出の合州国上院議員を四期連続で務めた民主党員であり、貧困者の苦境には非常に同情的であった。さらに、被害者に鞭打つという非難は、一種の範疇錯誤によるものだった。なぜなら、もともと貧困の文化を語っていた人びとは、貧困者が自滅的と思しきふるまいを「選んだ」わけではない、と考えていたからだ。むしろかれらの行動は、かれらが生まれついた文化によって導かれたものなのである。丁寧に読めば、モイニハン報告全体を貫く文化への考慮はそれほど自己責任を歓迎するものではない。それは、米国の社会学者がその代わりに依拠した構造論的な貧困の説明が自己責任を歓迎しないのと大差はないのである。[83]

一九八〇年代の文化社会学上の支配的合意は、依然「文化は、目指すべき究極の目的や価値を提供することで、行動を形成する[84]」と唱えていた。だがこの領域自体は、モイニハン報告での文化的説明の役割が広く退けられて以来、劣勢に立ったままだった。したがって、文化を有効な分析概念として復活させようとする社会学者は、二重の困難にぶつかった。第一にかれらは、文化からモイニハンへの連想を取り除く必要があった。第二に、文化の役割についてのかつての説明は個人の主体性の作用する余地をほとんど残さなかったため、〔社会〕変化の発生を納得いく形では説明できなかった。その結果、文化社会学者の仕事は、因果的説明にますます支配されつつある領域——社会科学全般がそうだったのだが——において、文化が有意義な分析範疇でありうることを示すことになった。文化概念が因果分析に対して害を与えないように、またそれがモイニハン報告から害を被らないようにするには、新たな文化概念によって真の個人の主体性の可能性が開かれる必要があったのだろう。

そのような試みを行った一人が、アン・スウィドラーだった。(85) 一九八五年の著作で彼女は、「現実的な文化理論は、我々が受動的な「文化的中毒者」ではなく、……能動的でときには熟練した文化の使い手だという現実の観察に合った期待を抱くように導くべきである(86)」と主張した。古い見方に代えて、スウィドラーは文化を三つの段階からなるものとして考えることを提案する。

第一に「この提案された文化の構想は」、象徴、物語、儀式、世界観といった「道具箱《ツールキット》」としての文化像を提供する。人びとはこれを種々の問題解決のためにさまざまに組み合わせて用いるだろう。第二に、文化の因果的効果を分析するために、それは「行為の戦略」に注目する。これは行為を時間軸に沿って継続的に律する方法である。第三に、それは文化の因果的な意義が、行為目的の画定にではなく、行為戦略の策定に用いられる文化的要素の提供にあると考える。(87)

スウィドラーの手法はまもなく影響力を現した。文化の細かな定義こそ違うものの、文化社会学の領域では、構造と主体性の均衡のありようについて、いまや広範な合意らしきものが形成されている。それによると、文化的要因は個々人の行為の背景となるが、選択と機会の余地は広く残されているのである。[88]スウィドラーの論文中にすでに登場していた力強さと個人主義的色彩を帯びた雄弁なメタファー、今日まで一貫して高評価を得ている表現を引き合いに出すならば、文化は、宿命から「道具箱」へと作り変えられたのである。

個人の主体性の可能性を開くこの種の試みと足並みをそろえて、文化社会学の領域もまた、責任観念に対する敵対的姿勢をこれまでになく和らげた。個々人は、自分が受けたしつけや環境はあまりにわずかな道具箱しか提供してくれなかったと――一定の状況では正当な――不平を言うかもしれない。しかしそれでもこの道具箱からかれらが作ったものは、かれら自身の主体性の産物なのである。文化的要因に基づく行為の説明は、個人は自分の行いに責任を負えないという暗黙の主張をもはや含んでいない。このことが示すのは、戦後の文化社会学の皮肉な展開の軌跡である。そこでは、人びとの文化的特性に対する責任を行為者当人に負わせてしまうと考えられていた伝統から抜け出そうとする試みこそが、この学問領域を、より個人主義的な文化概念へと導き、実際に帰責の可能性を生み出してしまったのである。

犯罪学

戦後期の大半を、犯罪学者は主に犯罪の根本原因の研究に費やしてきた。かれらは貧困や教育の不備といった構造的要因に着目する一方、違法行為の主体的側面をほとんど顧慮しなかった。概して犯罪者は、一定範囲の選択肢を前提に犯罪の実行を決断する個別の行為者として描かれるのではなく――むしろ、集団として、現代の資本主義経済がもつ組織的な特質と避けがたく相関関係にある存在として描か

れていたのである。(89)

主体性と責任に対するこの疑念は、経験的な犯罪研究だけのものではなかった。道徳哲学者も、処罰の正当化可能性にはきわめて慎重だった。周知の通り、ミシェル・フーコーのようなポスト構造主義者の著作はその一例である。彼の一九七五年の著書『監獄の誕生』は、刑務所の意義は犯罪の予防手段ではなく主権行使の場であることに存する、と示唆しているように思われる。(90)しかし処罰への疑いは、意外に多くの分析哲学者にも共有されていた。たとえばジェイムズ・マーフィーはこう論じた。カント的な応報刑論は、犯罪を支配的な生産様式の当然の帰結とみなすマルクス主義的な社会観と結びつき、「道徳的に擁護可能な唯一の刑罰理論を、……現代社会にはほとんどあてはまらないものにしてしまった。その結果、たいていの現代社会には処罰する権利がないのである」。(91)

一九七〇年代初頭以降、この種の責任否定論は後退しはじめた。きっかけは、犯罪の根本原因と構造的要因への着目に対し、ジェイムズ・Q・ウィルソンが著作で痛烈な攻撃を加えたことだった。『犯罪について考える』という、二〇世紀後半で最も有力な犯罪学の大著となった論文集を著すなかでウィルソンが力説したのは、犯罪の根本原因について考えると分析の照準を誤った水準に向けてしまうだろう、ということだった。(92)なぜなら第一に、犯罪学者は、社会レベルでの貧困や家族構造といった要因が実際どんな因果的影響をもつのか、それまでのところ、ほとんど突き止められずにいたからである。ウィルソンは、この種の問題についての実質的な進展は、将来も期待しにくいと考えていた。第二に、たとえそのような根本原因の特定に成功したとしても、それは具体的な政策提言には向かないからである。ウィルソンの見解によると、犯罪の実際の根本原因は、定義上、あまりに根深いので、どんな政策的干渉もこれに現実的な影響を与えられないのである。

社会学者は、犯罪の根本原因に着目するという見当違いのせいで、現実的な犯罪予防策についてまったく無知なままだ、とウィルソンは論じた。それだから政府委員会で助言を求められたとき、かれらは居心地悪い思いをしたのだった。かれらは卓越した犯罪学者で通っていたが、科学的根拠のある政策的助言は何一つ示せなかったのである。ウィルソンによると、かれらがその代わりにやりがちだったのは、科学的知見の空白を自分の個人的嗜好で埋めるということだった――この嗜好はしばしば敗北者への善意に満ちた思いやりに根ざしており、これを支えていたのは、個人の主体性は犯罪を説明する際の鍵になりうる、という発想の拒絶だった。

社会学者がこの嘆かわしい状態を脱し、実行可能な政策提言を見出したいのであれば、個人の主体性に着目しなおさねばならない、とウィルソンは締めくくった。たとえ個人の主体性に関わる諸要因が、犯罪の総決定因のうちわずかな位置しか占めていなかったとしても、それらは他の要因よりも手を加えやすいので、なおも犯罪者予備軍の行動を変えるための最も有望な手段になるだろう。こうして、ゲイリー・ベッカー(93)のような経済学者の擁護する犯罪への合理的選択アプローチを採りつつ、ウィルソンは、犯罪者を誘因への反応能力をもつ合理的な行為者とみなすべきだと示唆した。(94)このことは従来にない政策提言を二つ含んでいる。一つは、刑期を延ばし、取り締まりを強化することによって犯罪が高くつくようにすることである。二つ目は、割れ窓などの目に見える犯罪への糸口を除去することである。それらは、特定の地域が秩序を欠いているとか警備が手薄だとかいった印象を与えてしまう――ウィルソンの立論によると、この種の印象は、常習犯だけでなく普通の市民にも破壊的あるいは不法に行為する「許可」を与えているのである。(95)この行為者的観点こそ、ウィルソンを二つの政策提言に導いたのであり、彼自身の業績だけでなく、米国の過去三〇年間の刑事司法制度の発展の中核にもなったのである。

それは、刑期の段階的加重と「無寛容《ゼロ・トレランス》」式の警備活動である。後者は、ルドルフ・ジュリアーニら政治家が採用した（彼はウィルソンの「割れ窓」理論から着想を得たと述べている[96]）。

ここ何十年かの合州国の刑事司法の発展は、一種のファウスト的契約と考えることもできる。前例のない犯罪率の低下は、前例のない収監率の上昇を代償としてきたのである。この発展の相対的な利点や恐ろしさについてどう考えるにせよ、その源には、個人の主体性に目を向け、犯罪者の行為の責任は当人にあると考えようとする意欲の復活があるように思われる。実際、犯罪の深層原因から政策介入の可能性の探求に着目する手法への転換と、個人責任の再評価との結びつきは、時間とともにウィルソンや彼の支持者の著作中でますます顕著になってきた。彼自身、『道徳感覚』で書いているように、彼の究極の目的は、一貫して「かつて美徳や道徳について語るときに人びとがもっていた自信を回復する一助となること[97]」だったのである。

この意味で、犯罪の社会学的研究は、犯罪学への別のアプローチおよび政治全般の両者と足並みを揃えて進展したと言える。最初に犯罪問題が選挙の争点になることに気づき、犯罪者に敵対的な修辞を徐々に増やしていったのは、まさに北米から西欧にわたる中道右派の諸政党であった。序章で見た通り、たとえばロナルド・レーガンは、「私たちは、法が破られたとき、罪を問われるべきは法を破った者ではなく社会なのだ、という考え方を捨てなければなりません。いまこそ、誰もが彼の行動の結果に責任を負う、という米国流の原則を蘇らせるときなのです[98]」と主張した。レーガンの方針は共感を呼んだ。ほどなくそれは中道左派の修辞をも席巻した。英国労働党は何十年にもわたって貧困の除去を犯罪減少に向けた最重要の政策提言とみなしてきたが、ジェイムズ・Q・ウィルソンの社会科学的異議とロナルド・レーガンの政治的異議との連携によって、一九九七年に政権奪取に臨んだ頃には、党の方針は変容させられていた。トニー・ブレアはその最初の選挙活動での決め台詞のなかで、労働党革新派《ニュー・レイバー》は「犯罪に屈せず、犯罪の原因にも屈しない[99]」と約束したのである。

結果責任としての責任

結果責任としての責任像が責任の時代に果たしている役割の大きさを理解するには、その根深さだけでなく広さも認識しなければならない。自己責任への没頭は政治的修辞を次々に生み出してきただけでない。それは同時に、哲学から社会科学までの他領域をも侵食したのである。自己責任が注目されるようになったのは、サミュエル・シェフラーの説く世論と講壇哲学の断絶のせいでもなければ、ダニエル・ロジャーズの説く今日の知的潮流の深刻な断片化のせいでもない。むしろその一部は、政治的修辞の変容が哲学や社会科学上の合意の変遷にどんな風に根ざしていたのかによって、解き明かされるのである[100]。

二つの分野を見れば、学者の世界の変化と政策の世界の変化がどの程度重なり合っているのかがわかる。貧困をめぐる議論においては、政治家と学者はともに、貧困そのものの撲滅からは距離をおき、「真面目に働き規則に従う」市民はしかるべき報酬を受けるべきだという発想を伴う、より狭い関心しか抱かなくなった。また貧困の元凶をめぐる論争のなかでは、文化的価値観とそれに基づく貧困者の選択が「貧困の連鎖」の部分的原因だという見解が、傍流から主流へと移動した。

バラク・オバマは、どちらの変容についても、最も重要な証人として証言できる。広く指摘されてきた通り、彼の最初の選挙活動は、米国の政治的言説の定石を守ることをはっきりと拒んだ点で際立っていた。何世代にもわたる民主党の政治家たちが自明視してきた論争上の条件に反し、彼は人種や国防といった多様な争点上で、すすんで有権者の思い込みに異を唱えた（それに応じて彼の批判者は、彼の任期の著しい特徴は、大統領としてのオバマが大統領候補だったオバマの約束をどれだけ反故にしてきたか、という点だ、と説いてきた）。しかし一つだけ、彼の修辞が政治的主流派に大きく異を唱えることが――一回目の選挙活動期間中でさえ――ほとんどなかった領域がある。それが貧困だった。

一九六四年に貧困との闘いを宣言したリンドン・B・ジョンソンが提案したのは、「貧困という帰結だけでなく、その原因[101]」を根本から撃退することだった。ジョンソンは議会でこう約束した。貧困の原因が何であろうとも、

連邦と地方が協力して貧困を追跡する努力をせねばなりません。それが生じているのがどこであっても――都市のスラムでも、小さな町でも、小作人の丸太小屋でも、あるいは出稼ぎ労働者の仮設住宅でも、インディアン特別保留地域でも、そして、黒人だけでなく白人にも、年配者だけでなく若者にも、にわか景気にわく都市や不況にあえぐ地域でも――それを追跡しなければいけないのです。我々の目標は、貧困の兆候を除くだけではなく、それを治療し、そして何よりも予防することにあります。[102]

オバマが高い地位を目指す頃までには、貧困との闘いには多くの条件が追加されていた。つまり、すべての市民に自助努力で貧困から逃れる機会を与える、という約束になっていたのだ。事実、彼が最も堂々としていたとき、つまり大統領選出馬宣言でジョンソンの貧困との闘いに同調しているように見えたときでさえ、オバマはある思わせぶりな留保をこっそり紛れ込ませていたのである。

私たちの世代で米国の貧困を終わらせましょう。働く意欲のある人は一人残らず、仕事につながるような職業訓練を受け、請求書を支払えるだけの生活費を稼ぎ、仕事中は子どもが安全な場所にいられるように児童保育を受けることができるべきなのです[103]。

最初の任期中にオバマの修辞はいっそう慎重になり、それにつれて彼の貧困に対する姿勢にどんな条件が付されているのかがさらにはっきりしてきた。彼の三回目の一般教書演説は再選活動の半ばに行われたが、その当時彼が求めたのは次のような経済であった。そこでは「すべての人が公正な成功の見込みを手にし、すべての人が公正な負担を負い、すべての人が同じ規則に従います。……日々真面目に働き、規則に従う何百万もの米国人は同様に努める政府と財政制度をもつに値するのです。……永続すべく築かれた米国は、すべての人が責任を果たすことを求めています[104]」。

オバマがジョンソンに比べて貧困との闘いを軽視していた、などと言うつもりはない。むしろこれは、単に彼の平等主義の性質の変化を示しているのである。ジョンソンが貧困撲滅について概括的に語れたのに対して、オバマは、彼が福祉手当を給付したいと思っている人びとが、規則に従ってきた人びと——自活の責任を果たさなかった人びとではないということを、聴衆に納得させつづけねばならなかったのだ。この点でオバマは、非常に興味深い形で政治哲学上の学問的合意の変化を反映していた。平等主義の新たな潮流と同様、彼の修辞を支えていたと思われる規範的原則によると、同胞市民への我々の責務はかれらのよき行動を条件としており、したがって我々の現在の富の分配の不正義を語る際には、かならず歴史的経緯を考慮しなければならないのである。

同じことは、「貧困の文化」をめぐるかつての論争についても言えるだろう。前述の通り、モイニハン報告は文化を貧困の元凶として描いたが、これは個人の主体性では変えられえないものとされていた。そのような文化のなかに生まれた人びとには、これを克服する力はほとんどないと考えられていたのである。モイニハン以後、貧困論の文脈での文化への言及は一切タブーとなった。社会学者は、構造的要因こそが貧困を説明すると力説したのである。より行為者志向的な転換が社会科学に定着し、アン・スウィドラーのような学者が文化を個人の利用する道具箱としてとらえなおしたときにはじめて、個人責任を論じる概念上の可能性が再開拓されたのである。社会学者自身は非難と受け取られそうな発言には常に慎重だったが、この新たな見方は、文化的影響下で形成された価値観に対する責任を当人に負わせる可能性を実際に開いてみせたのである。

バラク・オバマは、この主題をめぐる発言のなかで、驚くべき徹底ぶりでこの概念上の可能性をものにした。早くも二〇〇八年の六月に、シカゴの黒人教会の集会参加者に語りかけたとき、オバマ大統領候補は、「全黒人の子どもの半数以上が一人親家庭で生活している」と述べたのである。「あまりに多くの父親が行方不明《MIA》であり、あまりに多くの父親が家を出て《AWOL》おり、あまりに多くの父親が生活や家庭から姿を消してしまっている」ことを嘆きながら、オバマはかれらに「責任は妊娠とともに終わるのではないことを認識する」よう求めた。[105] 四年後、彼は黒人大学として歴史のあるモアハウス大学の卒業式の式辞で、この主題をさらに展開した。

> 我々の共同体の若い男性のうち、あまりにも大勢が、よくない選択をしつづけていることを我々は知っています。そして白状しますが、私自身、これまでに多くの間違いを犯してきました。ときに私は、自分の失敗を、常に黒

人男性を卑しめようとする世界の一例であるかのように書き捨ててきました。私は自分が正しいことをしなかった際に言い訳をしがちでした。しかしみなさん全員がこの四年間で学んだことの一つは、もはや言い訳の余地はまったくないということなのです。……

みなさんの子ども時代がどれほど過酷だったのかを気にかける人はいません。みなさんが何らかの差別に苦しんでいたのではないかと気にかける人もいません。さらに言えば、みなさんがどんな経験をしてきたにせよ、先行世代が耐えた苦難に比べればたいしたことではない、ということを忘れてはいけません――そしてかれらはその苦難を乗り越えたのです。かれらがそれらを克服したのだから、みなさんにもできるのです。[106]

モアハウスでの式辞で、オバマは、当人の選択同様、構造的要因も若い黒人男性の人生の展望に深く影響することを否定したわけではなかった。彼は、つらい幼少期や差別といった要因が動かしがたい不利な条件を生んでいることは認めるのである。だがオバマの考えでは、明らかにこのことで彼らの自己責任が軽くなることはない。彼がみなに語った通り、「みなさんの子ども時代がどれほど過酷だったのかを気にかける人はいない」のである。構造的な不利が認められる稀な場合にも個人の主体性に道徳的な目を向ける政治的言説を支持することで、オバマは、モアハウスの卒業生たちに対し、どんな苦難があろうとも、自分の運命への責任を負わせる。結果責任としての責任像の世界では、各人は自分の苦難を乗り越える責任を負うのだ。

したがって、現代の政治や社会科学、哲学における支配的言説の異色さは、新たな形で責任が強調されるようになったことだけにあるのではない。むしろ、いまや常識化している責任のとらえ方こそが特殊なのである。他者に対する我々の責任は弱められてきた。多くの国で徴兵制が廃止されていることにはじまり、個人主義的エートスが異例の高まりを見せていることに至るまで、現代の諸社会の市民は、自分と同じ社会で生きる他者に奉仕する義務をますます軽減させている。同時に、我々の自活への責任は大幅に拡大した。福祉国家はかつてセーフティネットとして理解され、不運な人と不真面目な人、責任を果たす人と無責任な人のどちらの転落をも食い止めていたのだが、今日、それははるかに選択的な社会的手段と化してしまった。

我々が自活する必要性は、政治家の演説で力説されるだけではない。それは着々と、我々の最も重要な経済的・政治的制度の一部を形成しているのだ。北米と西欧の大部分にわたって、一連の福祉改革は我々の福祉国家の責任追随的な側面を強化しつつあり、同時に責任緩和的な側面を弱めつつある。この転換の詳細については、次章で経験的観点と規範的観点の両方から説明していくことにしよう。

第2章　責任の時代の福祉国家

この数十年の間に、自己責任は我々の哲学や政治の中心を占めるようになった。この知的変容の広さは並大抵のものではない。しかしながら意外なことに、責任の重要性の拡大は、当選をねらう政治家の発言や研究に携わる学者の概念にとどまらない。この数十年、北米や西欧諸国の福祉制度に生じた重大な変化を見れば、現代の自由民主制の中核的諸制度の一部が、近年、責任をもって行動したと思しき人には報酬を、責任を果たさなかったと思しき人には罰を与えるように改変されてきたことは明らかだ。(1)この変化はしばしば、互恵性や、ときには平等の名の下に正当化されてきたが、規範的に見ればきわめて憂慮すべき変化である。それはより平等な社会の創出どころか、「責任の激増」から「福祉制度の逆説」の深刻化まで、一連の深刻な害をもたらしてきたのである。

「矛」と「盾」に直面する

一九八〇年代から九〇年代初頭に、政治学者や経済学者は「福祉国家の危機(2)」を懸念しはじめた。かれらが指摘したのは、おびただしい要因によって現代の北米と西欧の民主制国家の福祉制度が長期的には維持できなくなるということだった。その主張によると、戦後期のめざましい経済成長は過ぎ去ってしまっていた――それは例外的な経済的成功の時期であり、長期にわたって繰り返されるはずのないものだった。とりわけ、脱工業化したサーヴィス産業中心の経済は、一九五〇、六〇年代にはまだ経済生産の大半を占めていたフォード主義基軸の工場に比べると、その生産性の向上を期待しにくい。したがって今後、経済的余剰を享受できる層は狭い範囲にとどまらざるをえないだろうと考えられたのである。[3]

この問題は、福祉制度にかかる費用が急増したことでさらに複雑化した。[4]平均寿命の伸長と出生率の低下が重なったため、かつてピラミッド型だった人口分布はすでに中腹の出張った西洋ナシ型に変形しており、ついには頭部の肥大したアイスクリーム・コーン型になるおそれがあった。一九六〇年に退職者一人あたり七・五人の労働者がいたという仮定のもと、人口統計学者は二〇四〇年までについにこれが二・五人を切ると予測した。[5]その結果、公的年金はみるみる支給不能に陥った。[6]他方、高齢化によって医療費が増大し、また失業率の上昇によって給付金制度の費用は増加の一途をたどった。その上経済学者は、これらの費用の増大はすべて、結果的に、気前のよい福祉国家を支えてきた経済のダイナミズムを冷え込ませるのではないかという懸念を強めつつあった。[7]残された道は根本的な変革しかないように思われたのである。

しかし結局のところ、社会的給付制度を非難する声は、多数の学者が予測したほどには大きくならなかった。一九九〇年代半ば、ポール・ピアソンが影響力のある一連の論文で論じたように、福祉国家の弱体化を促す力は「抗えない」ものだと思われていた。しかしながら、有権者の大半が現行福祉制度の大規模な変革に難色を示したため、最終的にはその勢力は「不動の物体」に直面した[8]〔「不可抗力」と「不動の物体」とは「矛」と「盾」をめぐる故事同様の逆説の象徴〕。その結果、社会的保護縮小の企ての大方は失敗に終わったのである。たとえば、その大言壮語にもかかわらず、サッチャーとレーガンの政権が成し遂げたのは全福祉支出増大の減速でしかなかった。自己責任重視の新たな傾向が理論上の共鳴を得たのとは裏腹に、既存の社会福祉プログラムの具体的な削減策の大半は、まるで不評に終わったのである。総体としては、福祉国家への圧力は「根本的な転換」をまったく引き起こせなかった、とピアソンは結論づけた。[9]

ピアソンの研究に呼応して、近年の学者は、もう少し陰影に富んだ福祉制度改革像を描いている。たとえばジェイコブ・ハッカーは、ピアソン（ハッカーとの共著論文、共著書を多く残している）に同意し、反福祉制度論者による直接的な立法を通じた既存の社会的支援プログラムの廃止は、驚くべき不成功に終わったと述べている。しかしながらハッカーは、近年の変化を適切に評価するには、ピアソンの従来の著作よりも広い視点から削減問題を検討すべきだと主張する。[10]

第一に、近年の福祉国家の変化を理解するには、国家支給型の給付の展開を見るだけでは不十分である。合州国のように、伝統的に退職制度や医療保険などの給付の大半を雇用者その他の民間機関が担ってきた国もあるからだ。そのため、これらの項目への国家支出（「福祉国家」）が一定の水準を保っていても、全体的な福祉普及率（ハッカーが「福祉体制」と呼ぶもの）の大幅な低下が隠れている可能性がある。第二に、あからさまな立法行為を通じた直接的削減だけでなく、さまざまな政治的戦略を見ることが大切だ。これらの戦略を通じて、反福祉制度論者は従来よりも手の込んだ、より目立たない方法で保護を縮小できるようになった——たとえば「横滑り drift」[11]「転換 conversion」[12]「重層化 layering」[13]のようなメカニズムがそれである。

近年の西欧と、特に北米の福祉体制の展開について、このようにより広い視点から問うだけで、この体制が結局のところ大きな変化を遂げたことがわかる、とハッカーは主張する。公的年金の保証から民間医療補償の受給可能性まで、数々の領域で福祉国家は深刻に衰弱してきたのだ。その結果、全般的に見て、北米と西欧諸国の市民が「主要な生涯リスク——失業、配偶者の死、退職、障害、出産、貧困」から保護される範囲は明らかに縮小しつつあるのである。[14]

当初継続性を強調したピアソンのような学者と、変化を見出したハッカーのような学者の相互作用によって、現代の福祉体制の本性はより深く理解されるようになった。しかしまた、我々はそのために福祉国家の目指すべき基本的な方向についての首尾一貫した物語をすべて奪われてしまった。[15] 近年の変化はうわべだけのものなのか、それとも根本的な変容なのだろうか。これによって福祉制度は現代化されたのか、それともその主要な任務を失ってしまったのだろうか。

責任追随的な制度と責任緩和的な制度

このとらえがたい問いに答えるには、責任の観点から近年の福祉国家の変化を見ればよい。私の考えでは、福祉国家には責任追随的な responsibility-tracking 要素と責任緩和的な responsibility-buffering 要素の両面がある。この数十年の財政上・予算上の激しい圧迫の下でさえ、福祉国家の最も重要な責任追随的側面は顕著なしぶとさを示していることがわかった。たとえば、「責任をもって」行動してきたにもかかわらず困窮状態にあると広く認識される一部の人びと——障害者など——を対象とする福祉プログラムの廃止の企ては、実際に「不動の物体」に直面した。ところが、我々の福祉国家の責任追随的な特徴は思いのほか迅速に立ち直り、同時にその責任緩和的側面の最も重要な部分は弱体化し、または廃止の対象にされてきた。横滑り、転換、重層化といった戦略が改革を成し遂げた範囲では、それらはむやみに縮小されることはなかった――むしろ我々の福祉体制における自己責任の役割の拡大に一役買ってきたのである。

公衆の想像力のなかの帰責

ある帰結の責任を行為者に負わせるかどうかには、無数の事柄が関わっている。そのせいもあって、責任をどう定義しようと、それについて一般的な合意が成立することはないだろう。実際、この半世紀の哲学および社会科学で最大の論争の主題になったのは、ある行動の帰責の適否を決する条件に関するものなのである。[16]

帰責をめぐるこの根深い不一致は、深刻な方法論上の問題を引き起こす。この語の意味についての合意がないところで、責任をどう定義すれば、経験的現実への冷静な観点を確保し、規範的評価の土台を準備できるのだろうか。

その答えは、筆者独自の責任の定義を提示することでも、また経験上有用だとわかった概念が哲学的にも整合的でかつ規範的に重要だ、と主張することでも（いまのところ）ない。その代わりここでは（ひとまず）、通念的な責任観について素描してみよう。そもそも本当に、人が「責任をもって」行為したかどうか、それゆえその人が援助に値するかどうか、ということに関するある一組の道徳観念が福祉国家の現状に影響を与えてきたのであれば、その観念が哲学専門誌上で示されたきわめて精緻な理論から導かれなかったのは当然である。むしろそのような道徳観念は、一般有権者や政策立案者にも平明なものだったはずだ。つまり福祉国家の近年の変化を描くには、通念的な責任観を足場に探求を進めるのが有意義なのである。[17]

序章と第1章で述べたように、結果責任としての責任を人に負わせる作業は、一般に以下の二つの特徴を示すことが多い。

1．行為者にある種の出来事や社会・経済的な帰結への責任を負わせるには、通常その帰結を招いた数多の因果的要素のうちの一つが当人の責任とみなされれば足りる。[18] したがって我々の理解では、企業家がみずからの行動に——また裕福になったという帰結にも——責任を負うのは、当人が勤勉に働き、豊かな商才を会得することを選んだという事実がある場合である。同様に、高い技能を欠く個人が、高校を中退していたり、熱心な労働倫理を欠いていたりする場合、失業状態にあるのは当人の責任である。

2．責任に関する一般的修辞では、通常、ある帰結への因果的な影響がある行為者に由来するかどうかという問題と、その帰結を根拠に当該行為者への我々のふるまいを変えることが適切か否かという問題とは、あたかも同じ問いのように扱われる。したがって福祉国家の文脈では、我々の同胞市民の一人が窮状にあるのは本人の（因果的）責任だという判断のうちには、この事実によって我々はその人を援助する一切の集団的責務を解かれるという想定がすでに含まれている。

もちろん、この議論の大部分には一定の曖昧さがある——そしてある文脈ではおそらく一種のぶれもあるだろう。[19] 明らかに、責任についての一般的見解は全体として一枚岩でもなければ、完全に首尾一貫しているわけでもない。しかしそのことは必ずしも問題ではない。以上の一般的な責任観の素描が、近年の福祉国家制度を理解するという我々の企図に役立てば、さしあたり十分だろう。

なぜ福祉国家は責任緩和的なのか

脱工業化時代の資本主義は、どう見ても完全な能力主義とは言えない。一連の膨大な研究が示す通り、人種、ジェンダー、階級、出身国、在留資格、さらには名前といった多様な外在的要素が我々の期待所得を大きく左右する可能性をもつ。[20] 同時に、多くの経済的帰結にはまったく無作為の要素がはたらいていることも明らかだ。二人のスティーヴン（Stephen と Steven）のどちらが高給の職に就けるかは、どちらの書類が応募書類の山の上におかれるかということだけで決まる、ということもありうる。この種の二つの過程が重なって、現代市場は、自己責任の意味についてごく素朴な見方をとった場合でさえ、完全に責任追随的だとはとても言いがたいのである。

しかしながら、市場が完全に責任追随的だとは限らないと認めても、通念的な責任観に従うかぎり、市場が責任ある行動をとった人に適切に報いていることまでは否定できない。北米や西欧の脱工業化経済では、我々の選択や資質が、自分の自由に使える資源、サーヴィス、機会に明らかに大きく影響する。自分の才能がどれほどのものか、どの程度勤勉に働くか、どんなキャリアの追求を選ぶのかといった要素は、富と所得水準から平均寿命に至るまで、最も重要な社会・経済的帰結の一部に直接——一貫性がなく不完全であり、白黒がはっきりつくわけではないにせよ——関係するのは確かである。この事実の規範的意義については、まだかなり議論の余地がある。たとえばジョン・ロールズの論じた通り、たまたま市場向きの能力の高い人にはより多くの社会的生産物の分け前にあずかる道徳的権原が認められるべきだ、という主張に明確な根拠があるわけではない。[21] しかしそれでもなお、我々の市場の諸制度が実際にかなり責任追随的であることには、あまり異論の余地はない。明らかに、一般的な責任論の下で我々の選択や資質とされる事柄が、我々の稼ぎの見通しを大きく左右しているのである。

さてしかしながら、市場の看過しえない責任追随的傾向が明白だったとしても、現代の福祉制度には責任緩和的な側面が多くあることもまた明らかである。ある程度、それはつねに「セーフティーネット」として機能するように意図されてきたのであり、それによって市民は、市場での成功とは無関係に一定の基本的な財やサーヴィスを享受できるのである。市民が有給の職に就けない場合や、医療費を払えない場合には、多くの国々の福祉政府は、かれらが確実に食事をとり医者に診てもらえるようにはからうものだと考えられていた。市場の責任追随的メカニズムの作用ゆえに市民がこれらの財やサーヴィスを自由市場で入手できないかぎり、この種の給付金を提供する制度編成は、責任緩和的に作用するのである。

その上、基本的な財とサーヴィスの提供以上の働きをする際にも、福祉制度は責任緩和的になりうる。たとえば、包括的な子ども手当は困窮した市民だけでなく裕福な市民にも与えられる。その分配規準（市場向きの能力とは無関係に、子どものいる全市民を対象とする）は、市場で優勢な分配規準（当人の資質や選択が生産を高める労働者だけを対象とする）に比べると責任追随的ではないので、これもまた責任緩和的だと言えるだろう。

以上二つの理由から、福祉制度は責任緩和的な傾向をもつ。しかし重要な点は、福祉国家の諸制度が、多少とも責任追随的となるべく設計されることもありうるということだ。多くの福祉研究者が述べてきたように、たとえばドイツその他の西欧諸国を席巻した「ビスマルク型福祉国家」の主要素は、「ベヴァリッジ型福祉国家」における同等の制度編成よりも、市場での成功が市民の享受する給付金額を直接左右する可能性が高い。一つだけ例を挙げると、国民年金の水準が退職者のそれまでの収入に依拠する程度は、ベヴァリッジ型国家よりもビスマルク型国家の方がはるかに大きい[22]。少なくともこの点で、ビスマルク型福祉国家は、ベヴァリッジ型福祉国家ほどには責任緩和機能を果たしていないことになる。

このわかりやすい概念枠組みを使えば、自分たちの福祉体制における責任の役割について体系的かつ経験的に考えることができる。特に、それによって二つの異なる福祉体制がどれほど責任の緩和に貢献するのかを二者間で比較できる――まずは異なる国家間の空間横断的な比較によって。または同一国家の大規模な改革の前後という時間横断的検討によって。この手法を過去三〇年間の主要な福祉国家改革に用いると、我々の福祉体制がかつてほど責任緩和的ではなくなってきていることが明らかになる[23]。

責任追随を強いられる福祉制度

印象的なのは、福祉制度が二、三の主要な点で以前よりも責任追随的になったことではなく、この変容が多くの国々で、プログラムの相違を超えて確認できるようになったことである。いまやスウェーデンだけでなくカナダでも、合州国と同じくドイツでも、福祉国家の諸制度はこれまでになく責任のありかに敏感に追随するようになっている。そして責任追随の形態は、公営住宅のようなあまり目立たない領域だけでなく、年金や失業手当といった福祉制度の核心部分にまで浸透しつつあるのである。

年金

公的年金は、あからさまな政治改革が特に難しい領域である。ほとんどの国で、年金はどの世代にも広く受け入れられているし、声高な有権者から熱烈に支持されてもいる。それでも最近の年金改革状況の調査記事は、「現状維持の達成はまれ――世界中で年金改革の波が発生した」[24]と結論づけている。実際、少なくとも四つの重要な進展があり、この数十年間老齢年金に影響を与えてきた。期待給付水準の低下、退職年齢の上昇、民間保険への依存度の上昇、私的な株式ポートフォリオその他の金融商品収入への支給金額の依存度の上昇である。どの展開もそれぞれ独自に、老齢給付による責任緩和を弱めてきた。

第一の、そしておそらく最も重要な点は、「先行世代よりも見込み支給額が減少する明白な傾向」[25]が見られることである。露骨で急激な年金水準の引き下げはまれだが、実際の給付金はさまざまな政治的措置――きわめて気づきにくいものもある――によって減額されてきた。そこには、年金支給額を過去の所得から算出するという方法[26]や、所得の再評価法や物価スライド制への転換[27]、退職年齢と平均寿命との連結[28]といったものが含まれる。全般的に見て、いま労働市場に参入している労働者の受給額は、先行世代よりもはるかに減少するだろう[29]。

第二に、西欧のほぼ全域と北米で、年金受給開始の平均年齢が大幅に上昇した。世紀の転換以来、多くの国が法律上の年金支給開始年齢を引き上げてきた。この数年間、ユーロ危機によって比較的慎重だった南欧の政府までもが構造改革を強いられた結果、この傾向は加速する一方となった。各国は独自の――しばしば徹底的に複雑な――ルールを設けて早期退職、退職年齢からの特別免除、性差による区別、直近の改革の全面実施日程を定めており、この改革の簡潔な要約は不可能である。しかし、男性退職者が完全な給付を要求できる標準年齢が多くの国で変更されていることは、少なくとも大まかな目安にはなるだろう。この指標によると、たとえば合州国とドイツは退職年齢を六五歳から六七歳に、英国とイタリアは六八歳に引き上げている[30]。

第三に、この数十年間、国と企業は被用者に対し、集団年金の支給額を補うために、合州国のＩＲＡ〔Individual Retirement Account 個人退職口座〕やドイツの「リースター年金」といった個人年金基金への投資を奨励してきた。実際、大半の国家年金基金が支給額を引き下げるだけでなく、多くの国――合州国だけでなくフランス、ドイツ、アイルランド、ポルトガルを含む――は個人年金基金への投資に対し大幅な減税を実施してきた。同様に、民間企業が被用者に提供する伝統的な年金プランは段階的に廃止されるか、徐々に一部の被用者のみへの提供となっている。他方、企業のなかには、退職に備えて給与の一部を貯蓄する被用者に対し、補助金や貯蓄額に応じた拠出のための基金を提供しはじめたところもある[31]。しかし、旧来の集団年金制度が全被用者に給付を行っていたのに対し、新たに設けられた制度はその利用をみずから選んだ人にしか給付を行わない。その結果、いまや多くの場合、支給が十分広く行き渡るかどうかは、市民に先見の明と金策の余裕があり、貯蓄をしてそれを個人年金に投資できるかどうかに左右されてしまう。エドワード・ホワイトハウスと彼の同僚が警告するように、「公的年金の削減は、自主的な退職貯蓄計画を立てて自分の退職に備える人を前提にしている。しかし多くの国が抱えるリスクは、多くの労働者の今後の貯蓄が、老後に十分な収入を確保するには少なすぎ、短期間すぎる点にある[32]」。

最後に、個々人が実際に受けとる年金額は、徐々に本人の投資上の決定に左右されるようになるだろう。かつて個人は、国や雇用者の運用する年金基金の保険料の設定にはほとんど口出しできなかった。全般的に見て、かれらの年金水準は本人の手の届かない要因によって決まっていたのである。しかし、いまやかれらは自分の望む（事実上）あらゆる方法で個人年金への投資を選べるし、多少はリスクの高い賭けを選択できるようにもなった。もちろんこの賭けは――少なくとも振り返ってみれば――多少は賢明だったことがわかるだろう。(33) 個々人が老後に享受する生活水準はいまや相当程度、本人の投資上の決定に左右されることになるだろう。

以上の変化はそれぞれ、老齢年金の責任緩和機能の低下に一役買ってきた。まず、老齢年金のような福祉給付金が責任を緩和するのは、それが市場ほどには人びとの選択や資質を考慮しないという論理に基づいて財やサーヴィスを分配するからだ。したがってこの給付金が減額されると、福祉体制全体の責任緩和能力も明らかに低下するだろう。第二に、老齢年金が市場の責任追随的特徴から労働者を保護する役目を担う以上、退職年齢の引き上げは、かれらが自分の経済的運命に責任を負う期間を延長するだろう。最後に、個人年金を奨励する動きの結果、年金は市民が十分な備えをするだけの先見性をもつかどうかに左右されるようになる――つまり、将来の年金がますます株の運用実績に依存するようになるということは、投資上の決定における洞察力が一般市民の老後の生活を左右するということである。いずれの点でも、我々の福祉体制の改革は、自己責任の役割を強めてきたのである。(34)

失業手当と、条件づけへの転換

この何十年間の福祉国家の主な特徴は、「条件つき」になったことである。今日かなりの程度、それは福祉受給者の過去と現在の行動に左右される。たとえば、ほぼすべての西欧諸国で、失業手当や他の基本的な現金扶助プログラムを受ける資格のある市民の範囲には、いっそう厳しい条件が課せられるようになった。(35) かつてデンマークやスウェーデンなどの一部の国々では、労働者にわずかな職歴しかなくても、かなり長期にわたる失業手当が支給された。しかしいままでは受給資格のある市民の数を着々と減らす方向に向かっている。他の国々は、失業手当の給付額を市民の職歴に当初から強く連動させていたが、この連関をさらに強化してきた。その結果、市民の失業手当の受給は、かれらが「責任ある」行動をとってきたかどうかに以前よりもずっと深く影響されるようになったのである。[36]

第二に、福祉の継続的な受給に条件がつけられる方向に移行しつつある。[37] 現在、「勤労福祉」政策が失業者に求めるのは、積極的に求職活動をし、どんな求人案内が届いても受け入れることである。この種の「アクティベーション」政策への移行は、トニー・ブレア時代の英国福祉政策の主要な特徴の一つだった。[38] 英国の例は一面ではこの国特有のものだったが、実際、福祉から勤労福祉への移行はさまざまな形をとって西欧全体に広がっていった。それはたとえば、スウェーデン、デンマーク、ドイツ、オランダ、フランス、イタリアなどさまざまな国で実施されてきたのである。[39] 総合的に見て、新たな福祉体制下の失業者は、担当ケースワーカーから求められる通りの積極的な求職活動を怠ると、かつてよりもはるかにひどい状況に陥る。そのかぎりにおいて、この転換によって市民は以前よりも自分の運命に多くの責任を負うことになったのである。

最後に、行動への条件づけは徐々に広がりを見せ、失業手当だけでなくあらゆる領域に及びはじめた。この種の条件は、「家族手当の利用による望ましい育児の促進、健康手当の受給条件の修正による健康的なライフスタイルの選択の推進、住宅手当の条件付加による善良な隣人性および「反社会的行動」の回避といった多種多様な政策主題に関連して」導入されてきたのである。[40]

合州国の状況は、西欧よりも少し複雑である。失業手当は僅少であり、その分さまざまな現金扶助プログラム――TANF〔Temporary Assistance for Needy Families 貧困家庭一時扶助〕、食料品配給券《フードスタンプ》、一般扶助など――が、失業者のための生活保障提供にはるかに大きな役割を果たしている。[41] さらに、一九九六年の福祉改革以降最も重要なプログラムの一部は、州レベル、場合によっては郡レベルでも運営されてきたが、各々のプログラム、地域ごとに、目も眩むほど多様な条件が加えられてきた。しかし、失業手当や連邦レベルのプログラムといった枠をはずせば、よく似た傾向が見えてくる。

ほとんどの州が「現在、受給者に求めるのは、福祉受給が契約であることを強調する自己責任プランに署名することである。給付は、受給者が一定の活動を行うという誓約と引き換えに提供される」[42]。しかしこの転換は、言表される以上の範囲に広がっている。実際、今日では自分の責任を果たさなかったと思しき福祉受給者にペナルティを科すあらゆる種類の仕組みが存在する[43]。おそらくこのうち最も重要なのは、連邦給付を要求できる期間に厳しい制限が設けられたことだろう。自己責任・就労機会調整法（PRWORA）案が可決されて以来、「成人の受給者は、生涯で最大五年間、TANF連邦基金から給付を受けられる」。多くの州が、これよりもさらに厳格な制限を課すことを選択した[44]。

しかし他国同様、最もめざましい変化は、継続中の福祉給付の受給に際し、きわめて厳しい一連の行動要件への服従が求められるようになったことだ。PRWORAの一節には、「ほぼ全州が労働最優先モデルの福祉プログラムへと移行しており、受給者は提供された仕事に迅速に就くことを要求される」[45]とある。これは、受給者に就労意欲を求めるだけではない――かれらが実際に就職できたかどうかによって、最も基礎的な国家扶助の受給継続の可否を決めるのである。パメラ・ロプレストとその同僚は、PRWORA施行四年後の実施状況を次のようにまとめた。「大半のTANFプログラムが活動要件を拡充しており、それはJOBSプログラム〔Job Opportunities and Basic Skills 雇用機会・基礎技能プログラム〕下で求められる要件をはるかに上回る」[46]と結論づけた。

もう一つの重要な進展は、勤労所得税額控除（EITC）のような枠組みに大きく依拠しはじめたことだ。これは、就労できた市民に税制を通じて報酬を与えるものである。[47] ＥＩＴＣは一九九四年にはじめて導入され、低・中所得の個々人に還付可能な税控除を提供することで労働への誘因を与える。特に子どものいる貧困家庭にとって、これはそれなりに多額の補助金である。たとえば二〇一六年の税控除は、最高六二六九ドルにのぼった。[48] ＥＩＴＣは非就労者には利用できない貧困緩和策のため、失業中や不完全雇用下にある米国人に対して労働市場に参入する大きな金銭的誘因を与える。同時に、それは働かないことを選ぶ人――あるいは単に就労できなくなった人には強力なペナルティを科す[49]（さらに合州国の多くの州は労働への誘因を与える同様の税制を独自に提供しており、これよってＥＩＴＣの効果は増している）。[50]

合州国以外の多くの国々も、細部こそ千差万別だが責任の観点からはほぼ同じ効果をもつ枠組みに依拠しはじめている。カナダ、英国、アイルランド、ドイツ、フランス、オランダ、ベルギー、デンマーク、フィンランドはすべてこの何十年かで勤労者向け税控除を引き上げた。こうして大半の公衆には気づかれずに、これらの国々もまた、窮状にある市民なら誰でも利用できた反貧困プログラムからの脱皮を遂げ、条件つきプログラムへの投資を通じ、就労努力を優先させる市民に対してのみ給付を行うようになったのである。[51]

北米と西欧のいずれでも、いまや条件づけは福祉体制全般の特徴となっている。福祉国家は、市場で成功する能力とは無関係に基本的な社会的ミニマムを市民に請け合う領域ではなくなり、重要な点で、市場の責任追随的性質を反映しはじめたのである。

責任追随の擁護

福祉制度は、責任の時代が公共政策を変容させた主要舞台である。それゆえこれを事例研究に用いれば、結果責任としての責任概念が国家の市民への責務に関する政策立案者の発想を一変させ、これによってどんな政治的変化が生じたのかを明らかにできるだろう。しかしそれ以上に、それは、この変化が思想の世界でどう正当化されてきたのか——そしてもっぱら責任にばかり注意を払ってきたために、これらの新政策が抱える深刻な規範的欠点をとらえそこねてしまったか——を集約している。ここまで私は、福祉体制がこれまでになく事細かに責任に追随していると主張してきた。以下では、この変化が規範的視点からどう正当化されてきたのか——そしてこのような正当化によってどんな規範的欠点が見逃されてきたのかを示したい。

互恵性と、責任追随の根拠

近年の主要な福祉改革擁護論の一つは、互恵性の理念を軸に進められてきた。このことがそれほど意外ではないのは、互恵性がこの半世紀間、政治哲学と道徳哲学の両領域で最も実りある研究の中心にあったからだ。[52] ジョン・ロールズによると、我々は正しい社会 just society を「公正な社会的協働の体系」の例示として見るべきである。人が社会で互いに協力しあう際の条件が公正であるには、それが「互恵性あるいは相互性という概念」を体現していなければならない。「公認のルールが要求する役目をはたす人は全員、公共的かつ同意された基準が規定する通りに便益を得るべき」なのである。[53]

この互恵性という観念には、援助を要する個人に集団が負う強力な規範的責務が含まれているように思われる。もし全員が協働の体系から便益を得るべきならば、我々がともに築いてきた市場経済において、その才能や努力に対し高い（あるいは事実上まったく）賃金的評価がつかない人びと全員の状態を改善する義務を我々が負うのは当然である。しかし他方、この集団的責務は、無理のない範囲での貢献を拒む人を援助する義務まで含むとは限らない。実際、正反対の可能性もある。我々の政治的義務が互恵性に基づくのならば、我々が間違いなく有形の義務を負うのは、同胞市民のうち、社会という互恵的枠組みの一翼を担うつもりのある人だけなのだろうか。

まさにこのような主張をしたのがエイミー・ガットマンとデニス・トンプソンである。かれらの議論は福祉改革をめぐる問題に契約論的な思考を直接適用しようとする試みであり、そのなかでも最初期の、かつ今日に至るまで最も洗練されたものの一つである。

公正な勤労福祉は、福祉改革の要件として個人責任を重視する。しかし個人責任の基礎は、互恵性の含意する相互依存という価値であって、リバタリアンが力説する自立や自活といった価値ではない。福祉の責務は相互的であるべきだ。所得支援を要する市民は働かねばならないが、それは十分な雇用と子ども支援を提供する公共政策の立法化の責務を同胞市民がはたす場合だけである。[54]

ガットマンとトンプソンが擁護する見解は、強力な道徳的直観に根ざしている。そもそもなぜ我々は、他者が自分の代わりにせっせと働く間も怠けつづける権利をもつべきなのか。ここから見れば、多くの理論家がかれらに倣い、「自らの役目を果たす」[55]道徳的義務を強調し、公正な社会的協働の枠組みを支持してきたのかも理解できる。[56]しかしながら、本章での私の主な関心は、互恵性という価値から演繹される理想理論のなかで責任が果たしうる役割にはない――むしろ、近年の福祉改革において責任の役割に生じた実際の変化を評価することにある。さて、条件づけを擁護する多くの契約論者が認めてきたように、互恵性を根拠にした労働の強制が公正なのは、それが真に双方向的である場合だけである。まず当の集団が一定の条件を満たさねばならず、それがかなったときにはじめて、最も脆弱な人びとへの支援を正当に条件つきにできるだろう。けだしこの条件はまだほとんど満たされておらず、どんな契約論による条件付加の擁護も、理想理論上の説得力がどれだけあっても、非理想的な世界である現実にはまだ適用できないのである。

スチュワート・ホワイトは、「条件付与のための社会的な前提条件」とでも呼ぶべきものを最も明晰に説明してくれている。[57] 彼によると、

1. 「生産的参加の最低基準を満たす人びとに対する、社会的生産物の穏当な取り分の保証」が必要である。もし集団的支援の条件が働き手の一員に加わることなら、この種の雇用を通じて労働者には穏当な水準の生活が提供されるべきである。少なくとも、この雇用が現行の社会的支援制度と組み合わされている場合はそうである。[58]

2. 社会は「生産的参加への(また参加したなかでの)穏当な機会」を提供しなければならない。支援が労働を条件とするなら、協働に加わろうとする人が働けるだけの労働が実際に十分存在していなければならない。さらに、現実に提供される仕事は、「幸福で達成感ある人生全体の見通しを損なうほど劣悪な」[59] ものであってはならない。

3. 「多様な形での生産的参加に対する公平な扱い」[60] が必要である。とりわけ社会的再生産という

任務のために必要な労働、いまなおその圧倒的大半を女性が担っている労働は、互恵性の義務を果たす手段の一つとして十分に認識されるべきである。

4．最後に、「最低限の生産的参加の普遍的強制」[61]が求められる。その結果、怠惰な貧困者だけでなく、怠惰な富裕者にも適切な形での集団への貢献が求められねばならない[62]。

各条件がどの程度満たされているかについての詳細な評価は、国ごとに異なるだろう[63]。そうだとしても、現時点で四条件すべてをほぼ満たす現代社会が皆無であることは明白だ。ホワイトの第一条件は、最低賃金の水準が比較的高い国々では満たされているかもしれないが、合州国や、おそらく英国にはあてはまらない[64]。第二条件に関して言うと、現在の経済状況では、有給雇用を必死で求める人びとの大半がそれにありつけないでいる。これはとりわけ若者、とくに欧州にあてはまる。他方、実際に働いている人びとの大部分が、あまりに単調でストレスのたまる、そして健康を害する仕事に就いており、満足のいく生活を送れないでいる[65]。第三に、再生産労働〔家事労働〕、とくにケア労働は、多くの西欧と北米社会で適切な評価、報酬を受けられないでいる。この現実がとくに顕著なのは合州国のような国々であり、そこではきわめて基本的な福祉プログラムでさえ、幼児を抱えたシングルマザーの勤労意欲をその受給条件としている[66]。そして最後に、すべての西欧と北米諸国において、ごく少数の人にだけ、相当額の遺産を相続し、これを明確な仕方で社会の共通資産にいっさい加えずにすませることが許されている。おそらくこれは経済効率の点で非常に優れているため、脱工業化経済に必須の特徴なのだろう。ある解釈では、それは正当ですらあるかもしれない。しかし、制度編成こそが重大な道徳的帰結の源である。ある政体が怠惰な富裕者を立派な市民として遇することが正当だというのなら、その一方で公正な社会的協働の枠組みへの参加というまさに同じ義務懈怠《けたい》を理由に怠惰な貧困者を罰するならば、その政府は偽善のそしりを受けかねない[67]。

要するに、人が社会貢献の義務を負い、みずからの運命に責任をもつという主張に、説得力がないわけではない。しかしながら、互恵性に根ざした条件性の擁護は失敗する。なぜなら、この義務が道徳的に大きな意義をもつのは、その背景的条件が満たされて全員が既存の社会的協働の枠組みから適切な便益を得られる場合だけだからだ。これまでのところ、これは実現されていない。その結果、責任をめぐる語りは、最も重要な主題のいくつか――就業可能な雇用の低劣さや、ケア労働への評価の低さなど――を再び視野の外に追いやってしまっているのである[68]。

平等と、責任追随の根拠

我々の福祉体制の責任緩和的側面の弱体化を擁護する議論には、この数年、顕著になってきたものがもう一つある。直観に反するかもしれないが、それは平等を重視している。

（第1章で述べたように）二〇世紀の大半で平等主義者が注目していたのは、種々の社会において市民の物質的権原が互いにどの程度異なるかということだった。周知の通り、ロバート・ノージックは、このような非歴史的な、パタン化された分配への選好を、歴史への考慮が不十分だという理由で批判した。彼の見方では、不平等な分配の正当性は、富裕者が貧困者に比べてどの程度裕福かではなく、富裕者がそもそもどのようにして裕福になったのかによって判定される。もし最初の財産分配が正当で、その後の取引がすべて自由な選択の問題なら、最終的な分配もまた正当だろう――たとえ結果的にどんな不平等が生じたとしても[69]。

時間とともに、ノージックの批判を、その内容はともかく、受け入れる平等主義者も現れた。ロナルド・ドゥオーキン以降のいわゆる運平等主義者は、自分の選択の結果であるがゆえに本人に責任がある物質的不平等と、不運のもたらした物質的不平等とを区別しはじめた。かれらの主張では、真に平等な社会とは、万人がみずからの選択の果実を享受し、そして不運の結果は十分に補償される社会である。つまり、物質的な資源（あるいは他の適切な分配指標とみなされる何か）の点で大きな不平等がある社会でも、より深く、より重要な点では完全に平等でありうるのだ。

運平等主義を頼りに近年の福祉国家改革を正当化することに魅力を感じる向きもあるかもしれない。旧来の解釈では、平等主義者が福祉国家を全面的に擁護するのはもっともなことだった。なにしろ事実上、社会内に行き渡る富や一定の受給資格をもつ人の数が減るならば、社会の物質的不平等全体が拡大してしまうからだ。これとは対照的に、運平等主義の発想では、責任を緩和するべき理由はそこまで強くない。実際、運平等主義者は福祉改革——物質的不平等総体の悪化を招く改革も含む——を歓迎するべきなのかもしれない。少なくとも、過去の選択の失敗ゆえに福祉国家に助けを求めることになったことへの「責任を負う」市民だけが、削減の影響を受けるというのであれば。それゆえ、近年の福祉国家の変容、まさに責任緩和的な諸制度を弱体化させる一方で責任追随的制度を保護するという変容が、正当化されるように思われるだろう。

それでもなお、運平等主義に訴えて近年の福祉改革を正当化しようとするどんな試みも擁護できなくなる、ある決定的な問題が存在する。その理由を理解するには、既存の福祉国家が、一般的な責任観に沿う形で、ひたすら従来よりも責任追随的性格を強めてきたことを思い出せばよい。その結果福祉国家は、市場向けの才能を欠くという特質を理由に、あるいは働き手に加わる代わりに高齢の親族の世話を選んだことに対して、市民にペナルティを科すようになった。この種の選択や特質が、窮状に陥った同胞市民を見捨てる十分な理由となるのか、かなり疑わしいところである。

一貫した運平等主義者なら、すぐさま以上の点に同意するようになるはずだ。そもそもこの何十年間、多くの現代の政治哲学がかれらに迫られて懸命に取り組んできたのは、人はどんな帰結について一種の当事者性《オーナーシップ》を負い、その結果として平等からの逸脱を受け入れるのか、という問いだった。もたらされた説明は、今日、福祉受給の条件のなかに集約されている——あるいは現実的にありうる——ものよりも、はるかに精緻なものである。

他方、福祉給付の資格の判定で近年最もよく用いられる「責任」の基準は、かなり粗雑なものである。かつてはどの程度職にありつけたのか。就職難の現在、仕事を見出せているのか。好意的でないことの多い福祉国家の官僚機構をどの程度うまく回避しおおせているのか。当然のことながら、このような問いへの解答と、運平等主義者が正当な権原を決めるには何を適切な方法と考えているのかという問いへの解答との間には、ほとんど何の関係もない。ロナルド・ドゥオーキンの比較的平明な概念枠組みを前提にしてもそうである。大半の失業者は選択を誤ったのか、それとも選択の不運——自然の不運に対比される——に見舞われたのか。(70)おそらくどちらも違うだろう。しかしながら、このことがもっとはっきりするのは、さらに複雑な理論、たとえば選択肢の相違が帰結の相違を正当化できるのは、市民に当初与えられた選択肢が等しく魅力をもつときだけだ、というカスパー・リッパート＝ラスムッセンの主張を考慮に入れたときである。(71)現在の福祉国家の官僚は、失業がどの程度当人の選択ミスから生じるのか、また当初与えられた選択肢が他者のそれよりも見劣りするものだったという事実にどの程度影響されるのか、評価できるのだろうか。できないのは明らかだ。だとすれば、正真正銘の運平等主義者でさえ、より責任追随的な福祉国家への移行を平等の名のもとに正当化する企てには、きわめて懐疑的にならざるをえない(72)。

福祉改革の何が問題か

ここまで私は、互恵性と平等のどちらも近年の福祉改革を正当化しえないことを示してきた。福祉国家における責任の役割の拡大を正当化するとされる議論が失敗している理由を示すことと、それを規範的観点から憂慮するべき実際上の理由を示すこととは、まったく別のことである。本節では後者の課題に取り組むために、近年の福祉改革に対する三つの批判を示そうと思う。同時に、近年の福祉改革が深刻な欠陥を抱えており、そのいくつかがこれまで見過ごされてきたことを、これらの理由は明らかにしている、と主張したい。

屈辱的な開示

近年の改革が支払った主要な代償の一つは、誰がどれだけ受け取るかではなく、各人は何をすれば理論上受給資格のある給付を得られるのかという問いに関係している。責任に以前より大きな役割を与えたために、国家は、「責任ある」行動をとったと思しき人と「無責任に」行動したと思しき人とを峻別するように求められている。その結果、責任追随的な諸制度はつねに、福祉申請者に対し、侮辱的な申請手続きに従うことを求める。その過程でかれらは、恥辱となりかねないみずからの私生活上の情報を明らかにするよう強いられるのだ。

運平等主義をめぐる論争の文脈では、これはエリザベス・アンダーソン、サミュエル・シェフラー、ジョナサン・ウルフらによって、それぞれ微妙に違った形で提起されている論点である。[73] かれらによると、運平等主義は、国家扶助の潜在的受給者全員に対し、自分の窮状が自分の選択ミスのせいではないことを示すように求める。これは、困窮者に自分は人生を少しでも改善させる才能なり性格なりをまるで持ちあわせていないのだと認めさせる――事実上それを証明させる――も同然だ、と先の論者は述べるだろう。しかしウルフが力説するように、個人の観点からすればこれは人に深い心的外傷を与えることになる。それはすべての国家扶助に、人の欠点の「屈辱的な開示」という条件を加えるのであり、これは平等主義者が伝統的に重んじてきた個人の尊重などの諸価値をないがしろにしているのである。[74]

運平等主義が理想状態でも本当にこの種の屈辱的開示を要求するのかについてはなお論争が続いている。[75] しかし他方で、近年の改革によって現実の屈辱的開示がひどい形態をとってきたことはほとんど疑いえないだろう。自身の運命への福祉申請者当人の責任の有無を決定する必要に迫られて無遠慮な申請手続きが次々と生み出され、福祉の官僚機関に接触するあらゆる人の品位が貶められている。セレステ・ワトキンズ゠ヘイズの描く、新たな福祉の官僚たちには、申請者がどの程度援助に値するかを判断するという仕事が与えられる。この種の判断はある点では明瞭な事実ではなく曖昧な評価に基づくことが多いため、福祉請求者と担当者の権力関係はいっそう強化されてしまった、と彼女は説得的に論じている。[76] その結果恣意的な決定の余地も拡大した。米国のある福祉請求者は、その過程の印象深い描写を残している。

かれらはカウボーイで、あなたは牛です。カウボーイなら牛が自分の生計の手段だとわかっているので、それだけその動物を丁寧に扱うと思います。ところがこの人たちはまるで、「私はあなたを助けてやっている。これは私があなたにしてあげていることだ。だから黙って列に並びなさい」と言わんばかりです。[77]

福祉制度の逆説

屈辱的な開示という現実は、さらなる危険を招きよせる。いわゆる福祉制度の逆説の深刻化である。イェヘスケル・ハセンフェルドによると、[78] 生活保護給付の請求過程には申請者を見下すような手続きが伴うため、実際に資格のあるはずの人が申請意欲を失ってしまうことがある。申請却下の可能性につきものの道徳的判断だけでなく、開示を求められる個人情報も徐々に立ち入ったものになると、その分、正統な要求であっても給付申請を初めから断念する市民の割合が増えてしまいかねない。その結果我々の福祉体制は、この体制の創設当初に掲げていた最重要課題、最も困窮している人に支援の手を差し伸べるという課題を達成できなくなりつつあるのである。

予見可能性の価値

大半の人は、たとえ最悪の事態に陥ってもこの先自分が穏当な生活水準で暮らしていけるという見通しがあることに、絶大な価値をおいている。これが最もよくあてはまるのは、自分では制御できないリスクが関係してくる場合である。もし、自分には制御できない思いがけない出来事——たとえば病気や自然災害など——に一つでも見舞われれば貧困に陥る運命だというのであれば、確信をもって将来の計画を立てることも、また単に心穏やかにすごすことさえも、ままならなくなってしまうだろう。

自分の将来を破壊するかもしれない要因の制御はまったく不可能というわけではないが、自分自身が愚かな選択をするおそれがある、という場合にも、ほとんど同じことが言える。これについては、予見可能性と制御の区別が決定的に重要である。私が完全に責任追随的な制度をもつ社会に住んでおり、そこで問われるのは自分自身の選択への結果責任だけならば、私はそれなりに自分の将来を制御できるだろう。しかしながら、今後自分が愚かな決定を下す可能性を現時点では排除できない以上、このことは必ずしも、自分の身に実際に起こることを自分で予見できることを意味しない。

したがって、自分の選択のせいで困窮状態に陥った市民を酷薄に扱う制度的環境下に暮らす人なら誰でも、表向き自分にも制御できる将来についてさえ、不安を抱くのは当然である。過剰に責任追随的な制度は、こうして大きな規範的代償を伴うのだが、このことは多くの場合見過ごされている。その制度はその下で暮らす人が長期的な計画を立てられる――あるいは真の心の平穏を得られる――に足るだけの予見可能性を与えないのだ。

責任の激増

近年の福祉改革には、市民の選択肢を増やすものもあった。その方法の一例には、自分の雇用者の年金負担金を好きな財政的手段に投資できるようにするというものがある。これはしばしば、改革の中心的特典の一つに挙げられてきた。結局のところ、どうやら選択肢は少ないより多い方が純粋に望ましいらしい。しかしマイケル・サンデルが丹念に主張してきた通り、どのようにも選べる選択肢の幅の拡大は、いつも我々にとって好都合なわけではない。特にそう言えるのは、選択肢の拡大と引き換えに、新たに得た選択肢からの選択に万一「誤り」があれば不利益な扱いを被るという代償を払わねばならない場合である[79]。

サンデルは、これこそまさに生命技術の領域で生じてきたことだと論じている。我々が、子孫の資質を選別、改善、操作する新技術を発見するにつれ、親は「自分の子どもにとって正しい特質を選別すること、あるいは選別しないことに責任を負わされるようになる」だろうとサンデルは懸念する。[80]

かつては、ダウン症の子どもを産むことは偶然の問題だと考えられていた。しかし今日では、ダウン症を含む遺伝的障害をもつ子どもの親の多くは、裁かれ、非難されていると感じる。かつて運命が支配していた領域は、いまや選択の舞台になったのだ……これから親になる人は従来通り、出生前診断を受けるかどうか、その結果に従って行為するかどうかを選ぶ自由がある。しかしかれらには、新技術が生みだした選択の重荷から逃れる自由はない。さらに、新たな統制習慣を伴う、拡大された道徳的責任の枠組みに逃れがたい形で巻き込まれてしまうのだ。[81]

このような新技術が「責任の激増」をもたらしたため、医療上の巨大な便益に見合った大きな規範的対価が生じることになった、とサンデルは結論づける。

同様の議論が、近年我々の福祉体制に生じた変容にもあてはまる。市民にはより多くの選択肢が与えられただけでなく、選択の誤りを裁かれ、非難される可能性も高まった。これを特に憂慮すべきなのは、福祉体制や財政制度の変化によって、我々は単に新たな選択肢を得ただけでなく、高リスクの賭けに事実上参加せざるをえなくなってしまったからである。

高リスクの金融商品所有の急速な拡大を見てみよう。三〇年前、大半の市民は確定給付型年金を受けていた。その資金の一部は、他者が市民の代わりに行う賭けによって調達されていた。つまりかれらの雇用者の年金基金運用者が一定の穏当なリスクを冒し、その結果かれらに退職後保証される月々の支払額の水準が引き上げられていたのである。しかし個々の被用者の立場から見ると、リスクやリスクに関する決定が影響することはなかった。かれらは既定の退職年齢になりさえすれば、規定通りの月々の支払いを受けられたのである[82]。今日の状況は二重に異なっている。大半の被用者はどんな投資を選ぶにせよそれに伴うリスクを引き受けねばならず、したがってかれらのなかには、予見不可能な事情のために、またはきわめて制御困難な事情のために、いい思いをする者もあればひどい目にあう者も出てくるだろう。その上、その大半はその種の賭けへの参加を避けることさえできないのである。個人退職口座はリスクの内容やその度合いについてこれまでになく広い選択肢を与えるが、選択を強いられ、不確実性との直面を強いられるという二つの事実には変わりはない。したがって現代の資本主義の特徴は、人びとの賭けの結果がいっそう重大になったことだけではない――そもそもこの賭けに参加するかどうかを選べない、ということにもある[83]。

高リスクの賭けの不可避性は、高等教育の世界でも顕著になりつつある。北米の大学の学費が高騰した結果――さらに、かつて無料だった西欧の大学でも多くが高額の学費を導入したために――、若者は負債を抱えずにいることがますます難しくなっている。これは、決して経済的実用性のない夢や社会的有益性を期待できない夢を追う学生だけのことではない。有益かつ喫緊に求められる技能の習得をめざす学生もそうなのである。合州国では、たとえば医学校進学を決めたが結局研修医になれなかった医師の卵は、莫大な借金を背負うことになる。かれらは何十年か後にやっと誤りが判明する賭けの代償を支払わされるだろう。かれらの状況がことさら悲惨なのは、国家が最初から一貫してかれらにその賭けを促してきたからである。そもそも、多くの人がこの賭けに応じようとしなければ、資格のある医師が生まれつづけることはないのである[84]。

借金を抱えることについて学生が負うと考えられる責任に注目することで、我々は生じた構造的変化にではなく、かれら個々人の自己決定に目を奪われてしまう。学生の借金の総体的増加がいかに有害かを指摘したり、社会的な利得と負担のしかるべき分配を再考したりする代わりに、ある不出来な医学生が研修医の身分を得られなかったのは自己責任なのか否か、という問題ばかりにかかずらうことになるのである。もちろん、これは責任の時代に顕著な一側面であり、序章で指摘したように、「まったく別の考慮事項に関心を向けるべき論争を、旧態依然たる責任言語で表現」[85]してしまう例の一つなのである。

要するに、サンデルが生命倫理の領域で危惧していたことは、すでに福祉国家の領域で起こっている。ここにはとてつもない「責任の激増」があった。このような責任の激増は、選択肢を広げることで市民を力づけるどころか、我々全員を、破滅を招きかねない賭けへと追い込んでしまったのである。

この三〇年の間福祉国家改革を推し進めた政治指導者の大半は、責任に訴えることで自分の活動を正当化した。かれらの修辞は現実にも反映されている。北米や西欧の福祉体制には国家間で重要な差異がなお残ってはいるものの、変化の方向は全域にわたって似通っている。いまや我々の経済制度はかつてよりはるかに緻密に、通念的な帰責を追求しているのである。

福祉改革に関する規範論的な文献がこれまで着目してきたのは、主にこの変化のほんの一側面、すなわち自由民主制は基礎的援助の可否増減を勤労意欲の有無や強弱で決めてもよいのかという問題だった。しかし、条件性の問題は重要だが、あまりにも射程が狭い。近年の改革によって我々の制度は、勤労福祉の問題にとどまらない形で責任追随的傾向を強めてきた。規範的観点からこの変化を記したものは皆無に等しい。しかしながら本章でその端緒を示したように、責任追随的な諸制度には深刻な規範的代償が伴うのである。

この洞察の重要性は、当面の福祉国家の文脈だけにはとどまらない。これがさらに証拠だてているのは、本書で筆者が論じる通り、責任の枠組みという多くの配分と分配の問題に関する今日の我々特有の思考法が、我々の政治を蝕んでいる、ということである。第一に、この思考法のおかげで、我々は、実は規範的には無関係な議論のなかに、つい頻繁に責任の問題を持ち込んでしまいそうになる。第二に、この思考法のおかげで、我々は他の主体への対応の仕方を選ぶ際、この人にはある帰結への責任があるか否か、という判断を気にしすぎるようになってしまう。

筆者は序章で、責任の枠組みの第三の欠点も示しておいた。この枠組みのおかげで我々は、ある主体がある帰結への責任を課されるべきかどうかについて、つい厳しすぎる条件で判断を下してしまうようになるのである。これらのことを説明するために、次に、責任の時代に対する学術的かつ左派的な応答を形成してきたある一連の議論、すなわち責任否定論の検討に移ることにしよう。

第3章　責任の否定

責任の時代において、責任の枠組みの中心要素は事実上不問のまま受け入れられている。現代の大半の政治家と哲学者は、公的扶助の請求者が自分のせいで窮状にある場合、その請求権の足場が大きく損なわれる、という理解で一致している。しかしながらこの一致は、ある点では深刻な不一致の産物であり、またある点ではその原因でもある。というのは、現在、ある帰結が本人の責任なら扶助請求権が制約されるという規範的前提は広く受け入れられている一方で、実際に個人が特定の帰結の責任を負わされる条件をめぐる難解な経験的・概念的問題に関しては深刻な不一致があるからである。特に多くの平等主義的哲学者や左派政治家は、ある行動や帰結の責任を誰かに負わせる条件のハードルを上げるという形で責任の時代に応答してきた。かれらによると、ほとんどの人はみずからの行動の帰結だけでなく、行動そのものの大半に道徳的責任を負っていないのである。

本章の主な主張は二つである。第一に、哲学と政治の両領域において、責任の時代への有力な左派の応答が、特定の行動や帰結に人が責任を負うべきとされる基準をきわめて高く設定してきたことを示す。次に、この戦略が哲学的にも修辞的にも的外れだったと論じる。哲学的には、人がみずからの行動の大半に道徳的責任を負うという考えを否定する根拠は、現代の一部の哲学者が主張するよりもずっと弱い。

他方、修辞的には、同胞市民の大半は自分の行動の結果に責任を負わなくてよいのだと有権者を説得する試みは、一般的な直観に根本から反しており、ほとんど影響を与えなかった。その結果、責任否定論は責任の時代に対する有効な応答とはならなかった。それは、個人の過去の選択に認められるべき規範的意義を不問のままにし、同時に、政策立案者に対し、また実際にはより広く公衆に対し、大半の人は自分の行動の大半に責任を負わないのだと納得させることができなかったのである。

運か責任か

前章までに概説した進展への批判的応答は、ほぼすべてが何らかの形で責任否定論に依拠している。倫理学、政治哲学、そして日常の政治的討議といった著しく多様な領域で、左派が関心を向けてきたのは帰責の阻止である。しかし結局いずれの領域でも、その基本的な論争戦略が期待通りの説得力や影響力をもつことはなかった。

不運と政治

二〇一四年三月、共和党が優勢を占める下院予算委員会は、『貧困との闘い――その五〇年後』という報告を発表し、長期化する貧困の構造的原因を多数指摘した。そこには米国の労働人口構成の変化だけでなく、手頃な教育と有効な職業訓練の不足が含まれていた。しかし当然、その報告書は――一九六五年の出版以来大きな影響力をもつことになったモイニハン報告を引きつつ――現代版の貧困の文化にも言及していた。「おそらく貧困の最大の要因は」、概して「家族構造にある」[1]のであり、とりわけ一人親家庭の増加にある、と著者は論じていた。報告によると、この問題をさらに悪化させているのが複雑かつ不適切に編成された福祉政策の存在であり、それは一部の非熟練労働者の限界税率を八〇パーセント以上に引き上げることで、労働意欲をそいでしまっているというのである。

この報告書を起草したポール・ライアンは、ラジオインタビューで、貧困の長期化、特に都心部の過密地区の貧困の原因の大半が自己責任の欠如にあるという考えをいっそう露骨に示した。チャールズ・マリーやロバート・パットナムを引きながら、彼はこう述べた。

私たちがとらえたのは、この停滞の文化、特に都心部の過密地区における、働かない男性たちの文化です。何世代にもわたり、働くことを考えもせず、勤労の価値や文化を習得することもなかった男性たちの文化です。ですからここにこそ、取り組むべき現実の文化問題があるのです。(2)

左派はライアンの発言に憤激した。それでも左派の批評家のうち、貧困者にあるとされる責任と貧困者の処遇とを規範的に結びつけることに異を唱える者は皆無に等しかった。また、貧困と戦うには既存の福祉政策の設計に不備がある、という発想に異を唱えるために時間をさくこともなかった。むしろ、かれらが全力で否定したのは、貧困の原因はまず貧困者の選択から説明できるという考えだったのである。

この種の応答の一つは、文化的規範が貧困の一因として作用していることは認めつつ――しかし本来責めを負うべきは貧困者の文化的規範ではなく富裕者のそれだと主張した。文化人類学者のスーザン・グリーンバウムは、貧困者の文化的病理についてのありふれた指摘を賢明にも反転させ、貧困の原因は

――二〇〇八年のそれのような――不況にあると論じた。他方で不況の原因は、金融業界の指導者による不正と収奪の慣行、政府の取締官や政治家の汚職、あらゆる経済的搾取を許容する気風、特に最も脆弱な人びとからの搾取を許す気風である。これらの慣行もまた――莫大な富と権力をもつ人びとの自己正当化された特権が生み出す――文化的なものであり、これらは貧しい親の欠点をはるかに上回る壊滅的な打撃を与えている。(3)

しかしながら、左派の有力な応答はこれよりもずっと平明なものだった。構造的要因ではなく文化的要因こそが大半のことを説明しうる、という考えを否定したのである。この点を最も力説したのは、タナハシ・コーツである。彼はその後、合州国で活動する最も有力な評論家の一人となった。『アトランティック』誌で彼はこう論じた。内輪の修辞を駆使しているものの、ライアンの態度は人種差別的だという告発をうまくかいくぐる政治家や評論家の態度に似ている。何しろ「ライアンのここでの発言は、ビル・コスビー、マイケル・ナッター、ビル・クリントン、バラク・オバマの過去の発言と大差ない」。実際コーツは、「米国には、アフリカ系米国人、特にアフリカ系米国人男性には家族や勤勉、公民的精神の美徳が欠けているという――黒人にも白人にも――受容された信念」があると主張する。たとえば記録によると、バラク・オバマは次のように述べたという。

私は常々、アフリカ系米国人の共同体についてのキング牧師の本を読むように人に勧めています。この問題に関しては、マルコムXを読んでください……一方で自己責任の問題に取り組まねばならないと述べ、他方ではなおアフリカ系米国人共同体特有の病理の一部は私たちの歴史が直接生み出したものだと認めたとしても、そこには何の矛盾もないのです[4]。

しかしコーツによれば、貧困の説明にとって自己責任は構造的要因とも比肩しうる因果的要因の一つだ、という考えを受け入れるのは大きな間違いである。むしろ、アフリカ系米国人の貧困という文脈では、貧困者の選択を引き合いに出そうとすれば、どうしても米国の人種差別の歴史をごまかすことになってしまうのである。

黒人指導者は長い年月にわたって「自己責任」に取り組んできた、というのは大統領の言う通りである。しかしながら、歴史的に見て黒人共同体のどこが間違っていたのかについての診断として見るなら、この伝統は誤りである。一八九七年にW・E・B・デュボイスが「黒人問題」に取り組む「最も偉大な最初の」一歩は「黒人自身の不道徳、悪事、怠惰」を正すことにある、と論じたのは誤りだった。……ブッカー・T・ワシントンが黒人に「我々の微々たる影響力のすべて」を使って「我が民族の犯罪傾向のある遊惰な部分を取り除く」よう説いたのは誤りだった。マーカス・ガーヴェイが「人種の進歩の過程を妨げる最大の障害は、いつも必ず当の人種のなかから生じる」と主張したのは完全な間違いだった。マルコムXが「白人男性は聡明なので誰かが自分たちの共同体の経済に乗り込んでその支配権を握るようなことはさせない」と論じ、しかし黒人は「自分たちの共同体の経済に誰でも招き入れ、その支配権を譲り渡してしまうだろう」と主張したのは間違っていた。彼はゲームが不正であることを知っていたが、それがどれほどのものかわかっていなかったのである。

権威——たとえ物故者の権威であっても——に訴えたところでバラク・オバマが正当化されることはない。むしろ、それが彼の誤りの深刻さを表しているのである。過去五〇〇年にわたって信頼できる歴史家としての地位にあり、なおかつ我々の問題が「自己責任」の欠如だと断定した者を、私は一人も思い浮かべることができない。(5)

ライアン報告に関する論争は、まもなくアフリカ系米国人の貧困や極度の人種的不正義の――今日も続く現実だけでなく――長い歴史に関する論点をめぐるものへと枝分かれしていった。しかしその論争の基調は、貧困者個々人の無責任さを非難する右派の政治的影響力と、右派の主張に対する左派の応答の狭さとの両方を典型的に表している。右派は、貧困者に自己責任を果たす誘因を与える必要性に訴えて、給付金や既存の福祉プログラムの削減を正当化してきた。その間、左派はこの問題に沈黙してきたわけではない。しかしかれらは、このような修辞の大半の源にある規範的前提――かつて選択を誤った人は、いま扶助の請求権を失うという考え――を問いただすことなく、貧困の原因は主に選択の良し悪しで説明できるという発想に異を唱えてきた。つまり、かれらが熱心に否定してきたのは、人びとの多くは自分の人生上の運命に責任を負うという考えである。印象的なことに、これは単に高度な政治的問題を特徴づけるだけではない。むしろこの責任否定論の源流は、責任の時代に対する左派の哲学的応答に見出されるのである。

不運と政治哲学

ポール・ライアンのような人びとの発言に対する左派の応答は、運の役割についての一連の哲学的関心に根ざしており、これがこの半世紀足らずの道徳哲学と政治哲学の発展に深く影響を与えてきた。ジョン・ロールズからロナルド・ドゥオーキンまで、そしてトマス・ネーゲルからリチャード・アーネソンまで、哲学者たちが徐々に認めていったのは、運――我々の思い通りにならないものとしての――が我々の道徳的・政治的世界にどれだけ深い影響を与えているかということだった。正義の実現とは、そのなかのある者に言わせると、我々の道徳的慣行や政治制度から運の全般的な影響を取り除くことなのである。(6)

多くの哲学者によると、人間という行為者をさまざまな不運に対する処罰から保護するには、まずは本人に制御できない事柄でかれらを判断してはならない。次にこの熱望が我々に求めるのは、本人に制御できるように見えるが、よく考えるとまったく偶然の問題だとわかる要因を細心の注意をもって探し出すことである。特に政治の文脈では、恣意的要因の不当な影響から市民生活を保護しようと真剣に望むならば、人の社会的・経済的状況を決定する要素のうち、何が運の問題なのかを注意深く考えねばならない。

ジョン・ロールズは特に政治的世界に細心の注意を向けた。『正義論』で論じているように、運には、見逃されたり過小評価されたりしている三つの主要な要素が存在する。(7)第一は社会的偶然事の領域であり、これは少しも意外ではない。現在の社会では、生まれつき信託資金を与えられ莫大な富の相続が約束されている子どももいれば、無一文でこの世に生まれる子どももいる。金銭的な相続はさておき、親の富は、それが子どもへの高額の教育や社会的威信の付与に使われるなら、さらに大きな利点に変わる。二つ目はもう少し意外なもので、「才能の自然的運」である。ロールズの考えでは、「他者以上の生来の能力をもつに値する者はいない」(8)。みずからの知性や容貌といった、我々が自己と深く結びつけている要素でさえ、道徳的観点からすれば恣意的である。最後に、最も意外なのは努力である。ロールズが指摘するように、我々は直観的に、自分がどの程度努力するかは選択の問題だと考えている。「しかしここでもまた、人が進んで行う努力は当人の生得的能力・技能と当人に示される選択肢とに左右される、ということは明らかだろう。特段の事情がないかぎり、恵まれた才能の持ち主がいっそうひたむきに努力する可能性は高いだろう……」[9]。

社会・経済的な出発点、才能、そして努力の量さえも運の問題だという見方をとるなら、市民に責任を負わせるべき対象についても考えを改めざるをえない。我々が真に責任を負える事柄の領域は、思ったよりもずっと狭いのである。しかし、偶然性が我々の人生で果たすとてつもない役割には、どう応じるべきなのか。市民がより豊かになったり貧しくなったり、幸福になったり不幸になったりするのは純然たる運のせいだ、といったん認めるなら、自然の恣意性を和らげるために正しい社会はどんな措置をとらねばならないのか。ロールズによると、人間という行為者を運から適切に守るには、まず、恣意的な要因が我々の政治制度の設計に影響を与えないようにしなければならない。「正義の原理は無知のヴェールの下で選択される。これによって、諸原理を選択する際、自然的偶然性や社会状況上の偶然の結果、ある人が有利または不利になることが確実になくなる」[10]。そしてこれに加えて、道徳的に恣意的な要因に基づいて市民に積極的に報酬を与えるべきではないということも自明だろう。もし自然的・社会的な偶然事に関するロールズの説明が正しいなら、特に勤勉に働く人や非凡な才能に恵まれた人は——前制度的あるいは道徳的に「相応の報い」だという意味で——より多くの物質的財に値するというありふれた政治的発想は受け入れられないと思われる（しかしながら第1章で述べた通り、「相応の報い」の制度的形態は、ロールズが拒否する前制度的観念を驚くべき強さで再現出させる可能性がある）。

しかし以上二点をふまえても、依然、運への適切な政治的応答に関するどんな理論も決定的な点で両義的である。我々は運に対して中立性を保ち、正しい社会が自然的・社会的偶然事の影響を放置する可能性を——特に経済的誘因や前制度的な権原といった独立の理由から見て望ましい場合には——残しておくべきなのか[11]。それとも積極的に運の影響を除くべく戦い、正しい社会が自然的・社会的偶然事の影響を最小に抑えるか、少なくともこれを和らげるような試みに、全面的に関与したほうがよいのだろうか。

答えは明白とは言いがたい[12]。しかし、この三〇年で政治哲学者は、徐々に政治は運に関して純粋に中立的な態度を保ってはならないと考えるようになった。かれらの主張によると、二人の人の間の不平等を正当化できるのは、当人に制御できる要因だけである。したがって、ロナルド・ドゥオーキンが論じたように、正しい政治制度は、不運の犠牲者に対し、その不運を補償しなければならないだろう（彼によると、それには一連の仮想的オークションの過程を追えばよい[13]）。したがって、ロールズが着想を与え、ドゥオーキンが発展させた正義の構想がまもなく運平等主義と呼ばれるようになったのは、意外なことではない。この立場をいち早く支持した一人であるリチャード・アーネソンは、その根本原理をあざやかに定式化している。

> 分配的正義の関心は、個々人の不運を補償することである。幸運に恵まれる人もいれば、不運に苦しめられる人もいる。そして、社会——集団としての我々全員——の責任は、我々にわかる範囲で、人の生活を構成するくじ運の寄せ集めから生じる善と悪の分配を変えることである[14]。

運平等主義者によると、政治は、市民が道徳的責任を負わない事柄、すなわち差異を生み出す運の影響から市民生活を保護すべきである。しかし、差異を生み出す運の影響はいたるところに存在する。それゆえ、政治は全時間と全労力を奪われかねない課題に直面している。道徳的に恣意的な相違がもたらす影響はすべて、その原因が人間によるものにせよ自然によるものにせよ、克服されねばならないのである。

この立場の最も急進的な支持者にとって、運平等主義的国家が運の影響の根絶に捧げるべき努力と費用とを本来的に制約するものは何もない。つまるところ、自然的・社会的偶然事に関するロールズの説明は――運が市民の人生にもたらす差異を補いたいという願望と結びつくと――、ありとあらゆるものを標的にするのである。愛を例に考えてみよう。もし今日の経済で多少とも生産性を高める能力が運の問題ならば、他者から愛される能力もまた運の問題になるだろう。何しろある人の美貌、魅力、機知、カリスマ性といったものすべては、実務上の洞察力や集中力と同様、当人が本来享受するに値するものではないからだ。それでも、人生の成り行きは愛から深い影響を受ける。だとすれば、愛の不運ゆえに市民に生じる利益や不利益は再分配されねばならないのか。フィリップ・ヴァン・パリースによると、[15]その答えはイエスである。

たとえば、純粋に人口動態的な理由か文化的な理由によって、婚姻相手に不足が生じていると想定してみよう……一部の人びとが稀少な資産を独占しているのだから、事態をそのままにしておくことはいくらか不公正である……そのため、理想的な解決策は、売買可能な男性取得権を全女性に平等に与えたうえで、婚姻関係《パートナーシップ》の市場均衡価格が達成されるまで、彼女らに完全に競争的な仕方で［その権利の］取引を行わせる、というものになるはずである。[16]

熱烈な運平等主義者のなかでも、このロジックを極限まで押し進める支持者は稀である。我々が再分配すべきは物質的な資源だけであり、パリースの想定するような幸福や厚生ではないと主張する者もいる。[17] また、正義の総体は平等だけで成り立っているのではないと主張する人もいる。[18] たとえば、おそらく自己決定権のおかげで我々は婚姻相手として売買されずにすむだろう。他方で正義の総体は平等だけで成り立っているという主張を維持しつつも、時には共感や慈善といった平等以外の価値が運平等主義者の唱える原則の衝撃全体を和らげるのだと論じる人もいる。[19] しかし、たとえ運平等主義者がその指導原理の最も顕著な反直観的含意を回避できたとしても、政治哲学の運平等主義的転回は、その根底における直観の並外れた急進性を際立たせることに大いに役立ってきた。額面通りにとるなら、運の影響を除去しようという熱望は、我々に制御できない要素が現実世界においてもつ根本的な力の大きさについての認識と結びつくと、我々の政治制度のまさに徹底的な改革を要求するのである。ほとんどの個人は自分のおかれた状況に責任を負えないとみなされる以上、政治の主目的はかれらの不運を補償したいという願望だということになる。

しかし、この信念の二つの基礎——運が我々の人生の大部分を占めているということ、そしてこんな風に我々の人生が運の影響に晒されたままになるのは正しいはずがないということ——には、本当に説得力があるのだろうか。この問いに答えるには、運や責任についての考察が、現代の道徳哲学ではいっそう根本的な役割を果たしていることを理解する必要がある。そのためには、主題だけでなく語り口も切り替えねばならないだろう。責任一般についての考察、また特に責任否定論が倫理学で担ってきた大きな役割を追う——そして同胞市民の主体性を軽視しようとする衝動が誤っている理由を理解する土台を整える——には、ある程度、現代の道徳哲学のさらに抽象的な手法に入り込まねばならないだろう。

不運と道徳哲学

近代の道徳哲学は、イマヌエル・カントの断固たる言明——人は自分の意志の支配下にない事柄に基づいて否定的に判断されるべきではない——に始まる。もし我々が燃えさかる建物から子どもを必死で救出しようとするなら、その努力が実らなくても、我々は自身の善意志によって道徳的賞賛に値する者になる、とカントは論じる。

とりわけ過酷な運命によって、或いは愛情のない継母めいた自然が、僅かばかりの天分しか与えなかったために、この意志がその目的を貫徹すべき能力を欠くにせよ、或いはまたこの意志が最大の努力を払ったにも拘らず、何ひとつ仕遂げることができないままに、善意志だけが(もちろんこの場合に意志は単なる願望のようなものではなくて、我々の力の及ぶ限りのいっさいの手段を尽くしはしたものの)あとに残るにせよ、善意志はあたかも宝石のようにその全価値をみずからのうちに蔵するものとして、それ自身だけで輝くのである、そして役に立つとか、或いは効果がないなどということは、善意志の価値をいささかも増減するものではない。[20]

道徳的行為者を本人の思い通りにならない事柄の影響から保護するというカントの約束は、たいへん魅力的である。何しろ、力を出し惜しみする者は、子どもを救助しなかったからといってもはや自分を責める必要がないのである。かれらの見え透いた怠慢にもかかわらず、重要なのは燦然と輝くその意志だけなのだから。「カント主義が」と、バーナード・ウィリアムズは適切に述べた。「不愉快なのはうわべだけのことである——外見とは裏腹に、それはある誘いかけを、つまり世界の不公平さに対する感覚への慰藉を与えてくれる」[21]。

現代の道徳哲学では、この慰撫的な欲求はしばしば、いわゆる制御原理 Control Principle という用語で表現されてきた。

制御原則　我々を道徳的に評価できるのは、その評価対象が我々に制御できる要因に基づく場合のみである。[22]

この制御原則からは、同じく説得力のありそうな系《コロラリー》が導ける。

制御原則―系　二人の人物が異なる道徳的評価を受けてはならないのは、両者の間に、当人に制御できない要因によるもの以外には違いが存在しない場合である。[23]

しかしながら、カントが我々に慰藉を与えた後に、この洞察はある重大な変容を遂げた。政治哲学では、我々の物質的権原に運が影響するのは不正だという認識によって、一考すれば「道徳的観点から恣意的」とわかる要因のリスト――我々の才能から努力する傾向まで――が際限なく拡大したのである。同様に道徳哲学でも、人の道徳的地位が幸運や不運によって決まることを許してはならないという直観によって、問いの方向が大きく修正された。どんな種類の行動が道徳的運の影響下にあるのかが問われるようになったのである。[24]より洗練された科学的・心理学的さらに精神分析的研究の成果を――カントの著作に基づく二五〇年にわたる議論に加えて――手中に収めた結果、我々はいまや、自分の意志さえ一定の範囲で自分の思い通りにはならないことを認識している。

この主題に関するトマス・ネーゲルの古典的論文以来、学問的著作では、我々の行動や性格の評価が「道徳的運」に影響されうる、四つの異なる経路が区別されてきた。第一は、「結果運 outcome luck」[25]である。これは、人の行動の帰結に関する幸運もしくは不運である。わかりやすい例を考えてみよう。

AとBはともに道沿いに缶を蹴とばそうとする。しかしAは滑って、代わりにCを蹴ってしまう。

ここで懸念されるのは、AにCを蹴るつもりがまったくなかったとしても、その行動について我々はAを非難するかもしれない、ということである。このような不公平な道徳的帰責を避けるには、我々は（1）AにCを蹴るつもりはなかったのだからAをまったく非難しないか、あるいは（2）うっかりCを蹴ることになりかねないと当然わかっておくべき状況でAが迂闊にも道沿いに缶を蹴とばした、という事実についてだけ、Aを非難しなければならない（ただしこの場合、BよりもAを強くAを非難しないように特に注意を要する）。より一般的に言えば、人びとに悪い結果運の責任を負わせることを避けるには、偶然悪い結果になったある行動についての行為者への道徳的帰責が、その行動が偶然よい結果や中立的な結果となった場合の帰責よりも重くならないようにしなければならないのである。

我々が世界にどんな影響を与えるかは、自分の思い通りにならない要因に大きく影響される。どんなに善良な人でも道徳的な災厄を招く可能性があり、同様にどんなに意地の悪い人でも思いがけず善良な力を呼び覚まして苦難の克服に加勢するかもしれない。現実世界では自分の行動の帰結の正確な予見などほぼ不可能なので、悪い結果運を真剣に補償するつもりなら、我々の道徳的・法的・政治的実践を全面的に作り変えねばならなくなるだろう。こうしてみると、道徳的運全般に関する学問的議論のなかでも、結果運についての鮮明な例が議論の大半を占めるのは少しも不思議ではない[26]。しかし以下に見るように、結果運以外のさまざまな道徳的運は、さらに見方の修正を促す。

「状況運 circumstantial luck」[27]を取り上げよう。状況運とは、行為者がおかれる状況に関わる幸運あるいは不運である。行為者は自分の行動の結果を予見していたものの、当人のおかれていた個別状況ゆえにそう行動したにすぎない、と考えることには一理ある、というものである。次の例を考えてほしい。

Aは独裁体制下に暮らしており、ここではCの属する民族集団を支持していると疑われた市民には重い負担が課される。AはCを蹴ることで、この体制への忠誠を示そうとする。Bは刑罰の恐怖に非常に敏感で、Aと同じ状況におかれていたなら同じことをする可能性が高いが、偶然にも人種的寛容を奨励する国で育つ。彼女は常日頃から敬意をもってCに接している。

ここで懸念されるのは、AがCを蹴ったのはもっぱら悪行が奨励される状況におかれていたためだったとしても、その行動について我々はAを非難するかもしれないということである。繰り返すが、一貫して道徳的運を遠ざけたいのなら、この道徳的帰責を調整するか排除しなければならないだろう。我々は（1）Aをまったく非難しないか、（2）Bは外的影響にたいへん敏感であり、彼女に不利な事情が重なっていればAと同様に行動したかもしれないという事実に鑑みて、Bと同程度にしかAを非難すべきでない。一般的には、人はみずからのおかれた個別状況のせいで行った悪行については一切非難されるべきではないように思われるのである。

我々が生涯を通じておかれる状況は、我々のふるまい方に大きな影響を与える。著しく困難な状況におかれたために悪行に手を染めることになる人もいれば、人生で直面する状況と本人の性格とが適合しないために悪事を働いてしまう人もいる。野心的でけちな人物を我々がしばしぶでも賞賛する気になるのは、その人がその性格のおかげで巨大な困難を乗り越えるような場合である。同じ人が、生まれつき特権や富のある地位にいれば、反感や嫌悪感さえ招くだろう。つまり、状況運の影響を除去しようという願望は、道徳的責任の可能性に対してとりわけ深刻な異議を投げかけているのである。しかしながら、「構成運 constitutive luck」はこれよりもさらに強力な異議を提起している。[28]

構成運とは、道徳的行為者に現在のような人柄を与える一因となった要素に関わる幸運あるいは不運である。行為者は自分の行動の結果を予見しており、かつ彼が行動した状況はそうすべき明白な根拠を一切与えないが、他方でそこには因果的歴史が存在し、その行為者がいかにして実際にそんな行動を選択するような人になったのかを、この歴史が説明する。次の例を考えてみよう。

Aは暴力的な親に育てられ、むやみにCを蹴る。Bは、もし幸福で平穏な幼少期を送っていなければAと同じ暴力的傾向を発達させた可能性が高いが、敬意をもってCに接している。[29]

ここで懸念されるのはこういうことである。たとえAがその許されざる行動をしたのが、もっぱら彼にはどうしようもない理由から、つまり彼が邪悪な性格になるべくしてなったからだとしても、我々はCを蹴ったことについてAを非難するかもしれない。しかし繰り返すが、一貫して道徳的運を遠ざけたいと思うなら、我々は道徳的帰責を調整するか排除せねばならないだろう。これまでの例の通り、我々は(1)Aをまったく非難しないか、(2)もしBが不幸な幼少期を送っていたなら彼女もまた悪人になっていたかもしれないという事実をふまえ、B以上にはAを非難すべきでない。本気で構成運の影響を防ぐつもりなら、本人に制御できない要因がその道徳的性格に与えてきた影響が原因で行ったにすぎない悪行については、その人を決して非難してはならない、ということになるだろう。[30]

ここまでくるとSFの世界に足を踏み入れたのは明らかだろう。同胞市民の行動を判断する際には本人の幼少期がそれに与えたかもしれない影響を抜き去って考えるべし、という戒めに従えというのは、どだい無理な話である。この戒めが公正さのために必要だと考えるべきだというなら、そうなのだろう。しかし、もしそのような発想の大転換が求められているのだとすれば、それがどんな実践的意図と目的を掲げるにせよ、人類同胞への道徳的判断を全面的に禁ずることになることも、我々はまた認めなければならない。

あらゆるタイプの構成運を是正せよという要求は、あまりに過激である。しかしこの要求の含意する発想の転換も、いわゆる「因果運 causal luck」の影響から同胞市民を保護しようとしたときに我々の道徳的発想の一新が求められうることに比べれば、小さなものである。因果運とは、四つ目にして最後の種類の道徳的運であり、機械論的世界がある人の行動を引き起こすありさまに関わる幸運や不運である。このとき、行為者は自分の行動の帰結を予見しており、彼が行動した状況からはそうすべき明白な理由が一切見当たらず、さらに彼を現在のような人間にした特別な要因は皆無だが、彼の実際の行動は彼に制御できない因果的プロセスによって決定されていた、とされる。次の例を考えてみよう。

我々の世界は決定論的である。ビッグバンの時点で、AがCを蹴ることは因果的に定められていた。BがCに敬意をもって接することもまた定められていた。[31]

ここで問題になっているのは、自由意志をめぐる議論の中心にある古くからのごく単純な懸念である。問題はこうである。もし我々が生まれる何十億年も前に、人間行為者の行動を必然とするような形で世界全体がつくられていたのなら、その行動について行為者を判断することがどうして公平でありえようか。きっと多くの人が望む答えは、かれらを一切非難しないのが最善だ、というものだろう[32]（このような過激な結論を避けるための最も平凡な試みの一つは、ここではあまり役立ちそうにないことに注意されたい。たとえば量子物理学レベルのランダムな出来事が人間の行動に影響を与えうるという理由から我々の世界が完全には決定論的でないとしても、そのようなランダムな出来事は、当該行為者から見れば依然として道徳的幸運あるいは道徳的不運の問題であるだろう[33]）。

したがって、我々の生に対する道徳的運の影響を和らげることへの実質的取り組みは、一見したところよりも、あるいは政治哲学者の通常の認識よりも、はるかに大きな発想の転換を迫るものであることがわかる。最も極端な異議を唱えるのは、因果運である。決定論的世界を信じる人にとって、道徳的運の根絶への取り組みはどうやら、経験的世界において人と人の間に一切の道徳的区別を設けないことへの取り組みに結びつかざるをえない。しかしながら、形而上学的な関心の薄い人でも、道徳的運の影響が潜在的にどれほど広範なものかは気づくはずである。もし我々が自分に制御できない要因に対して一貫した態度をとりたいのなら、他者の行動の結果、その行動が実行された状況、さらにはかれらの人となりを形づくった事柄によっては、他者を判断できないのである。その結果、運消去原理 no-luck-principle は道徳的責任という主題を消し去ってしまう。ひとたび我々がある人の結果や状況、その人を構成する性格を取り除いてしまうなら、道徳的評価の余地——あるいは道徳的評価の意味——はほとんどなくなってしまうのである。

道徳的責任が運に打ち勝つ可能性

カントはもともと慰藉を与えるつもりだったのだろう。しかしそれを論理的に煮詰めた結果、まるで別の話になってしまった。ほとんどあらゆる行動や道徳的属性について、我々の責任を負う能力を弱めてしまったのである。このことは、責任否定論の動因となってきた基本的想定を大きく揺るがせる。多くの哲学者は、本人には制御できないことを根拠に人を判断することをやめなければ、我々の道徳的実践と強固な直観とを両立させられないと考えてきた。かれらによると、悪行やその結果が当人の意のままにならない要因の招いたものであるとき、その人は決してそれについて非難されるべきではない。しかしこの「運排斥原理 anti-luck principle」の一貫した適用は、単に実行不可能なばかりか、厳格すぎることがしだいに明らかになってきた。それは強力な直観に支えられているようにも見えるが、はるかに根本的なところで我々の道徳的実践や直観に背くことがあるのである。当初この原理に大きな直観的魅力を感じていても、その適用範囲を広げたときに求められることがわかってくるにつれて、この魅力は失われていくだろう。こうして、明白な逆説が残される。運排斥原理はいくつかの強固な直観に支えられている。しかしながら、まさにこの運排斥原理を首尾一貫して適用しようとすると、直観に反することになるのである。

この逆説の解決には、ここまで単なる想定だったもの、つまり運消去原理を受け入れるべき理由をまず理解する——なおかつそれを批判的に吟味する——必要がある。管見のかぎり、特定の事例についての我々の直観が一般的な運排斥原理に促されており、この原理は大半の行動について我々の責任を大幅に狭めるだろう、と解さねばならない理由はない。哲学者がそのような原理を基本的直観の最善の解釈だと考えるなら、それは大方、制御可能性を行為者への道徳的帰責の要件とする原則にかれらが最初から加担していたからである。しかし以下で明らかにする通り、道徳的責任の足場をそのような制御要件に求めるべき根拠は、哲学者以外の大半の人が思うよりもはるかに弱い。ハリー・フランクファート、ダニエル・デネット、そしてロナルド・ドゥオーキンらの直近の著作が示すように、我々の最も強固な基本的直観を正当に扱うには、我々の基本的な道徳的実践にもっと忠実な応答を示せばよいのである。

自由意志問題に立ち向かう

運排斥原理の哲学的真価を測るために、自由意志をめぐる旧来の論争に目を向けよう。これは奇妙に思われるかもしれない。何しろ因果運は、四種類の道徳的運の一つにすぎない。さらに、因果運は物理的世界の本性に関する思弁的課題の上に位置づけられるべき問題であり、本書は到底これには答えられないだろう。これらの懸念はもっともである。しかし他方、自由意志に関する哲学上の著作は我々に重要な洞察をもたらしてくれるかもしれない。我々を取りまく世界の物理的諸力が我々の行動を決定しているという発想は、道徳的責任の可能性への最も根本的な異議となってきた。一部の哲学者は、因果的決定論〔過去の確定した状態と物理的法則がわかれば、因果の鎖を介して未来の状態を予想できるという立場〕が事実なら我々の道徳的責任は実際に足場を失うと断定してきた。また一部には、たとえ因果的決定論が真理だったとしても、我々はみずからの行動に道徳的責任を負いうると応じる者もいた。かれらの議論を足がかりにすれば、我々は運消去原理の最も強力な形態に反対する論拠を示しつつ、なおその基礎にある因果的決定論の真偽に関する形而上学的論争については不可知論の立場を保てるだろう。さらに、決定論による異議が徹底しているからこそ道徳的責任の前提条件の説明が因果運と両立するならば、さまざまな形の状況運や構成運とも両立する、ということも期待できそうに思える。

自由意志問題の定式で近年広く最有力視されているのは、一九八六年のゲイレン・ストローソンのものである。そこで彼は「究極の道徳的責任」の不可能性を擁護する「基本的論証」なるものを示した。[34]これ以上簡明な表現は望みがたいので、その最新版である一九九四年の論文からそのまま引用する。

(1) あなたの行いを決めているのは、現在のあなた自身である。

よって、

(2) 自分の行いについて真に道徳的責任を負うには、あなたは現在のあなた自身について――少なくとも、一定の決定的に重要な精神的側面において――真に責任を負っていなければならない。

しかしながら、

(3) あなたは現在のあなた自身に真に責任を負えないため、自分の行いに真に責任を負うことができない。

なぜあなたは現在のあなた自身に真に責任を負えないのか。その理由は、

（4）現在のあなた自身に真に責任を負うには、あなた自身が意図的に、あなた自身を創り出したのでなければならないが、これはありえない。

なぜありえないのか。よろしい、ではありうると考えることにしよう。こう考えてみることにする。

（5）あなたは何らかの方法で意図的に現在のあなた自身を創り出したのであり、その際、現在のあなた自身の人となりに真に責任を負うのはあなただと現時点でみなされるような方法を用いた。

これが真であるためには、

（6）あなたはすでにある生来性Nを獲得しており、あなたはこの観点から意図的に現在のあなた自身を創り出したはずである。

しかしその場合、

（7）他ならぬあなただけが現在のあなた自身に真に責任がある、ということが真であるには、あなたは生来性Nの獲得について真に責任があり、この観点からあなたが現在のあなた自身を創り出したのでなければならない。

だとすれば、

（8）あなたは意図的にその生来性Nを自分自身に獲得させたのでなければならず、その場合あなたはこれに先立ってある生来性を具えて存在しており、その観点から意図的にNを自分に獲得させ、その観点から意図的に現在のあなた自身を創り出した……のでなければならない。

ここから背進が始まる。求められる形で自己原因 *causa sui* たりうるものなど存在しない。たとえそのような原因となる「自存性 aseity」が、理解を超える形で神に属することが認められるとしても……通常の有限な人間がそれをもっと説得力ある形で想定することはできない。[35]

したがってストローソンによると、我々は背進問題に直面している。他者に道徳的責任を問えるのは本人に制御できる行動についてだけだという原則は、まったく無害に見える。しかしながら、現在あるがままの道徳的行為者が自由に行動できるか否かにかかわらず、人がたまたま獲得する人となりが当人に制御できないのなら、やはりその人は自分の行動を真に制御できないのである。したがって、真の道徳的責任に必要なのは、偶然獲得される人となりについての責任を本人が負うことだと思われる。しかしそのためには、現在の自分自身を前もって創り出していたのでなければならない。この無限背進を止めるすべはない。つまり明らかに、我々の行動は自分には制御できないのである。もし我々が本人に制御できない行動について人を賞賛したり非難したりするのをためらうなら、この種の道徳的責任は、フリードリッヒ・ニーチェ言うところの「虚無の沼から自分自身の毛を摑んでわが身を助けだ[36]」す能力が我々に欠けていることと明らかに両立しないように思われるのである。

この論証は一見完璧である。一部の哲学者は一段目を否定すること、つまり実は求められる形での自己創造が可能だと論じることでこれに抗おうとしてきた。[37] しかしこの考えはきわめて疑わしい形而上学的前提に依拠しており、多くの哲学者はこれを疑問視している。[38] だとすれば我々は、道徳的責任の不可能性を受け入れるほかないのだろうか。

筆者はそうは思わない。このきわめて悲観的な結論に飛びつく前に、ストローソンの主張と思しきことの真意――我々が自分の行動に道徳的責任を負うには、その行動に因果的責任を負わねばならないという考え――を精査する必要がある。しかしストローソンはこのきわめて論争的な原則を目指して議論を進めるどころか、よく見ると、実はそれを前提としているにすぎないことがわかる。その理由を理解するために、彼の二段目の定式には、ある巧妙な修辞的詐術が含まれているように見えることに注意しよう。彼は二段目（「自分の行いについて真に道徳的責任を負うには、あなたは現在のあなた自身について――少なくとも、一定の決定的に重要な精神的側面において――真に責任を負っていなければならない」）を、一段目（「あなたの行いを決めているのは、現在のあなた自身である」）からの推論として示している。しかし実は、二段目が一段目とは論理的に独立の前提であることは明らかである。そして次にこの前提は、二つの枢要な問題への疑わしい解答を前提にしている。第一に我々は、自分の行いについて、まさにその行動への因果的責任を欠く場合にも、「一定の決定的に重要な精神的側面において」責任を負うということがありうるのだろうか。第二に、そもそも自分の行いに責任を負うには、現在の自分のあり方に責任があるべきだと、なぜ信じなければならないのだろうか。実際、一部の近年の研究は、これら各々の問いへのゲイレン・ストローソンの解答の隠された側面に対し、疑問を投げかけているのである。

「自分の行いについて真に道徳的責任を負う」には「あなたは現在のあなた自身について真に責任を負っていなければならない」と規定したとき、ゲイレン・ストローソンは正確には何を念頭においていたのだろうか。最も説得力ある解釈によると、彼の限定が要求しているのは、一定の選択可能性——自分の行いが道徳的評価の対象となっている行為者が、その行いを回避できた可能性——である。[39] これは一見もっともなことである。しかし、この原理の外見上の説得力にもかかわらず、ハリー・フランクファートの示した周知の事例は、それがどれほど不十分かを示している。なぜなら、実際とは別様に行動する余地がまったくなくても、なお道徳的責任を負うべき仮説的な状況が存在するからである。

ある誰か——ブラックと呼ぼう——が、ジョーンズ④にある行為をやらせたい、ということにしよう。ブラックは、自分の思い通りにするためなら、相当なことをやってのける覚悟があるが、不必要にみずからの手の内を見せることは避けたい。だから、ジョーンズ④が何をするか心を決めるそのときまで、ブラックは待つ。そして、ジョーンズ④が決意しようとしている行為が、ブラックの望んでいるのとは別のものであることが明らかにならない限り(ブラックはそういうことに関する卓越した判定者だ)、ブラックは何もしない。もしジョーンズ④が別の行為を決意しようとしていることが明らかになれば、ブラックは効果的な手段を用いて、ブラックがジョーンズ④にやらせたいことを、確実にジョーンズ④が決意し実行するようにする。ジョーンズ④のもともとの好みや傾向がどんなものであれ、ブラックは自分の思い通りにしてしまうだろう。[40]

フランクファートが指摘するように、ジョーンズ④は、この状況では他のことはなしえなかっただろう。しかし、他の行動ができないことと、彼の実際の行動の動機との間には何の関係もないので、なおも我々は彼にその行動の道徳的責任を負わせるのである〔なお筆者はジョーンズ④がブラックの手を煩わせることなくブラックの望む通りに行動したものと考えている〕。

この種の仮説的シナリオは、この主題を扱う広範な文献では「フランクファートの事例」として知られるようになったが、[41] これに関して一つ興味深いことがある。我々は、ジョーンズ④には彼の行動について道徳的責任がある一方で、スミス――当該行為を遂行する気はないが、それゆえブラックによってそうするよう強制された人物だとしよう――には責任がない、という非常に強力な直観をもつ。また同じく興味深いのは、このような区別をしたくなる我々の真意は何かということである。この点をどれほど詳らかにしようとも、ジョーンズ④に責任があるのは明らかである。なぜなら、彼を行動に導いた心理的過程はいくつかの重要な点で彼自身のものだったからだ。同様に我々は、ここでの操作の種類を正確に洗い出すにつれ、次のどちらかの理由でスミスに責任を負わせることを躊躇する。（a）その許されざる行動をスミスに行わせたのは彼自身の心理的過程ではなく、他人の主体性だから。あるいは（b）彼をその行動に導いた心理的過程は重要な点で本人にとって異質なものだったから。

したがってフランクファートの事例は、二つの重要な洞察に気づかせてくれる。第一にそれらの例が証明しているのは、カントの当初の意図と同様、帰責の条件に関する我々の直観的思考において、心理的次元がいかに重要かということである。なにしろ、我々がジョーンズ④をその行動について非難したくなるのは、許しがたい行動を彼にとらせたのがまさに彼自身の精神的過程だったからなのである。第二にそれは、責任を問われるべき行動がまさにある人の心理的過程から生じたのかどうかを問うことは、その行動が因果的な意味で本人に制御できたかどうかを問うこととまったく別のことだということを示している。何といっても、ジョーンズ④とスミスの行動はどちらも、前もって決定されていた。それでも我々はスミスにはお目こぼしを与え、同時にジョーンズ④には「ある決定的に重要な精神的側面において」責任があるという考えを堅持するのである。[42]

ハリー・フランクファートは、本人の行動が因果的に決定されていたとしても行為者に道徳的責任を負わせたくなる可能性がある、ということを示してこの議論に多大な貢献を残した。他方、哲学者ダニエル・デネットは、我々が現在の自分を変えられないからといって、自分の行いについての責任を解消する必要はない、と同じく説得力ある議論を展開している。ここで問われている考えは平明で、即座に理解できる。近世史上最もよく知られた発言の一つ、マルティン・ルターの「我ここに立つ。他になしあたわず」という告白〔ルターがローマ教会からの破門に直面して述べたとされる言葉〕を思い出せばいい。デネットが指摘するのは、因果的決定論を懸念する現代哲学者のレンズを通して見ると、これは責任の放棄に見えるはずだということである。もし他のことをなしえた場合にのみ――あるいはゲイレン・ストローソン流に言えば、人が自由に選んで現在の人となりとなった場合にのみ――ある行動に道徳的責任を負えるのだとすれば、「他になしあたわず」〔こうするよりほかにない〕というルターの告白は彼からその資格を奪うように見える。しかし実際ルターの発言が並はずれて強力なのは、まさにそれが責任の放棄から最もかけ離れたところで発せられているからだ。

ルターは、そうするほかにない、自分の良心が改宗を不可能ならしめている、と主張した。もちろん、彼は間違っていたかもしれないし、真実をあえて誇張したのかもしれない。しかし、たとえそうだったとしても――おそらくその場合はなおさら――彼の声明は、ある人がそうするほかなかったとみなしうる場合にも、決して我々はその人の行動を非難や賞賛から免除するわけではないという事実を証だてている。ルターは、自分のどんな行いについても、責任を逃れようとはしていなかったのである。[43]

我々のみならずルターもまた、自分の行動が自分自身から切り離せない形で生じているという事実ゆえに、その行動はいっそう自分自身のものとなるのだと考えているのである。

これらの見解を見るだけでも、人がみずからの行動に責任を負うには現在の自分について因果的責任がなければならない、という考えには強い疑いがかけられる。マルティン・ルターの例が示すように、ある人が選択の余地なくいまの自分となったと認められ、さらにその人がこの人となりのためにある行動をとらざるをえなくなったことを十分認識できたとしても――おそらく、その人が自分の行動は自分のものだと揺るぎなく考えている以上は[44]――その人の行いの責任を当人に負わせる場合があるのである。

帰責のハードルを上げすぎることを疑問視する理由は他にもある。これまでは、もっぱら三人称の道徳的責任の問題ばかり考察してきた。おそらく道徳性を中立的評価の問題とみなす発想――別世界から冷静に人びとに毀誉褒貶を与える観察者、という暗黙の像――に促されて、どんな場合に他者の行動に賛否を与えるのが公平なのかを問うてきたのである。しかしロナルド・ドゥオーキンが『ハリネズミの正義』で指摘した通り、道徳的行為者への帰責条件をめぐる我々の思考は、三人称だけでなく一人称においても妥当しなければならない。[45] このことは、一般的には、因果的決定論が事実ならば、またとりわけ我々が自己の原因たりえないことが事実ならば、我々はみずからの行動についての責任を放棄せねばならないのか、という問題を提起する。

ドゥオーキンによると、そんなことはありえない。我々が免責条件に因果的決定論を持ち出したくなるのは、何よりも他者の単独行動について語る場合のことである。我々は、たとえば現代の行刑機構の恐ろしさにしり込みをして、有罪判決を受けた犯罪者を本人の行動への道徳的責任から――そして自分たちを犯罪者の処罰という広く理解された必要性から――解放するために使える口実がどこかにないか、ことさらに探し求める。しかしながら、我々のこの刑の執行停止は気まぐれなものだ。なぜなら我々は、犯罪者の生活の他の側面に目を向けるや、自然とかれらの責任追及へと逆戻りするからである。さらにやっかいなことに、犯罪者はそう行動することが前々から決定されていた以上、かれらへの非難は、まして処罰は絶対に間違いだとパターナリスティックに主張しておきながら、同じ教訓を自分自身の行動には適用しない。自分が自分の行いについて責任を負うことは、暗黙裡に前提にされているのである。実際、有罪判決を受けた犯罪者の投獄の是非を我々が強く懸念するのは、何よりも自分自身の行動に関して我々が道徳的な責任を負うと感じているからである。以上のことはすべて、どこまでも人間的な、しかしどこまでも不安定な、ある立場を作りあげている。「自分の行動が決定ずみであることを認めてもなお自分の判断に責任がないとは思えない、というのであれば、誰か他者に判断上の責任がないのは単にその人の行動が決定されているからだ、と考える根拠がなくなる[46]」からである。

免責条件

人がある行動に道徳的責任を負うにはそれを因果的に制御できねばならない、という想定には、通常考えられているよりも弱い哲学的根拠しかない。しかし因果的制御の要件には一定の利点がある――そもそも我々がこの要件に説得されそうになる理由には、この利点が深く関わっているのだ。それは、他者の行動への非難をためらう場合があるのはなぜかを明かしてくれているように見えるのである。私がこっそりあなたに麻薬を飲ませた場合、あなたが自分の行動に道徳的責任を負わないのはなぜか。あるいはあなたが完全な狂気に陥って、私の救命には私の小指の切断が必須だと考えた場合はどうだろうか。行為者がみずからの行動に道徳的責任を負うには当人の当該行動への因果的制御可能性が必須であり、そのことには直観的根拠がある、という頑な思い込みを一掃するには、この直観が運消去原理に頼らなくても適切に説明できることを示さねばならないだろう。

ありがたいことに、説得力ある恰好の理論がいくつか存在する。その第一のタイプは、時に嵌合説mesh accountと呼ばれてきた。その基本的発想は、人がある行動に道徳的責任を負うのは、当人を構成する精神的属性に正しく導かれてその行為が遂行された場合だ、というものである。この議論の潮流では、嵌合説の著名な一例、ハリー・フランクファートの画期的論文「意志の自由と人格の観念」[47]において、第一階の意志first-order volitionsと第二階の意志second-order volitionsとが区別されている。フランクファートによると、人間やその他の動物はともに第一階の意志をもつ。たとえば我々はみな渇きや飢えを感じ、それゆえに何か飲食物を得たいという欲求をもつ。しかし人間の特異性は、第二階の意志をもつ点にある。我々は大きなチョコレート・ケーキを食べたい等のありのままの選好をもつだけでなく、実際にそのありのままの選好通りに行動することの是非についての選好ももつ。道徳的責任は、個人のアイデンティティ同様、これら第一階と第二階の選好がぴったり符合することを要求する、とハリー・フランクファートは主張した[48]。

したがってフランクファートによると、我々が第一階の意志に道徳的責任を負うのは、第二階の意志と一致する形でこれを抱いている場合である。しかし、ある第一階の意志通りには行動しないという第二階の意志があるにもかかわらず、意志が弱くてこの熟慮された第二階の選好通りに実際の行動を統御できない場合、我々は道徳的責任を負わない。この枠組みは、我々が直観的に支持しやすい最も重要な免責条件の一部、たとえば多くの麻薬中毒者は本人の行動について全面的な責任を負わなくてよい、という発想に可能性を開くだけでない。それはまた、先に不可解なまま残されていた問題——マルティン・ルターの行いについて彼に責任を負わせる理由をも説明してくれる。なぜなら、いまや我々は、ルターの教会への反逆は、彼が偶然そのような人物だったことに由来するのかもしれないが、彼がすすんで是認した行動から成り立っていた、ということを理解している。ルターが当時の彼自身に因果的責任を負うか否かにかかわらず、自身の行動に対する当人の是認によって、その行いについての道徳的責任をみずから負うことになったのである。(49)

これとはやや異なる戦略で因果的制御規準に訴えずに免責条件の正当な射程を画定しようとしたのが、ロナルド・ドゥオーキンである。(50) ドゥオーキンは、行動することと行動させられることとの間の決定的な区別を我々が直観的に行っていることを認める。さらに、我々は後者ではなく前者の方法で行った行動についてのみ道徳的責任を負うべきだ、ということにも同意する。だとすれば、我々がみずからの行動に責任を負うにはその行動を何らかの形で制御できなければならない、と考えても間違いではない。それでもなお、決定的に重大なのは、この制御の正確な内容である。ドゥオーキンは、道徳的行為者がみずからの行動に責任を負うには、かれらがその行動に対し「因果的制御causal control」ではなく単に「能力的制御capacity control」を加えられればよい、と考える。この種の能力的制御の行使の何たるかを推し量るには、意思決定を下すということが実際どのような感覚を与えているのかを分析すればよい。

第一に、責任を負うにあたっては、世界について、他者の心理状態について、みずからの行動のありうる帰結について誤りのない信念を形成する最低限の能力がなければならない。第二に、いわゆる規範的な人格、つまり本人の欲望、選好、確信、愛着、忠誠、自己像に適合した意思決定を行うだけの標準的な能力がなければならない。真性の決定とは意図に基づくものであり、そして最終的な決定を自分の欲求、計画、確信、愛着のいずれとも調和させられない者は、責任ある行動ができない、と我々は考える。[51]

以上のような規準によって一組の免責条件、行為者がみずからの行動に道徳的責任を問われないための条件がどう画定できるかは、一目瞭然である。他人に危害を加えることはその人の利益か損害か、といったごく基本的な問題について思い違いをしている狂人に、その行動の道徳的責任を問うことはできない。同様に、自分の欲望にとらわれるあまり、実際の目標や価値観が行動にまったく反映されない人を非難するのも奇妙なことだろう。しかしフランクファートとは異なり、ドゥオーキンによれば、だからといって、人が自分の行動を逐一是認していなければその行動についての責任を問われない、というわけではない。通常は自制能力のある大多数の人びとにも、意志が弱まることはある。しかしドゥオーキンの指摘する通り、そのような行動への関与をかれらが否認するのはもちろん奇妙なことだ。むしろ正しい応答は、自分自身の期待通りに行動できなかったことについての自責であるように思われる。[52]

フランクファートとドゥオーキンは単なる例――道徳的責任の前提条件および免責条件の本性について因果的制御原則を避ける魅力的な理論を展開してきた数多くの哲学者の代表――にすぎない。[53]もちろん、これらの理論には競合する部分もある。フランクファートとドゥオーキンは、道徳的責任の前提条件については微妙に異なる説明をしている。その結果彼らは、ある行為者が特定行為の責任を負うべきか否かについて違った判断を下すことがあるかもしれない。したがって、人が自分の行動の道徳的責任を負うべき厳密な条件を問おうとしている者は、前述の理論からいずれかを選ぶよう迫られるだろう。

しかしそれは本書の目的ではない。ここで示したいのは、どんな道徳的責任の実質的理論を最終的に支持するにせよ、それが行動への因果的制御を必ず要求するはずだと信じる理由はどこにもない、ということだけである。道徳的責任が問われる場面に関する——そして免責条件を説得的に用いうる状況に関する——複合的で説得力ある非因果的理論が手に入れば、本書としてはまったく十分なのだ。哲学的には、道徳的な帰責に対して、運消去原理の支持者が示唆するほど高いハードルを設ける理由は皆無なのである。

明らかに、自由意志に関する旧来の難問を数ページで解決したふりをすることはできないし、まして筆者独自の論拠を示してそれを成し遂げたように装うなど望むべくもない。したがって、読者がハリー・フランクファート、ダニエル・デネット、ロナルド・ドゥオーキンといった哲学者以上の真剣さで因果的決定論の脅威を検討するなら、以下で述べることの大半には同意しないかもしれない。それは避けられない。しかし全員の説得は望みえないとしても、そのような読者にも、その基礎的想定を以前より少し疑わしく思ってもらいたいのである。自由意志への悲観論者は、我々がある行動に道徳的責任を負うには、別のこともなしえた、あるいはある根本的な点で本人が自己由来のものだったのでなければならないと想定するだろう。しかし、ドゥオーキンが想起させてくれるように、この想定には実質的な正当化が必要なのである。

> 因果的制御原則は、倫理的・道徳的な原則である以上、それを擁護するいかなる議論も解釈的であるはずだ。それは、形而上学的発見に関するいかなる厳密な知見からも生じることはない……それは他の道徳的・倫理的原則から支持を得るほかない。しかし、そのいずれからも支持されてはいないのである。

責任否定論の政治的失敗

責任の時代への左派の応答は、その大半が思いのほか保守的であり、同時に驚くべき急進性を示している。一方でそれは、責任の時代に流布している規範的前提、つまり人は自分の招いた《リスポンシブル》結果については責任を負うべきだという前提を受け入れている。他方でそれは、通常本人が招いた《リスポンシブル》とみなされる結果の大半について、それを否定する。この責任否定論は、強力な直観に基づいている。しかし前述の通り、この直観は一般に認められているよりもはるかにあやふやな理論的根拠に依拠している。それはしばしば哲学に訴えるが、責任の時代への左派の応答の大半は、哲学的には的を外していたのである。

哲学的議論の世界で妥当することは、二通りの意味で政治的修辞の世界にも妥当する。一見すると、左派の政治哲学者、政治家、ジャーナリストが専心する責任否定論は、あたかも深い道徳的直観に根ざしているかに見える。人は世界が公平であってほしいと望み、運が悪かっただけの事態から否定的影響を被るのは不公平だという直観を共有しているように思える。しかし不運だったことについて人を非難することに多くの人が直観的に抵抗を覚えるからといって、「責任消去論」の擁護者が不運の問題に分類する事態の広範さは、あまりにも直観からかけ離れている。人が貧困な家に生まれるか信託資金の受取人として生まれるか、あるいは資金力のある私立学校に通うようになるか、スラムの破綻した公立学校への通学を強いられるかは運の問題だと指摘すれば、一般有権者も共鳴する。しかしその主張がさらに進められると、その基礎的直観はたちまち説得力を失っていく。大半の人びとは、特定の才能のような資質を純然たる運の問題だとはなかなか認められない。その理由は主に、人のアイデンティティというものが、たとえば自分にスポーツや手仕事の才能があるという事実と深く結びついているからである。ある人の努力への意欲という話になると、一部の人が他の人より勤勉なのは構成運が原因なのだという主張は、いっそう有権者の同意を得られないだろう。

不運に関する原想定を論理的な結論にまで煮詰めると、人は意欲の有無等の属性には責任を負えないことになるという見方に、哲学者たちは慣らされている。しかし、このきわめて複雑でまったく反直観的な主張を広く有権者に納得させようという希望の上に政治的戦略を立てることは、失敗を自分でお膳立てするようなものである。したがって、責任消去論の基礎にある哲学的前提の批判は本章の論点の一部にすぎない。これと同じく重要なのは、責任消去論を真面目にとればきわめて過激な意味合いを帯びてしまうこと——そしてそれゆえ、主体性の否定を通じて責任の時代の最も有害な側面を克服することはまったく望み薄であること——を示すことなのである。

責任消去論は魅力に乏しいだけではない。その魅力は、これを一貫して用いることがまったくできないため、いっそう減退する。この理論を真面目にとると、現存のあらゆる形態の報酬や処罰を実際に撤廃すべきだということになってしまうように思えるのである。もし我々が運平等主義の見解を受け入れるなら——すなわち、国家は公共政策の基礎から道徳的に恣意的な要素を取り除くべきであるだけでなく、積極的に「我々にわかる範囲で、人の生活を構成するくじ運の寄せ集めから生じる善と悪の分配を変える」[54]べきならば——、各人の生きる現実とその人が人生で享受する社会的地位との結びつきはほぼ失われるだろう。それどころか、それは少なくとも三つの点で疑わしい反事実的問題に依拠している。まずそれは、世界に関する我々の知識の限界に鑑みて考慮不可能な要素に依拠している。またそれが生みだす決定は、個々の市民がそれを遡って理解したり異議を唱えたりするのが非常に困難なものである。

さらにそれは、経済的繁栄にとって不可欠な数多くの経済的誘因を手放してしまう。

マイケル・サンデルが『リベラリズムと正義の限界』で指摘するように、同じ論点は犯罪にもあてはまる。もし福祉制度の領域で悪い構成運について結果責任を負わされることが不公平なら、刑事司法の領域でそうすることもまた不公平だろう。[55] しかし、もし逆に、刑事司法に構成運を本気で導入しようとするならば、犯罪と刑罰との連関はただちに失われるだろう。そしてその結果、法の抑止効果も大方失われてしまうだろう。

責任否定論が政治的に無力であることにはもう一つ理由がある。責任否定論につきまとう問題は、それが市民に対し、犯罪や勤勉など強固な直観が他者への帰責を要求する領域で、それを抑制してしまうことだけではない。人に自分の行動の責任を負わせる経験的妥当性の否定に専心するあまり、責任の時代の批評家は、そのような帰責が実際に規範的意義をもつはずだという想定に対し、思った以上に無批判になってしまうことがあるのである。この責任の枠組みの規範的前提を盲目的に受容する好個の例は、福祉国家問題からはかけ離れたところにあるものの、同じく責任の時代の語彙によって深く規定されている。それは、特に北米における同性愛者の権利に関する近年の論争である。

二〇一一年、ハーヴァード大学の学生と職員は、レディ・ガガから一通の電子メールを受け取った。このポップスターは、ハーヴァード・ロースクールのバークマン・センターと提携し、ボーン・ディス・ウェイ基金を設立した。この基金の任務は、「包容力ある社会を促進し、差異が受け入れられ、個性が祝福されるようにすること」である。その目的の一つは、いじめ、特に一〇代の同性愛者へのいじめの撲滅である。このニュースレターの参加希望者は、ウェブサイト bornthiswayfoundation.org に行き、次の書式に記入すればよい。「私［あなたの名前］、［あなたの電子メールアドレス］は、このように生まれた《ボーン・ディス・ウェイ》」[56]。この種の表現は、ありふれた社会的修辞の一種である。それによると、今日同性愛を指して「ライフスタイルの選択」と言うことは政治的に不適切だと広く考えられている。逆に、同性愛は生物学上の特性であり、本人が選んだものではない――レディ・ガガに倣えば、同性愛者は「このように生まれる」――という確信を表明することは政治的に正しいのである[57]。

もちろん、同性愛嫌悪者はいまでも数多くいる。同性愛への多様な非難は、いまだに福音主義のテレビ番組や保守的なトーク・ラジオ番組の主翼を担っている。しかし、同性愛者の権利保護活動家と社会的保守派とは、多くの不一致にもかかわらず、レディ・ガガとバークマン・センターが是認していると思しき基本的な二分法に、暗黙裡に同意してしまっているのである。それによると、ゲイやレズビアンが「同性愛のライフスタイルを選択する」なら、このことでかれらの性的習慣は何らかの形で正統性を失うように思われる。逆に、同性愛者が同性愛者として生まれるのなら、我々がかれらの行動を非難できないのは明らかだと思われるのである。

この論争上の言葉遣いはすでにお馴染みのものであり、まったく自然に思える。しかし少し考えれば、その基礎にある想定がいかに奇妙かわかるだろう。同性愛が先天的特性なのか選択された特性なのかが、規範的観点から見てなぜ重要なのか。我々は概して、同胞市民のライフスタイルを尊重すべき特別の理由があるのは、まさにかれらが実際にそれを選んだ場合だと考えがちである[58]。では差異や個性が運命ではなく選択の問題ならば、「包容力ある社会を促進し、差異が受け入れられ、個性が祝福されるようにする」べき理由はないのだろうか。同様に、低劣な動物的本性に駆り立てられた行動は、通常尊重されることよりされないことの方が多い。だとすれば、現代の政治的言説において、同性愛者は「このように生まれる」のだと考えることで、間違いなくかれらの道徳的地位を引き上げられると考えられているのはなぜなのだろうか。

その答えは、責任をめぐる我々の奇妙な想定と深く関わっていることがわかる。前述の通り、責任の枠組みは、経済の領域では人は自分の決定の結果に責任を負うべきだと示唆する。もしかれらが自分の選択のせいで貧しいのなら、その帰結を引き受けねばならない。逆に、貧困の責任が当人にあるとは考えられないのなら——先天的障害などどうしようもない要因の結果、困窮状態にあるのなら——、我々はかれらを援助する道徳的義務を負う。同性愛者の権利の領域でも、我々の基礎的想定は驚くほど似通っているようだ。もし同性愛者が自由に自分の生き方を選択しているのなら、その性的習慣に基づいてかれらを判断するのは適切である。米国人のごく少数の人びとはいまだに同性愛行為を不道徳だとか不快だと考えているため、このことは、そう考える人が同性愛者の性的行動を非難し、平等な権利を否定することすら適切だということを意味する。逆に、もし同性愛者が「このように生まれる」のなら、我々はかれらの行動の責任を当人に負わせられない。したがって、かれらの行動についてかれらを非難できない——たとえ、そうでない場合に一部の米国人がどれだけ同性愛に反対しようとも。つまり同性愛嫌悪への左派の応答は、長年の間別の形での責任否定論から成り立っていたのである。

この見方は、それ自体としては筋が通っている。しかし私には、ひどい見当違いだと思える。まずそれは、規範的に混乱している。性行動の正当化は人がそれへの強力な先天的欲望をもつという事実によってなされうる、と考えるべき理由はない。一部の科学者の考えによると、種々の同意によらない性愛への欲望も、少なくとも部分的には遺伝的体質やホルモンバランスの乱れなど一定の「先天的」特質によって惹起されることがある。(59) しかし当然ながら、これによってレイプや小児性愛が正当化されるはずはない。同意による異性間ないし同性間の性愛と、レイプや小児性愛との間にある重大な規範的相違は、前者への欲望が先天的であることにではなく、それが同意に基づくものだという点にある。

この点は第二の修辞的論点にも関わる。ある種の行動を、それへの欲望が先天的だという事実によって正当化することなどできない。しかし実際に我々は、その自制を期待するのが無理な場合には、通常なら非難すべき行いをした人への非難を控えることがある。それゆえ、同性愛者が同性愛者になることを選んだかどうかが重要だと主張することで、同性愛者の権利保護活動家は、不注意にも同性愛は罪悪だとほのめかしてしまっているのである。そもそも同性愛者がそのような性的選好をもって生まれるのか否かが重要であるためには、かれらが自由に同性愛者となることを選んだのなら異性愛者と異なる扱いを受けるのは当然だろう、という基本的直観がなければならない。「このように生まれる」戦略の支持者は、同性愛者が自分に「落ち度」はないのに現在苦境に陥っているというだけでかれらの不道徳が許され、平等な権利が認められるべきだとほのめかしているようだ。この権利の支持者は、責任否定という観点から同性愛者の権利をめぐる論争をとらえた結果、異性愛者である方が望ましいという暗黙の前提をうかつにも支持してしまっている。かれらはむしろ、パートナーの選択が本当に個人の道徳的責任の問題だったとしても、同性愛は罪悪だという規範的前提を攻撃した方がよかったのである。

こうして、同性愛者の権利問題を選択や責任の問題として語ることには、動かしがたい代償が伴う。しかしながら問題は、それが単に同性愛嫌悪者に譲歩しすぎるように見えることにあるのではない。それでは、異性愛関係にも同性愛関係にも関わる積極的価値が説明できないのである。政治理論家は、同性愛の真の起源の判定者には向いていない。しかし、同性愛関係がもつ価値および同胞市民の選好を尊重することの大切さを公然かつ断固として擁護する者としては適任なのである。

以上すべてが、責任の役割を再考する必要を示している。責任の枠組みの支持者は、その大半が自己責任を既成事実として語っている。かれらの主張によると、正しい社会では人びとの既存の特質が完璧に網羅され、責任ある行動をした者には報酬が、無責任に行動した者には罰が与えられるのだという。さらに、日常の政治のなかで自己責任反対論者を自認し、責任消去論を支持する者も、ほぼ同じ概念装置を自明視しているのである。かれらもまた、生得の特徴だけを他から正確に切り分けることによって、社会が行為者に責任を負わせる機会を限定したいと思っている。すなわち、当人の行動が――結果運、状況運、構成運、因果運をふまえて――「本当に」かれらに真の道徳的責任を負わせるに足るものだった場合だけに。

しかしながら以下で述べるように、この発想はまるきり的を外している。我々は、誰が何について「真に」責任があるのかを解明し、本質的に前制度的な道徳責任論と我々の諸制度を整合させるのではなく、制度的文脈で自己責任を再考するべきなのである。ロールズの重要な指摘によると、制度は、人の物質的財産を「相応の報い」に関する一定の既成観念に確実に合致させるために存在するわけではない。むしろ我々は、固有の目的のもとに制度を考案してきたのであり、一定の正統な期待を尊重することがその目的達成に貢献するかぎりで「相応の報い」に関する制度的観念を支持すべきなのである。[60] 現代の資本主義的民主制国家の市民への道徳的帰責についても、同様に再考すべきである。アーネソンの主張にもかかわらず、我々の制度は、人びとの物質的財産を、特定の行動や帰結の責任をいつ誰に課すべきかに関する一定の既成概念に合わせて増減させるために存在しているのではない。むしろ我々は、固有の目的をもって制度を考案してきたのであり、責任観念がその目的達成に不可欠であるかぎりで制度的な道徳的責任論を支持すべきなのである。

したがって問われるべきは、前政治的な次元において行為者はどんな選択について真に道徳的責任を負うのか、またその結果どんな正当な政治制度も、その人の権原をそれらの選択に確実に合致させねばならないのか、という問題ではない。むしろ、我々の制度が貢献すべく構築された本来の目標を促進するためには、どんな状況下で行為者にその行動の結果について責任を負わせねばならないのか、と問うべきなのである。

補論——運と責任に関する道徳的直観のもう一つの説明

本章は主に、広く共有されたある道徳的直観に関する特定の解釈の反駁に努めてきた。ある特定の状況では、他者にその行動の道徳的責任を問うことが憚られることがある。たとえばサムが明確な理由もなくスティーヴンを殴った場合、我々はサムを強く非難するだろう。しかしひとたびサムが不幸な幼少期を送ったことがわかれば、この非難を取り消すか、大きく弱めるだろう。前述の通り、多くの哲学者の解釈では、このような直観を動機づけているのはより一般的な要件、つまりある行動について道徳的責任が課されるには、本人がその行動を因果的に制御できなければならないという要件である。しかし、この解釈には二つの重大な欠陥があるというのが筆者の主張だった。この要件は直観的判断に支えられる場合もあるが、きわめて反直観的な含意をもつこともある。さらに、それは一見我々の道徳体系の基本的教義に動機づけられているようだが、仔細に見ると、意外にもその教義はそれ以外の道徳的・倫理的原理から大して支持されていないことがわかる。以上すべてのことから、従来ほとんど議論されてこなかった重要な問いが提起される。サムのような事例に対する我々の直観は、これまで想定されてきたものとはずいぶん異なる一組の原理からもたらされているのではないだろうか。

この補論では、事実そうであることを示そうと思う。そのために、二つの段階を踏んで議論を進めたい。第一に、サムには悪行への責任がないと判断する際に、実際我々の頭に浮かぶのはどんな考えなのか——賢明なものもあれば、最終的には整合的でないものもある——を考える。第二に、これらの考えから一般的な原理を導く。この原理こそ我々の道徳的直観の本当の動因の一つなのだ。けだし、この一般的原理は他の原理と競合する。この原理は一部の事例に関する我々の直観を明快に説明してくれるが、別の事例では説明できないのだ。さらに、それは最終的には擁護できない道徳的原理でもある。我々はその原理に強く説得されるが、詳細に見ると、その説得力の大半が深刻な混乱から生じていることが明らかになる。それでもなお、この発見は我々にとって非常に重要な意味をもつ。なぜなら、一つには（別の研究で示すつもりだが）この原理は、地球工学、ドーピング、スマートドラッグあるいは抗うつ剤の使用を規制すべき考慮事項等々の多様な主題に関する我々の考察が本筋から逸れる原因となるからであり、さらには（本書ではより重要だが）、我々の道徳的直観の解釈としての運消去論の説得力を弱めてくれるからでもある。

サムがスティーヴンを殴ったのはもっぱら彼の不幸な幼少期が原因だと聞けば、哲学者でない人の多くはサムへの否定的判断を大きく和らげるか、おそらくまるごと取り消すだろう。かれらはこう問うかもしれない。サムが子ども時代に暴力を受けていなければスティーヴンを決して殴らなかっただろう、というのなら、サムにその行動の責任を負わせるのは公平だろうか、と。また、あえて次のような哲学者風の考えを述べる人もいるかもしれない。サムが偶然現在の彼になったのがこれまでの抑圧的な人生の結果にすぎないのなら、我々はそれに基づいてサムを判断すべきではない、と。我々が知るサムは、子ども時代の不当な苦難が原因で出現しただけだとかれらは言うかもしれない。そうだとすれば、彼について道徳的に判断しようとする場合、我々は「本当のサム」――そのような不幸な幼少期を送っていなければ彼がなっていた可能性のあるサム――ならどう行動していたかを想像すべきではないのか。以上は、道徳哲学の専門書だけでなく日常の道徳的思考において、運と道徳的帰責とを緊張関係におくと思われる考慮事項である。本章で用いた言葉で言えば、これらは「構成運」についての懸念である。

しかし、サムについての我々の考え方をもう少し詳しく検討しはじめると、日常の道徳的思考のいくつかの興味深い特徴に気づかされる。この特徴は、運と制御についての我々の通常の語りには収まりにくい。第一の特徴は、サムの道徳的責任の有無を決定しようとする時に我々が着目するのが彼の幼少期だという事実への注目を促す。前述の通り、道徳的運がサムへの道徳的評価に一切影響しないようにしたいのなら、あらゆる種類の因果的影響に一貫した態度をとらねばならない。彼の遺伝子、決定時に彼がおかれていた特定の状況、彼の決定がその意図通りの悪い帰結を実際にもたらしたという事実、これらすべてが彼には制御できないのである。ならばなぜ我々は即座にサムの子ども時代に目を向けるのだろうか。その理由は、これが他の要素よりも彼の行動に不可欠だったからということではありえない。何しろ世界の本性について最も理にかなった想定をとるなら、彼の遺伝子、状況、彼に制御できないその他の因果的要素はすべて、当該の結果をもたらす働きをしたからである。むしろその理由は、サムに制御できない数ある要素のなかでも彼の子ども時代が最も異常だと我々の目に映るからである。

このような事例についての我々の道徳的直観には第二の奇妙な特徴がある。これが鮮明になるのは、ことの事実を逆転させてみる場合である。サムはスティーヴンと並々ならぬ友人関係にあると想像してみよう。スティーヴンが金銭的な窮状に陥れば、サムは長年そのために貯金してきた品物を諦めて友人を援助する。我々はきっとサムの気前の良さを賞賛したくなるだろう。しかしここで、サムの幼少期についてある事実を追加してみよう。我々はこう聞かされる。彼の両親は稀に見る善良な人できわめて有能な教育者だった、と。心理学者は――サムのその他の行動、遺伝子などを所与とすれば――もしそのような特殊な幼少期を送っていなかったならば、サムがこれほど気前の良い人物に成長することはまずなかったと認めるほどである。以上のことによって、サムの気前の良さについて彼を賞賛すべきだという我々の直観は変わるだろうか。変わらないだろう。しかし、すべての事実が先の事例と似ているので、我々が同じ結論を下さないのは実に不可解である。我々はなぜ、サムが稀に見る好ましい幼少期を送ったと考えられる場合にはその善行の道徳的責任を彼に負わせ――しかし彼がまったく好ましくない幼少期を送ったと考えられる場合には、彼の悪行の道徳的責任を彼に負わせないのだろうか。

一つの端的な解釈は、単に我々は道徳的不運に比べて幸運にはあまり関心がないのだと論じることだろう。この見方によると、我々は微々たる賞賛の追加には寛大である。たとえあなたの善行が本当はあなたには制御できないものだったと考える強い理由があっても、その行動の道徳的責任はあなたにあると気前よく考えるだろう。しかしながら――おそらく、非難を含むあらゆる悪い処遇には特別な正当化が必要だと思われるので――悪行の道徳的責任をあなたに負わせる前には、はるかに慎重になるだろう。ある程度までは、この種のことが起こっているはずだ。しかし、賞賛よりも非難の方がためらわれるという事実だけで、我々の直観の源泉を説明しつくせるとは思わない。先に引用したオリジナル版の「フランクファートの事例」から着想を得た、ある単純な思考実験によってこのことが明らかになるだろう。

まず、明らかに外からの操作によって誘導された悪行について考えよう。

外からの操作者は、スティーヴンに危害を加えようとしている。彼は、サムがスティーヴンを助けようとしているのがわかると、サムが代わりにスティーヴンを殴るように、サムの頭のスイッチを入れる。

もちろん、外から誘導された悪行についてサムは非難されないだろう。その理由は因果的制御の観点から説明できる。スティーヴンへの殴打はサムには制御できなかったから、というものである。しかし先に見たように、その理由は別の観点からも説明できる。フランクファートによると、サムが非難されるべきでないのは、サムにはスティーヴンを殴るという行動を彼が是認していなかったからだ[61]。あるいはドゥオーキンによると、サムには「いわゆる規範的人格と適合する意思決定を行う能力」がなかったからだ[62]。この状況のサムの行動について彼を非難するのは不公平だという直観の正確な理由が何であろうと、印象的なのは、外から誘導された善行については彼を賞賛すべきだという提案についても、こうした理由が常に強くあてはまることである。

外からの操作者は、スティーヴンを助けようとしている。彼は、サムがスティーヴンを殴ろうとしているのがわかると、サムが代わりにスティーヴンを助けるようにサムの頭のスイッチを入れる。

明らかに、この場合にサムを賞賛するのは奇妙だと思われる。

以上の二例に照らせば、賞賛の容易さと非難への躊躇という区別では、最初の事例をうまく説明できないことがわかる。前記二つの外的操作の例では、広く存在するとされる賞賛への寛大さも非難への躊踰もまったく機能していない。したがって、サムが恵まれた幼少期を送った場合には彼の気前のよさを賞賛したくなるにもかかわらず、彼が悲惨な幼少期を送った場合には彼の悪行を非難しないというのであれば、何か他の説明が存在するはずである。

それを説明してくれるのは、自然なことと不自然なことの間に我々が引く暗黙の区別ではないだろうか。おそらく極度に厳格な道徳的指針をもつ親が稀なのと同様、何の道徳的指針ももたない親もめずらしい。その意味では、道徳的美徳を教え込むのに非常に長けた親をもつ子とそれを著しく怠る親をもつ子のどちらも、「異常な」幼少期を送るだろう。しかしきわめて稀であるにもかかわらず、並外れて公明正大な養育は「自然な」印象も与える。これは、ことの「正しい」成りゆきのなかで行われるべき養育についての我々の感覚とよく一致するのである。同様に、著しく悲惨な養育には、たとえそれが残念ながら思ったほど稀ではないことを認めるにせよ、非常に「不自然な」ものだという印象をもつ。どれだけありふれていても、それはことのあるべき姿ではない。そしてこのような「自然な」因果的要素と「不自然な」因果的要素との区別こそ、実際に我々が人に本人の行動の道徳的責任を負わせる際の条件に影響を与えているのだと思われる。

以上二つの要素を組み合わせると、個別事例に関する道徳的直観の多くは「因果的制御」原則なるもので説明されるとされてきたが、実はそれを説明するのは、何が正常ないし自然かに関する込み入った一連の前提だということがわかる。個人にある行動について道徳的責任を負わせるのが正統かどうかを決める際、我々は暗に「正常性条件」を用いている。それによると我々が自分の行いについて道徳的責任を負わないのは、その因果的要因が我々に制御できないだけでなく、重要な点で稀有ないし異常なものである場合である。さらに我々は、「自然性条件」も用いている。それによると、我々が自分の行いに道徳的責任を負わないのは、その因果的要因が我々に制御不可能なだけでなく、重要な点で作為的ないし物事の自然な状態に反すると思われる場合である。これら二条件のいずれか一方が欠けているとき、特定行為の道徳的責任の程度に疑問が投げかけられる可能性が高まるのである（ここでは実際にそうであるべきかという問いには答えない）。

要するに、我々が下す判断が、自分のありふれた幼年期や量子物理学レベルの決定論的過程のような自然的要因によって不可避のものとされており、したがって自分の決断としての側面が多少とも弱められていたかもしれないという考えに、心底不安を感じる人はほとんどいない。一般的には、自分にはどうしようもない要因から影響を受けたとしても、自分の行動に対する当事者性の感覚が脅かされるなどということはない。したがって、我々の道徳的直観が運消去原理に明確な支持を与えているという一般的な解釈は、単純にすぎるということになる。行為者に特定行為の道徳的責任を負わせることを疑うべき理由は、広く想定されてきたほど確かなものではないのである。

第4章　責任に価値を認める理由

責任の時代は、我々の政治的想像力を狭め、公共政策と現代哲学のどちらにも深刻な盲点を作ってきた。これへの主たる反発——筆者が責任否定論と呼んできたもの——も、ほぼ空振りに終わった。それは抗うべき相手と同じ知的潮流に属しており、結局のところ理論的説得力も実践的効果もなかったのである。したがって、政治的にも哲学的にも、いまこそ肯定的な責任観を発展させるべき時だ。多くの人が責任を果たそうとしている理由を認め、かれらの引き受けた責任の達成を実際に援助するような責任観が必要なのである。これこそが、まだその端緒にすぎないが、筆者が以下で取り組みたい課題である。

その一歩目は、責任の意味を拡張することである。それには、一般の人びとが責任を担い、そこから生じる責務を遂行し、他者に当人の行為の責任を負わせることも大事だと考える理由を説明しなければならない。かつて責任について語るとき、人は義務の観念、すなわち家族、共同体、民族への一群の責務を念頭においていた。これらの責務は抑圧的なこともあっただろうし、公平に分担されていたともかぎらない。ダニエル・ロジャーズの表現を借りるなら、「山のような責任を（自分の）肩から下ろそう」[1]とするのはもっともなことだった。それでもなお、人が責任を果たしたいと願い、実現すれば大きな達成感を感じうることは、当然のことだったのである。それに比べ今日では、責任という言葉の意味は以前よりしぼんでしまい、冷酷で懲罰的なものと化してしまった。責任をめぐる語りはせせこましくなり、どんな行為には責任を負わねばならないのか、またそれに基づき、いつ他者から異なる扱い（もちろんたいていの場合、より悪い扱い）を受けねばならないのか、といったことばかりに関わるようになった。責任は結果責任の問題に置き換えられ、たえず懲罰的な仕打ちをちらつかせるようになったのである。

したがって、肯定的な責任観――個人が遂行し、社会が促進すべきものとしての責任のとらえ方――の再興をはかるには、我々の責任理解を広げる必要があるだろう。これは、時宜に応じて話題を切り替えているだけのように見えるかもしれない。どんな状況ならある人の行為の責任を当人に負わせられるか、という問いから、他者の福利に責任を負いたいという誰かの願望へと話題が変わるとき、私たちはまるっきり別の社会的対象について話しているのではないだろうか。まさにその通り。しかしそれこそが肝心なところである。責任の時代のわなに正面から応じるには、この語の現行の用法を律すべき境界線をはっきり引きなおす以上のことが必要だ。その語がもつべき意味を一から考え直さねばならないのである。概念の革新が行われる場合にはほとんどつねにそうなのだが、この過程の一歩目はたいへん抽象的なものに見えるかもしれない。本章ではまず、責任を重んじるべき理由への哲学的根拠ある説明、倫理学だけではなく形而上学上の論争とも対話しながら形成されてきた説明を検討する。しかしこれもまた概念の革新が成功する場合にはいつもそうなのだが、これが最終的にもたらしうる利益は大きい。豊かで肯定的な、多面性のある責任観の回復に努めるならば、これによって我々はより豊かな政治的、道徳的想像力を得る可能性があり、その結果これまで見逃されてきた公共政策の可能性を見出せるだろう。

自己への責任

その説明のなかでも大事な部分——決してこれだけではないが——は、自己への責任を負うことが我々にとってもつ意味を再考することである。自己責任という言葉には今日、次のような意味がある。市民は、生計を立てるべく努めているならば、自己への責任を果たしている。逆に、安定した職に就くための努力を怠るなど、自分の選択の結果、社会からの援助を要する状況に陥った場合には、責任を果たしていない。さて、たしかに多くの人は実際に自己への責任を果たすことを大事だと思っているし、また社会に援助を求めることを嫌っている。また正当で持続可能な福祉国家の建設をめざしてきた現代国家が、市民に最大限の貢献を求めるのも無理もないことである。それでもなお、我々は自己への責任を果たすことの意味について考えてみるべきだ。ただし、この主題に目を向ける際には、もっと見晴らしのよい視点から、個人が責任を重んじるべき理由の特定にまず努めねばならない。それだけで従前よりもずっと広い責任観をとらねばならないことがわかるだろう。実際、人にとって大事なのは、自身の生計という物質上の前提条件についてつとめを果たすかどうかという狭い事実ではなく、——それと深く関わるが別個の問題としての——自分自身の生活に対して真の主体性の感覚をもつことなのである。

責任の意義

自分の生活を制御している感覚、すなわち主体性の感覚を求めるこの願望は、少なくとも三つの形をとりうる。第一に、我々は一定の範囲で自分の生を実際に制御することを望んでいるはずである。第二に、我々は自分が自己への責任を果たしていると感じることを必要としているはずである。そして第三に、我々は自己への責任を果たしていると周囲からみなされることを必要としているはずである。

自己への責任を負うことを重んじるべきこれら三つの理由は、選択を重んじるべき三つの主な理由に対応している。T・M・スキャンロンは、自由意志についてのどんな疑わしい形而上学的想定にも頼らないようにうまく舵をとりながら「選択の意義」についての強力な説明を示したが、そこでこれら三つの理由について道徳哲学上の概説を示した。[2] スキャンロンの理論は、ごく常識的な見方から出発する。それは、「正しい条件下で選択肢が示されている場合、将来の出来事を自分の反応次第で変えられるなら、それは多くの場合その人にとってよいことだ」[3]というものである。スキャンロンはそこから細部に踏み込み、我々が自分の選択によって結果に影響を与えたいという関心を抱くときの三つの様態、すなわち手段的 instrumental 様態、表現的 demonstrative 様態、そして象徴的 symbolic 様態を区別している。

選択の手段としての価値はこのなかでは最もわかりやすい。[4] スキャンロンによると、我々は通常、レストランに行けば自分の注文通りの料理が運ばれてくることを望むはずだ。なぜなら、私がグリーンカレーよりもパッタイを好むという事実は、自分が何を食べれば満足するかを示す有用な判断基準である可能性が高いからだ。たしかにこのことからは、我々の選択に意義を認めるべき手段的理由が条件的かつ相対的だということがわかる。それが条件的であるのは、それが将来の自分の満足に関する私の予測能力に依存するからである——注文時に泥酔していたせいで、私はとても喉を通らないスパイシーな料理を選んでしまうかもしれない。そしてそれが相対的であるのは、自分の選択への満足度を予想するための代替的手段の信頼性次第で、その価値も増減するからである——もしゲイリー・キング〔計量政治学者〕かネイト・シルヴァー〔統計学者〕が私の料理の好みをこっそり調査して、彼らの割り出した統計モデルを使った場合、ある料理への私の満足度に関し、私自身の直観よりもすぐれた予測が得られるかもしれない。したがって、政治制度や経済制度をどこまで人びとの選択にぴったり連動するように設計するかは、（選択の手段的価値に関するかぎり）人びとは当該選択をみずからどの程度うまく行えるか、また代替的な意思決定方法はどの程度有望かといった要素によって決まる。ただし、このように条件的かつ相対的なものだからといって、選択の手段としての意義を完全に無視するならば、そのシステムは間違いなく深刻な間違いを犯すことになるだろう。

選択の表現としての価値は手段としての価値とはまったく別物で、これと衝突することもある。[5] 自分が妻に最高の結婚記念の贈物を選びたいのなら、最善の手段は本人に選ばせることだろうとスキャンロンは言う。しかしなお、結婚記念の贈物は自分で選んだ方がよい、と彼が考えるのももっともである。「自分で選べば――彼女への気持ち、この機会についての思いが込められるなら――贈物は特別な意味を得るだろう[6]」。その理由は直観的なものである。人間のふるまいのなかには、嗜好や他者への態度、価値観といった当人の重要な特徴を集約して伝えるものが多くあるが、それは当人が実際にその行為を行わなければ実現しない。選択には、手段的価値だけでなく表現的な価値もあるのである。

最後に、選択には象徴としての意義もある。[7] 我々は自分の選択が帰結に反映されることを望み、なおかつその帰結が自分の選択の反映とみなされることを望む。それは、我々の選択がこのような意味で重要だという事実が、完全な道徳的主体としての我々の地位の確立と維持に役立つ場合のことである。

人は通常、能力が欠けているのでないかぎり、一定の種類の帰結をみずから選ぶことを期待されている。その場合、私は選択できることの価値を認めるだろう。なぜなら、それができなければ、そのことは自己評価や他者からの評価に反映され、私は期待される標準的な能力さえもたない無能な存在とみなされてしまうからである。[8]

このことが、選択の表現としての価値に関連しつつも重要な点で区別されることに注意しよう。選択の表現としての価値は私の選択がその性質上どんな意義をもつかということに関わるのに対し、象徴としての価値の方は、そもそも私が選択できるという事実――つまり私に一定の主体性があり、自分の選択が世界に変化をもたらす（とみなされる）という事実――に伴っているのである。

このスキャンロンの重宝な概念図式を政治的・経済的世界と照らし合わせると、なぜ我々が人びとに対し、自分の生活への責任を負っているという実感をもってほしい、さらには責任を負っていると周囲から認められてほしいと望むのか、その有力な理由がいくつも見えてくる。実際私は、スキャンロンの論じたこれら三つの範疇の間にはある程度直接の相互連関があること、それによって自己への責任を果たすことの手段的、表現的、そして象徴的な重要性を説明できることを示してみたいと思う。

第一の、しかし決して明瞭とは言えない事実は、責任の手段としての意義に関わる。なおかつそれはまた、比較的気前のよい福祉制度でさえ、その受給者に開かれた選択肢を不十分な範囲に狭めてしまう手口に関わるものである。福祉に頼る人びとに外的基準から見てまったく穏当な生活を提供できる福祉国家においても、福祉国家はこれら受給者の自律的決定能力を狭め、享受できる財やサーヴィスの種類を、日常生活上の活動の種類ともども制限してしまう。これは多くの場合、この人たちの福利にひどい悪影響を及ぼすだろう。たとえば、人は客観的にはよく似た一〇軒の賃貸住宅のなかから選んだ一軒を、まったく穏当な公営住宅が選択の余地のない形で割り当てられた場合よりも気に入るかもしれない[9]。同様に、合州国では食料品配給券で購入できるものの範囲が、政策上の制約と排除によって大幅に狭められている。たとえば、自分の誕生日のささやかな贅沢としてワインを一本あけること（食料品配給券ではで購入可）から得られる喜びよりも大きいかもしれないのである。

断っておくが、これらの欠点を重大視するからといって、経済的自立を果たしていない人をすべて自己への責任を果たしていない人とみなすことにはならない。むしろそれが示しているのは、単に次のような経験的事実である。我々の社会においては、十分な主体性をもち、一般に重視される点で――たとえば自分の住む地域を自分で選べる、といった形で――自己への責任を果たしながら生きるためにかろうじて残された方法の一つは、十分な稼ぎのある仕事に携わることである（それより可能性の低いもう一つの方法は、裕福な家に生まれることだ）。私はこの現実を無批判に受け入れるつもりはない。一部の哲学者は、仕事そのものに価値があると考えている。また別の哲学者は、資本主義社会の仕事は非人間的な賃金奴隷の形をとらざるをえないのだと反論している。[10] 本書の議論のためには、この大論争の一方に肩入れする必要はない。我々の社会が今日のような形で組織されている以上、十分な稼ぎのある仕事にありつけない人はたいてい自己への責任を果たしているとはみなされず、自分の人生に対して真に主体的だとは感じない。これは深刻な規範上の問題である――そしてこのことから、なぜこれだけ多くの人が責任を手段として評価しているのかを理解できるのである。

人が自己への責任を重視していることを正当に評価するには、福祉国家の再設計も一案だ。責任の手段としての価値を尊重するには、たとえば、住宅購入補助制度《ヴァウチャー》が望ましい、とされるかもしれない。これなら国営住宅の提供よりも広い選択が可能になる。また同時に、食料品配給券の用途制限でもたらされる規範上の善は、それに伴う選択の欠如によってもたらされる規範上の悪で台なしになる、ということが判明するかもしれない。[11] これらの改革は重要で人びとを力づけるかもしれないが、おそらく効果は購入不可）から得られる喜びは、同じくささやかな贅沢として誕生日ケーキを食べること（食料品配給券ごくわずかな範囲にとどまるだろう。国からの給付に頼らざるをえない人に示される選択肢の幅はそれでもなお狭すぎ、しかもその内容に不満が残る可能性が高い。その可能性は、どれだけ福祉国家制度が十分な情報に基づきかれらの経済的主体性の欠如を補うように設計されたとしても、残るのである。ジョン・ロールズがいみじくも述べた通り、資本が広く分かちもたれている「財産所有的民主制 property-owning democracy」の方が、寛大な無償給付によって主体的選択の欠如を補償する福祉国家よりも望ましいと考えるのは、理論上当然のことだ。[12] 最も重要な理由は、寛大な福祉国家とは違い、平等主義的な「財産所有的民主制」は大半の市民に対し自己への責任を果たしているという満足感を与えられるから、というものだと思われる。

このことは、自己責任の表現的価値にも重要な点で関わっている。選択論のなかでスキャンロンは、妻への贈物を自分で選ぶことが特別な意味をもつのは「自分で選べば――彼女への気持ち、この機会についての思いが込められる[13]」場合のことだと強調している。ほぼ同じことが、現代社会において人が自己への責任を果たす方法についてもあてはまるだろう。たとえば、自力で職にありつけない個人にはその才能を発揮する場が国の予算で用意され、彼の才能への補償が穏当な生活を送るに足る高水準で提供される、そんな社会は多くの美徳をそなえていると言えるだろう。しかし明らかに、ある程度現実的な選択の余地が確保できるのなら、[14]（その限りにおいて）個人は自分の仕事を選べた方がいいだろう。その理由の一部はもちろん手段的なものである。人は、自分にとってやりがいのある仕事、あるいは少なくとも耐えられる仕事が何かを自分で見極められる可能性が高いからだ。しかしその理由は、単なる手段的次元を越え、表現的な次元にも達している。自分の才能の使い途を自分で選ぶとき、そこには当人の価値観や嗜好が深く反映されるからである。そこには手段的価値だけでなく表現的価値も伴っているのであり、後者はどれだけ気前のよい福祉制度にも置き換えられないものなのである。

最後に、自己への責任を果たす能力には重要な象徴的次元も伴っている。多くの人は自分の自活能力から大いに体面を得ており、だからこそ食料品配給券のようなプログラムを利用したがらない。同様に多くの福祉受給者は、自活能力を欠くゆえに、自分を不適格者だと思い込んでしまう。これは合州国のように福祉受給者への悪意に満ちた修辞が公の政治的言説中に氾濫している国だけの話ではなく、ヨーロッパ諸国においてもあてはまる。研究によると、ヨーロッパにおいても、失業手当の受給者のなかに同様の態度が予想外に広く見られるのである。世界価値観調査の結果では、「十分働くことなく金銭を受け取ることは屈辱的だ」と考える人の数は、ドイツやカナダ、オーストラリア、フィンランドでは合州国のそれに匹敵する。イタリアやポーランド、ノルウェーではそれを上回る。[15]

自活能力が道徳的体面の源泉であるべきだということ、また自活できないことは恥辱の源泉であるべきだということに、十分な根拠はあるのだろうか。おそらくないだろう。きっとこの種の姿勢は、我々の特殊な経済制度の「自然さ」を素朴に信じていること、仕事の与える道徳的地位に関する一連の疑わしい想定を素朴に信じていることとの産物に違いない。[16] またそれは、実際に手に入る仕事の大半が非熟練の、単調で不安定な、あるいはどこまでも不愉快な仕事であることへの慰めにもならない。公共政策と穏当な政治的修辞の重要な役割は、したがって、経済的に自立していない人が、自分は敗北者だという思い込みから深刻な呵責を覚えなくてもすむようにすることである。しかし、筆者は本書で非理想理論に関心をもっているので、以上のことを認めてもなお、人がこのような態度をとりつづけるかぎり、我々が自分の生活への責任を果たしているという実感をもつこと——そして多くの人からそのことを認めてもらうこと——を望むのは、手段的で表現的な理由ばかりか、重大な象徴的理由があるからだという事実に変わりはない。多くの人が自分の道徳的地位は自己への責任を果たす能力に支えられていると感じている以上、経済システムの改革を通じてより多くの人が実際に責任を果たせるようになれば、多くの人の福利が大きく改善されるだろう。

将来に対する責任の意義

これと関連して、人が自己への責任を重んじるもう一つの理由がある。人は、自分の主体性を通じて最も基本的な欲求と欲望にかなう未来をわずかなりとも手にできる、という確信を必要としている。一部の政治理論家は、真の自由というものは、いま自分が妨害されないだけではなく、ある穏当な確信、目下自分が自由に行えると思っている行為が、あとで無責任な権力による種々の報復的妨害を招くことはないだろう、という確信を必要としている、と論じてきた。[17] 同様に、自己への責任を果たせることの価値の大部分は、その能力があれば一定の妥当な範囲で自分の未来を形成できるだろうと確信できる、という事実にも支えられているのである。

自分はこの先ずっと自分の運命を制御できるだろうという感覚の大事さは、最近の経験的社会科学の世界で大きな注目を集めてきた。経済学と社会心理学の一大研究企画によって示されたのは、我々の認知能力と精神的福利が、自分の将来に対する主体的能力の強弱にかなり大きく依存しているということだった。この発見はきわめて根本的なものであり、さまざまに再解釈されて膨大な数の経験的文脈のなかに登場することになった。その範囲は不安定就業の健康への影響から、欠乏状態が我々の思考力を損なう程度にまでおよぶ。たとえば「安定の欠如」と題された二〇〇二年の不安定就業研究の動向調査によると、不安定就業の研究者たちは、「不安定就業の経験が増えると心身の健康状態が悪化する」という認識を得たという。[18] このことは、奇妙な現象に源泉の一端がある。リチャード・S・ラザルスとスーザン・フォルクマンによる一九八四年の先駆的著書『ストレスの心理学――認知的評価と対処の研究』の記述によると、多くの人にとって、ストレスになる出来事を待ち構えている状態の方が、実際のその出来事の経験そのものよりも大きな不安をもたらす。[19] さらには、不安定さと欠乏状態は我々の思考力にたいへんな悪影響をもたらす。ストレスは有効な対処戦略の採用をいっそう困難にし、[20] 他方、欠乏状態に陥った人は、今後の入手可能性に不安を感じている財に近視眼的にこだわってしまう。[21] これらの効果が重なると、目も当てられない悪循環が発生する。自分の運命を制御する能力への不安が（根拠ある仕方で）高まると、ますます自分の生活への責任を果たす能力が実際に低下するのである。

ここからは公共政策への重要な含意を二つ導ける。詳しくは次章で述べるが、第一に、これによって人の自分の生活への制御感覚を強めるための制度設計がなぜ規範的に重要なのか、その多くの理由について理解が深まるだろう。人が切迫したストレスや不安定さを経験すると、その福利やその精神的健康、そして身体的健康までもが悪化する。したがって、人びとの健康や福利の改善に配慮するかぎりは、現在および見通せる限りの将来の両面にわたり、人が自分の生活への責任を負う能力に確信をもたせるべきだということになるのである。

第二にこのことは、懲罰的責任像に触発された多くの政策がいかに逆効果であるかを示している。多かれ少なかれ、これらの政策は人に誘因を与えて自分の生活への責任を果たさせようとしている。しかしこれらの誘因自体が大きなストレス源であり、このストレスが対象集団の認知能力を下げ、結果的に多くの人が決定を誤ってしまっている。したがって、たしかに市民が自己への責任を果たすことは大切だが、その重要性の真の含意は「自己責任」についての一般的修辞から通常連想されるものとは大きく異なっている。公共政策は、誘因ばかりに邁進して、自分の生活への責任を果たす意欲がないとみなされた人を従属的地位に突き落とすぞと脅すのではなく、多くの人はいつでも自分自身の運命をもっと制御できるようになりたいと願っている、という前提の上に築かれるべきだ。公共政策の役割は、人びとに自律への嗜好を植えつけることにではなく、当人が強く望む目標の追求に向けてかれらを力づけることにあるのである。

他者への責任

我々が責任の実質的観念を必要とする第二の理由は、人にとって何が最も基本的なコミットメントであり、また最も重要な人間的価値であるかを理解するには、他者への責任を果たすことが多くの人の生活のなかで果たしている役割について語らないわけにはいかない、というものである。他者への責任を果たすには多種多様なやり方がある。友人や家族に思いやりをもって接するという単純な行為から深い満足を得る人もいる。一定の社会的役割、配偶者や親、ペットの飼主としての役目を引き受けようと決意する人もいるが、そこにはこれらの役割に伴う責任が自分にとってたいへん有意義だという思いがはたらいている。またさらに、自分が何者であるかを示す際に、命がけで取り組んでいる——芸術上の、政治的な、あるいは慈善活動の——実質的大義やプロジェクトを大事な足場とする人もいる。これらすべてを通してみると、さまざまな外向的関心が、個人の求めるさまざまな責任のなかでも決定的な位置を占めている。その何が重要なのかを知れば、責任を尊重すべき理由の理解を深めることで我々の時代の懲罰的前提をどんな風に作り変えられるか、その可能性が見えてくるだろう。

我々の社会は一般市民に対して他者への責任を引き受けるための十分な余地を与えていないのかもしれない、という考えは、つねづね政治学からも哲学からも聞かされることである。最も根本的な議論領域において、現代民主政の批判者たちは長い間、リベラルな諸原則には他者に関する選好や責任の本質的重要性を正当に扱えない、と主張してきた。日常政治のなかでは、この不平はしばしば見事だが穏やかとはいえない形で噴出する。良心的兵役拒否者は自分の信念を理由に兵役の義務を拒絶している。急進的宗教セクトのメンバーは自分の信念を理由に同性愛者への一定のサーヴィスの提供を拒絶している。果てには、市民は自分の属する民族や部族、カーストへの処遇改善を要求し、場合によっては自分たち以外の人びとには政治共同体の一員であることを認めない、というところにまで至っているのである。

これは、リベラルな哲学全般を拒んで個別的な忠誠を普遍的権利よりも優先させようという動きから生じている。マイケル・サンデルは、これに深く関わる懸念を論文「手続的共和国と負荷なき自己」のなかで述べている。それによると、自由民主主義の諸原則は、我々が生活のなかで個人としても集団としても追求を望みうる個別の規範的目標によっては正当化できない。「諸原則は確かにある人間像を前提にしている……これは負荷なき自己の像、目的や目標を抱く以前の存在、またそれらから独立の存在としての自己像である」[22]。サンデルの記述によると、これが「いわゆる本質的目的 *constitutive* ends の余地を消してしまっている。どんな役割やコミットメントも、私がそれなしには自分自身を理解できないほど完全な形で私を定義することはないのである」[23]。要するに、本質的目的の否定がまず犠牲にするのは、まさに自発的選択に先立って存在し、ただ意志するだけでは放棄できない一種の他者への責任である。リベラリズムは諸個人の個別の目的に対して中立的であるが、サンデルのような批判者に言わせると、人の真のアイデンティティが他者の運命と深く絡み合っているという事実に十分な顧慮を与えていないのである〔「負荷なき自己」とは、個人の存在に先立って存在する共同体の暗黙の規範や倫理的義務という「負荷」を負わない、または負う前の自己のこと〕。

負荷なき自己として理解されるかぎり、我々はもちろん自由に他者との自発的結社に加入できるし、協働を旨とする共同体に加わることもできる。負荷なき自己にとって絶対に不可能なのは、選択以前の道徳的絆によって結びついた共同体に参加することである。彼は、自己そのものの成否を左右しうる共同体にはどんなものにも加われない。そのような共同体――単なる協働的共同体と対比させて、本質的共同体と呼ぶことにしよう――は、参加者全員を利害関係にだけでなく所属意識にも引き込み、それによって負荷なき自己には思いもよらない徹底性でそのメンバーをある市民的紐帯 citizenship のなかに取り込むことになるだろう。[24]

深い形での他者への責任の大切さに関するサンデルの説明が哲学的リベラリズム批判として有効かどうかについては、議論の余地がまだ相当残されている。[25] しかしながら、負荷なき自己の観念への異議申し立てもまた説得力あるリベラリズム批判となりうるのかどうかとは関わりなく、繁栄するリベラルな社会を納得のいく形で説明するには、実際に多くの人が種々の他者への責任を引き受けていること――そしてこの種の責任が人びとの生にとってきわめて重大な意味をもっていること――を認めざるをえないのは明らかだ。市民が自分の最も深いコミットメントを尊重するだけの余地を十分提供できるリベラルな社会の展望を築くには、他者への責任が多くの人にとってどれだけ大切かを理解しなければならない（このことはそれが困難な場合にもあてはまる。信仰心の篤い市民に対し、一定の場面では自分には支持しがたい人びとに最低限の敬意を払うように求めるとしても、現実的関心からも規範的関心からも、かれらに対し、かれらが信仰上内心に負わされている他者への責任を果たすために必要となる自由を認めるべきだろう)。

サンデルが他者への責任の大切さを力説するとき、彼はしばしば共同体の観点に立っている。彼はつまり我々と我々の両親や子ども、より広い家族関係との絆、究極的には我々の政治的共同体との絆の本質的重要性を気にかけているのである。しかし時折彼はまた、異なる種類の他者志向的責任についても語っている。それは個別の「企て projects」に向けられた責任である。これもまた、我々が他者に負う責任としては同じくらい大切なのではないだろうか。

この種の企ての大切さを理解するには、その意義をほとんど認めない哲学についてよく考え、それがどこで誤るかを試してみればいいだろう。功利主義者は、第1章で見た通り、我々の負うべき道徳的義務を本人の価値観やコミットメントといかなる深い意味でも無関係だと考えている。もし私があなたの芸術的企てに援助を与えられる最善の立場にあり、なおかつこの企てがあなたの幸福にとって決定的に重要である場合、たとえ私がこの企てを芸術的に無価値でただの目障りだと確信していたとしても、私はこれを援助する道徳的責務を負うかもしれない。帰結主義的見解のこの側面を論じて、バーナード・ウィリアムズはこれに反論し、この見解が「実践的熟慮はどんな場合にも一人称的であり、この一人称的用法は派生的なものでもなく、また主体を他のどんな人に置き換えてもよいような性質のものでもない」という事実の重さをわかっていない、と述べている[26]。この有名な功利主義批判のなかで、ウィリアムズはどんな道徳的非難も、個別の企ての成功に対するコミットメントが一人称的主体にとってもつ意義を尊重しなければならない、と論じている。

要するに、[主体は]……彼が最も深いところで命がけのようにして真剣に取り組む……企てや姿勢に根ざす当人の行動と同一視されるのである。……そのような人に対して、他者の企てによって一部確定ずみの効用ネットワークから効用の総和が得られたからといって、ただ自分の企てと決断を棚上げにし、功利計算通りの決定を受け入れよと求めるのは道理に反する。それはまさにこの人を当人の行動、そして当人の確信通りに行動することから切り離してしまうことになる。それはまた、彼を、当人を含む各人の企てへの注力と最適化された意思決定とをつなぐパイプ役としてしまうことを意味する。だがこれでは、彼の企てや決断が、どこまで彼が最も深く打ち込んでいる企てや態度に由来するものなのかを見逃がしてしまう。それはそれゆえ、まったく文字通りの意味で、彼の誠実さへの侵襲なのである。(27)

この世界で特定の企ての成功に責任を負うことの大切さをまったく認めない世界観も、あえて同じように批判できるかもしれない。責任などただの混乱した道徳的範疇にすぎないのだと考えるならば、バーナード・ウィリアムズが「企て」と呼ぶものが多くの人間の生にとって──そしてその結果、真の道徳的行為者としての我々の誠実さにとって──いかに根本的な意味をもつかということを見誤ってしまうのである。責任について語ることを全面的に避ける者は、ウィリアムズが警告するように、個人としてのアイデンティティを構成しているものから、自分を真の意味で切り離してしまうことになるだろう。

他者を責任ある存在と考えること

我々にとって大切なのは、自分自身の運命や他者に対して責任を負えることだけではない。他者と有意義な関係を築くには、他者を、自分の行動への責任を負いうる存在とみなすこともまた、我々にとって決定的な意味をもつ。その理由は少なくとも二つある。一つは、他者と有意義な関係を築くには、相手のことを自分の行動に責任を負える存在だと考える必要があるから、というものである。このことは、友人や師、恋人といったごく私的な関係にあてはまるが、より政治的な関係、一つの政治的大義に参与する者や同志だけでなく、同胞世界市民どうしの関係にもあてはまる。第二の理由は、責任主体性の相互承認は、あらゆる平等主義的社会の成立条件でもあるから、というものである。真に平等主義的な社会のねらいは、単に人びとに同程度の物質的資産を所有させることだけではなく、完全な市民としての対等な地位を互いに認めさせることでもある。この地位が致命的に損なわれるのは、一部の市民には完全な責任主体性が認められ、他方には認められない、という事態が生じた場合のことである。

他者への帰責はいかにして有意義な関係形成に役立つか

ピーター・ストローソン（ゲイレン・ストローソンの父である。父とはまったく異なるゲイレンの見解は前章で詳論した）による一九六二年の古典的論文「自由と怒り」は、他者に自分の行動への責任を負わせる能力が、友情のような有意義な人間関係を築くためには決定的に重要だ、という重要な指摘の先駆けとなった。ストローソンによると、賞賛や非難のような反応的態度は、「我々が他の人びととの間に築きうる多種多様な人間関係――利害共有者、家族、同僚、友人、恋人との関係、偶然無数の相互行為や出会いの相手になった人との関係――」にとって不可欠の構成要素である[28]。もし自分に親切にしてくれた友人を賞賛できないならば、あるいは友人として当然の義務を果たさなかった友人を非難できないならば、ストローソンの考えでは、そこには友情のかけらも存在していないのである。

これら典型的な人間関係の可能性にとって賞賛と非難のような主要な反応的態度がどれだけ大切かを

思い起こさせた上で、ストローソンは、因果的決定論が真理ならば「感謝や怒り、赦免の終焉を、また大人同士の愛情、本質的に個人的な敵対心といったものすべてが消滅してしまうことを意味……しうるのか、またすべきなのか」と問うた。(29) 彼の結論は、我々の日常的な道徳的実践をそこまで大きく作り変えることは、とうてい容認しがたい、というものだった。

ありふれた人間関係を築くことへの人間的コミットメントは、我々のなかにあまりにも広く深く根を下ろしているように思う。そのため、ある一般理論上の確信が我々の世界を作り変えた結果、普段人間関係として理解しているものが消え去ってしまう、といった考えを真に受けられないのである。そして実際に普段理解している意味での人間関係の当事者であるとは、ここで問われている種類の反応的態度や感情に晒されていることにほかならない。(30)

言い換えると、我々が他者との有意義な関係にコミットすることには根本的な意味があり、だからこそ我々はそのような関係を支える道徳的実践を発展させ、擁護しようとするのである。ストローソンによると、我々が友人や恋人との関係を保つには、賞賛や非難といった反応的態度をとる能力が必須である。しかし我々が他者を自分の行動に責任を負う人として考えるのをやめるとき、まさにこの態度が脅かされる。したがって、自己責任の肯定的説明を展開すべき強い理由の一つは、それが、人間が有意義な相互関係を発展させる可能性を開くという根本的に重要な目的に役立つから、というものなのである。

ストローソンの説明にはすぐれたところが多くあるが、欠点もあって、賞賛と非難の観念に注目を促したことについては、直近の哲学的文献のなかでは妥当な批判を受けてきた。T・M・スキャンロンの論じた通り、賞賛と非難の本性や目的を人間関係の文脈内に位置づけた点ではストローソンは正しいが、反応的態度自体の存在を重視した点では誤っている。そこでスキャンロンは、人間関係の別の側面に目を向けることを提案している。すなわち、「反感や怒りといった道徳感情ではなく、期待や意図等々の人間関係の構成要素」[31]に目を向けるべきなのである。ストローソンの考察を発展させるには、我々は彼の基本的論点を、個人的人間関係の本性に関するT・M・スキャンロンの説明の仕方に即して再構成しなければならない。

個人的関係の本性を見定めるにあたり、スキャンロンは友人関係の典型例から出発している。スキャンロンにとって、友人関係の核心にあるのは、相手の欲求や利害を特別視して、そのためには通常義務として求められること以上の行動をとる、という暗黙の約束である。たとえばひどい風邪をひいている赤の他人から薬局で咳止め薬《ナイキル》を買ってきてほしいと頼まれても、私はそうする道徳的責務を負うわけではない（そうしないと命取りになるのでないかぎり）。対照的に、これが友人からの頼みならば、確かに私には手を貸す義務がある。しかし真の友人関係は、スキャンロンの記述によると、一定の友人らしい行動を進んで行うことだけには限られない。そこには、「一定の感情を抱くこと」も含まれているのである。[32] 実際、友人になるには義務として求められる以上のことを行う用意がなければならないのと同様、いわば義務として求められる以上の感情とでも言うべきものがいつも伴っていなければならない。赤の他人から吉報を聞かされても、喜びをおぼえるとはかぎらない。しかし友人から吉報を聞かされても無関心でいる人は、いい友人とは言えないだろう。

非難は、友人が友人らしい行動をとらなかったり、態度を示さなかったりしたときにはじめて登場するのだとスキャンロンは主張する。同じことはもっと広範にあてはまる。二人の個人の間には、道徳的な「基礎的関係 ground relationship」が存在しており、相手に対して正当化可能な仕方で互いを扱うことが求められている。相手とのつきあいのなかでこの道徳上の基礎的関係に反してふるまってしまうと、非難を受けることになる。

要するに、人を非難すべきだという判断とは、その人たちの行動に、かれらとその相手との関係をこのような形で損なう何らかの徴候を認める、という判断なのである。この損傷が生じると、周囲の者がその人に対し、もともと築かれていた任意の道徳的関係に基づく態度とは異なる態度をとることが適切になるのである。(33)

つまり賞賛や非難は、友人関係のような道徳的関係の要諦ではない。しかし友人関係には、相手が自分の行動に責任を負える存在だという考えが必須だろう。なぜなら明らかに、友人同士であるという状態は、かなりの程度、我々が互いに抱くさまざまな感情や態度によって支えられているからである。

ストローソンの説明は、道徳的関係における反応的態度の大切さに目を向けさせる。スキャンロンの説明はさらに踏み込んだものである。道徳的関係が、他者への一定の行動と感情に関する一種の約定を核としていることを示すことで、彼は、我々が反応的態度の大切さを（単に銘記するだけでなく）支持するべき理由を説明しようと腐心しているのである。真の友人関係は、私が自分の友人のことをある特別の仕方で感じる能力を必要とするとともに、私の友人が同様に行動したり感じたりできなければこの関係が損なわれる可能性をも必要としている。しかしこのことが――特別な絆の感覚、賞賛や非難が――可能であるには、私が他者を当人の行動に責任を負いうる存在だと考えていなければならない。当然のこととして、我々は互いへの帰責をほとんどの道徳的関係の基本的な前提条件として考えているのである。

他者を責任の担い手として認めるべき平等主義的理由

他者を責任の担い手として認めるべき第二の理由は、平等に関するものだ。さて、平等はどことなく奇妙な理念である。我々が他者の福利に配慮すべきなのは明白なのに、それに比べるとその相対的な福利の重要性を認めるべき理由ははっきりしない。実際、平等への訴えは、多くの現代分析哲学のなかで唱えられると、ことさらにとらえどころのないように思えることがある。そこでは、厳密な平等の程度と尺度についての抽象論が現実社会からあまりにも乖離しており、まるで一種のフェティシズムのように思えてしまうのである。[34] そこで、まずは平等の要求に関わるどんな実質的主張も、我々が平等を尊重すべき本源的理由についての説明のなかに位置づけてやるのがよいだろう。そうすればこの種の説明は、少なくとも最終的には平等主義的と思しき社会のそなえるべき最小限度の特徴を示してくれるはずである。

ここでもまた、平等に配慮すべき理由の最も便利な分類を提供してくれたのは、T・M・スキャンロンである。[35] 彼の説明では、平等主義的社会への希求は主に五つの理由に根ざしている。

・第一の理由は人道的なものである。人は道徳的異議を唱えてしかるべき苦難を被ることがある。この種の人に手を差し伸べる唯一または最善の方法は、持てる者からその元手を得ることである。その意味で平等主義的行為の必要性は、最も貧しい社会構成員の相対的状況ではなく、絶対的状況に対する関心から生まれてくる。[36]

・第二の理由は地位に関わる。市民の処遇やアクセス可能な資源の種類が異議申し立てに値する場合があるのは、それが客観的な苦難を与えるからではなく、かれらに劣位者としての烙印を押してしまうからである。[37]

・第三の理由は支配に関わる。多くの社会では、持てる者は持たざる者に対するあらゆる公式、非公式の権力を掌握するようになる。したがって不平等の撤廃や是正は、幸運に恵まれた人びとに不運な人びとへの不当な権力を行使させないために必要である。[38]

・第四の理由は機会の平等に関わる。多くの資源をもつ者はその子孫に優位性を遺贈できるが、これはしばしば生計を立てる上での特権となる。かれらはまた政治的諸制度の公平さを損なって、富と権力をもつ者の利害を富も権力ももたない者の利害よりも重んじるように仕向けることができる。したがって、より物質的に平等な社会への進展は、公平な政治的諸制度の再構築と機会の平等へのよりいっそうの接近のために必要である。[39]

・最後に、一部の事例では、市民は資源の平等に対する正当な請求権をもつ。特に、ある集団に属する市民一人ひとりが政府に特定の援助策を求める権利をもつ場合、少なくとも一定の特別の正当化がないかぎり、政府は各市民に対して同一水準の利益を提供する責務を負う。これは市民を平等に扱うべしというより広い責務から導かれる。[40]

平等を重んじるべき多くの理由を理解してしまえば、その構成員の大半を自分の生活に責任を負えない存在とみなす社会は、右の項目をいくつかクリアできたとしても、いくつかの項目は決して満たせない、ということもはっきりするだろう。とりわけ、全市民がほぼ同等の物質的権原をもち、誰一人客観的苦難に直面していない社会であっても、人びとが一部の同胞市民のことを自分自身への責任を負えない存在だとみなしているならば、決して地位の平等を妥当な水準で確立できないだろう。それはまた、支配の危険を回避することにも、機会の平等の壊滅を回避することにも、失敗するだろう。

地位の問題が責任主体としての相互承認の重要性にどう結びついているのかは、比較的容易に理解できる。たとえば、少なくともジャン＝ジャック・ルソーにまで遡る平等主義の伝統を引きながら、[41] スキャンロンはこう論じている。「社会編成上の悪」のなかでも、地位の適切な平等を侵すのは「比較に基づく悪である。何が異議申し立てに値するかは、屈辱的な形で他者よりも劣位にあるとの烙印を押されていることによって見分けられる」[42]。歴史的には、この種の不平等の多くは「確立された社会的態度」を核としてきた。そしてそれは通常、一定の生得の特徴によって識別できる人びとの集団――民族、階級、カーストなど――を対象としていたのだが、今日のような個人主義化の進んだ時代においては、まったく当然のことながら、社会的不平等の識別基準もまた、個人主義的色彩を強めてきたのである。

実際、我々の社会において最枢要な地位の識別基準には、まさにこの種の個人主義的傾向があり、あらゆることが帰責に結びつけられているように見える。我々は困窮者一般を嫌っているわけではないが、今日の社会では多くの人が、通常自分で処理できるはずの理由で自分自身の生活への責任を負えなくなってしまった人びと全般に対し、実際に嫌悪を示している。今日、貧しい生まれであることを理由にその人が嫌われることはない（ただし、貧困者が直面せざるをえない多くの困難は一般に過小評価されがちなため、結局のところ嫌われてしまうことが多いのだが）。むしろ貧困を脱するための努力を怠ったということこそが、この社会の課す最も根底的な地位の不平等の一因なのである。[43] ある人は別の人よりも自分の生活への責任を負う能力がはるかに低い、という印象を強める見解は――たとえそれが無辜の貧困者への、善意に根ざした、左派的な悲嘆の言葉によって、建前上は平等な社会への道のりを築こうとするものだったとしても――、かならずこの根底的な地位の不平等を深める方向にはたらくのである[44]。

同胞市民を自己への責任を負えない人とみなすことは、その人を劣位にあるとみなすことに等しい[45]。それに比べると、他者を責任主体とみなすことと、支配や機会の欠如に関連する不平等を防ぐこととの間には、そこまで直接的な関係はない。その関係は本質的というより、ただの経験的推測に近い。それでもなお、それが重要かつ強力であることは容易に理解できる。

他者を自分の生活に責任を負えない人とみなすならば、そこからかれらには自分の真の政治的利害を特定できないという結論まで、ほんの一歩である。かれらに裨益する政策を設けるべきなのは確かだが、その際我々は、かれらの代わりに我々が重要な政治的決定を下すのが最善だという結論に至るかもしれない（そして我々の特定したかれらの真の利害が、長期的には奇跡的に我々の真の利害と符合するかは、もちろんこの時点では定かではない[46]）。同様に、もし他者が自分の生活に責任を負えないと信じるならば、これら無辜の個人が穏当な生活を送るには再分配措置が必要だと信じることになるだろう。しかしそれとまったく同じ理由から、教育や社会的流動性の欠如する現状については、勝手に楽観的になってしまうかもしれない。要するに、他者を自分の生活に責任を負えない人とみなすからといって、かれらに力を与えたり、社会的流動性の可能性を開いたりすることに無関心になるべき必然性はないだろう――しかしまた富も力もない人びとへのこの種の態度が、しばしば実際にかれらの無力さに対する善意からの配慮の産物だったとしても、驚くべきことではないのである。

私たちは責任を否定的に見る見方になじんできた。他の市民を脅すための何か、自分が満たしていないのではないかと恐れる何かとして。本章の説明は抽象的になることもあったが、責任がこのように懲罰的かつ貧弱に扱われると、どれだけ多くのことが見逃されてしまうのかを思い起こさせる手がかりになった（と思う）。たしかに我々の責任の一部は同胞市民に不当な負担を負わせないことにあるのかもしれない。しかしそれ以外にも、我々が責任概念を必要とする理由——そして責任に関する語りの豊かな歴史の再興がより豊かな我々の市民生活に結びつくべき理由——は山のようにある。肯定的な責任観念なしには、人が自分自身の生活の主体であることが当人にとってどれだけ大切なのかは言い表せないし、人がそのような主体性の持ち主として見られるべきであることも言い表せない。それなしには我々は、人びとのアイデンティティの一部がかれらの他者に対する責務、自分の家族への責務やみずから引き受けた企てへの責務によってできていることをとらえられない。そして最後に、それをもたない人は、友人関係から市民間の連帯に至るまでの重要な人間関係を保てない——そして貧しい人に手を差し伸べた場合でさえも、かれらを蔑んだことを非難されねばならないのである。

自己責任を尊重すべき理由を説明するにあたり何度も道徳哲学に頼ったので、もしかすると福祉国家その他の公共政策についての日常の政治的関心からは遊離してしまったように見えたかもしれない。しかしその含意はきわめて政治的だ。人が責任を重んじるべき理由を理解することは、より豊かな価値観を展望するための土台を築くことであり、この価値観は、自分の生活を支配するように人を力づける際に、また同胞市民を自分同様に力づけるべき存在として考えるように励ます際に、大きな役割を担うのである。

しかしこの肯定的な展望は、ほんとうに私の結論を正当化してくれるのだろうか。多くの哲学者は、いまなお当人の思い通りにならない事柄に基づいて他者を裁いてはならないと考えており、また実際、ほとんどの事柄はその意味でたしかに我々の思い通りにはならないと考えている。我々は、単にその方が社会を力づける展望を示せるから、という理由だけで、かれらの異議を無視してより肯定的な責任像に転じるべきなのだろうか。

バーナード・ウィリアムズは、道徳的考慮に基づいて私益追求を云々されることを拒む人びとの掲げる異議について、我々の側に広く誤解があると論じている。一見、自称エゴイストが惹起する問題は、道徳について、客観的に拒絶しがたく、エゴイストもその耳を傾けさせることさえできれば受け入れるような、形而上学的基礎を発見することである。(47) ウィリアムズはそのような説明がありうるとは考えなかったが、彼はこのことにさほど煩わされなかった。なぜなら、彼の見方では、エゴイズムに対してはもっと簡単な応答で十分だからである。自分は道徳論を免れていると主張する人がどれだけのものを失いうるのかを示すことさえできれば、この種の異論への返答としては十分だろう――頑固なエゴイストを一人残らず説得できるかはともかく、倫理的生活の要請を重んじるべき十分な理由を自分たちに示すことはできるだろう。(48)

ウィリアムズが確信的エゴイストを論駁しつくさなかったのと同様、自由意志等々の存在を証明できないかぎり行動や属性について当人の責任は問えないと主張する人を、完璧に論破しなくてもよいのではないか。実際、ウィリアムズがエゴイズム問題への説得力ある反論として、首尾一貫したエゴイストの生活がどれだけ味気ないものになりうるかを示してみせたように、我々もまた、我々の生活から責任の観念を追い出そうとすればどんな生活が待っているかを示すだけで満足できるだろう。

自分自身に責任を負いたい、他者に責任を負いたい、そして他者を責任の主体として扱いたいと思うことには深い理由がある。エゴイズムに関する抽象的な問いに拘泥しすぎると、他者への道徳的責務を全否定する人間などほとんど実在しないという事実が見えなくなる。同様に、責任の前提条件に拘泥しすぎると、多くの人がみずから――実際、多くの場合断固として――自分の行動への責任を主張しているという事実が見えなくなる。やっかいなのは、責任の観念を首尾一貫して否定しようとする少数の人に対し、この観念を適切に正当化できるか、などという抽象的かつ包括的な問題ではない。むしろ、人はどんな場面でどんなタイプの責任を負うのか、そのことがその人の望ましい処遇にどんな影響を与えるのか、という問題である。次章ではこの問題に取り組むことにしたい。

第5章　ある肯定的な責任像

我々の自己責任の語り方に顕著な特徴の一つは、個人の行動には関心を向けても、一連の結果の総体を生み出した広範な構造的変化には無関心、というものである。貧困者をめぐる議論は見る間に、それがどんな点で当然の報いと言えるのかについての長広舌になってしまう。ある高校中退者の単位不足は身から出た錆なのかと問う——しかし今日の教育システムが相当数の人の期待を裏切っていることには口を閉ざす。仕事にしくじって失職したのかと問う——しかしそもそもグローバル化や自動化といったはるかに巨大な動向のせいで非熟練労働者の求人がなくなっているのではないか、という点は不問に付す。要するに、人はある個人が責任を果たしたかを問うことはあっても、正しい政策がかれらを力づけてましな行動をとるようにできなかったのかと尋ねることはないのである。

これは奇妙なことだ。成果総体の分配は、機会の平等を十分に尊重した場合にもなお大問題なのだから。望ましい社会とは、社会的に有益な選択をした人には利益を、有害な選択をした人には不利益を約束するだけのものではないはずだ。それはまた、（1）なるべく多くの人に正しい選択能力を与え、（2）なるべく多くの人に、充実した物質的に快適な生活を送れるだけの社会的地位を広く提供すべく努めることにも心を砕くはずである。もちろん責任の枠組みは、これら疑う余地のない主張をあからさまに否定しているわけではない。ただそちらに目が向かないように仕向けているのである。
リベラルな戒律に従う人びとは、長い時間をかけてこの論点に雄弁な表現を与えてきた。一九世紀の英国で多くの同胞市民が劣悪な状況に苦しむさまを記すに際し、ジョン・スチュワート・ミルは、この苦難は正当化できるという主張について考察を加えてみせた。「それは活動力あるいは思慮のおとるために他人においこされる人びとにだけふりかかる」のだから、という主張である。[1] しかしミルはこれを十分な正当化ではありえないと考えた。「そうだとしても」、とミルは述べた。

このことは、その害悪のごくわずかななぐさめでしかないであろう。もしネロあるいはドミティアヌスのような人が、一番おくれた五〇人あるいは二〇人が死刑に処せられるという条件で、一〇〇人のものに生命をかけた競争を命じることとなったばあい、ある不運な偶然事によるほかは、もっとも力のつよいもの、あるいは敏しょうなものが確実にのがれられるという不当性を、それはすこしも減じないであろう。ともかくだれかが死刑に処せられるということが、不幸であり犯罪であろう。社会の経済にかんしても、そうである。もし物質的困窮あるいは道徳的堕落にくるしみ、その肉体的諸要求が満足させられないか、あるいはただ野獣だけが満足させられうるしかたで満足させられる人がいるとすれば、このことは、かならずしも社会の罪ではないかもしれないけれども、それだけ社会諸制度の失敗なのである。そうして、害悪の緩和剤として、このようにくるしむ人びとは道徳的あるいは肉体的に共同社会のよわい成員であると主張することは、不幸に侮辱をくわえることである。よわいことは、くるしむことの正当化の理由であろうか。それは、逆に、すべての人間にたいして苦痛からの保護をもとめる、反論しがたい根拠ではないのか。[2]

構造総体よりも個人の選択をはるかに重視することは、もう一つの理由から見てもおかしい。それは我々の制度の目的を根本から誤解しているのである。福祉国家の一般的な目的について問われれば、自由民主制下の市民はたいてい、貧しい人や不運な人の苦しみを和らげたいという広く共有された願望のなかにそれを見出すだろう。かれらは、福祉国家はたとえば「社会的セーフティネット」の提供をめざしているのだとか、状況が悪化しても人に尊厳ある生を保障するべきだとか言うだろう。むろん、福祉制度が不正に利用されることへの懸念を強調し、「福祉詐欺」を罰して生活保護者リストに載った者が必ず負うべき応分の負担を免れようとする者をなくさねばならない、と強弁する人もいるだろう。だがそれでも、この種の主張もまた福祉国家の目的に関するある見解に根ざしている。それは、人の暮らしを改善するに際しては持続可能な方法をとり、かつ誰にも他人の善意を悪用させてはならない、というものである。

ところが、福祉国家の目的に関するこの一般的見解は、話題が自己責任の方にずれていくにつれてどこかに行ってしまう。ある一連の制度の必要性をより広い政治的価値由来のものとして——たとえば無用の苦痛を和らげたいという願いに根ざすものとして——説明するかわりに、話の焦点は個々人の功績《メリット》をめぐる問題へと狭められてしまうのである。何がかれらの選択の本質なのか。かれらはその選択に責任があるのか。かれらはその決定の報いを受けるべきなのか。ある鮮やかなゲシュタルト転換のおかげで、福祉国家はもはや固有の目的をもつ一個の制度としては理解されず、相応の報いを各人に与える小間使い役を担わされている。その役目は、有徳な者に報酬を、援助に値しない者に懲罰を与えることなのである。

もっと哲学的に言うなら、責任の言語によって我々は福祉国家を前制度的あるいは前政治的に考えるように仕向けられているのである（以後この二つは同義とする）。自己責任の追及を通じて我々が手にするのは、福祉国家その他の政治制度に先立って存在してきたかに見える、少なくともそれらに表向き頼らずに確定できるかに見える、「相応の報い」についての客観的と思しき基準である。福祉国家の役割は、こうして妥当な報いの付与による責任追随へと切り替えられる。ジョン・ロールズの表現を借りるなら、福祉国家は「不完全な手続的正義」の一種になるのである。それは、帰結をある既定の分配基準に極力近づけるための一連の制度なのである。(3)

この理解の仕方について印象的なのは、あまりに多くの政治哲学者が――ときには無自覚のまま――まさに過去半世紀にわたって攻撃しつづけてきた規範上の想定を、その世界観のなかに逆輸入したことである。というのも、ジョン・ロールズの契約論的リベラリズムとそれが喚起した政治哲学の再興に核心となるべきものがあるとすれば、我々の制度は前政治的にではなく、政治的に正当化されねばならない、という信念にほかならないのだから。ロールズの『正義論』によると、基本的自由を維持するための制度が正統性をもつのは、これによって全市民が各自の善の構想を追求できるようになるからであって、唯一真なる善に関する何らかの前政治的説明からそれが導かれるからではない。同様に、何らかの特別な補償の要求――たとえば、ある医師による、長年にわたる専門知識の習得期間に見合った給与の要求――に耳を傾けるべきなのは、社会がその活動と約定を通じて「正統な期待」を創出しているからであって、医師がその知能や勤勉ゆえに広く前制度的意味での特別待遇を受ける資格をもつからではない。

この混乱に鑑みると、今日の知的画期は皮肉な様相を呈している。正義の政治的構想が前政治的構想に勝利したかに見えるにもかかわらず、哲学的論争の大半は、時代遅れの前政治的な政治を裏口から逆輸入しかねない概念に関心を奪われている。この緊張をほぐすには、福祉国家にとっての責任の意味を、いまこそ徹頭徹尾制度に関する説明のなかで再考すべきである。もし我々が福祉国家に対し、責任を負う者にアメを、負わない者にムチを与えるように迫るのをやめるならば――そしてその代わり、福祉国家の諸制度が貢献する諸価値に基づき、それらを長期間維持するために必要な諸ルールについて論じるならば、現代社会と公共政策における責任の役割は、どう変化するのだろうか。

前制度的な責任

責任の制度的説明の長所を理解しつくすには、今日の責任論のどこが前制度的なのか、いくらか詳しく述べておく必要がある。この作業がやや難解になってしまうのは、本書が経緯を追いつつ述べてきたように、自己責任の意味をめぐって深刻な対立が存在しているという明白な事実があるからである。「責任」の意味合いは文脈ごとに違うし、その内容も時代とともに大きく変化してきた。さらには北米と欧州との間でもその意味は異なっている。しかし何よりも重大なのは、今日合州国で分配的正義を論じる人たちの間でさえ、この言葉が曖昧に使われがちな点である。要するに、話題が自己責任に及ぶとき、話し手は以下の三つの相互に関連はするが独立の問題を同時に扱っていることが多いのである。

(1)どんな種類の行動や資質について、行為者は責任があるのか。つまりこれらの行為や資質を根拠にこの行為者を評価することは道徳的に適切なのか。

(2)次に、それらの行動ないし資質から促された帰結のいずれについて、行為者は責任があるのか。つまりそれらの帰結を根拠にこの行為者を評価することが道徳的に適切なのか。
（3）最後に、特定の行動、資質、帰結について行為者に責任があるという事実が、この人物に対する実際の待遇にどう影響を与えるべきか。

序章および第1章、第2章で、筆者は責任についての現代の標準的なとらえ方とその精神史、その現実世界への応用例の一部を示した。そこで述べた通り、つまるところ、現代的な責任観を受け入れた人は、前述の三つの問いにこう答える傾向がある。

（1）一般に、人がある行動について責任を負《リスポンシブル》うのは、その行動が犯意 *mens rea* という伝統的な要件を満たしている場合である。特定の行動に責任を負うには、自分自身の行動を一定範囲で制御できなければならず、たとえば条件反射的な行動であってはならない。また現実世界における因果関係についてほぼ正しい見解に従っており、狂気じみた妄想に取り憑かれた末の行動であってはならない。
（2）人は一般に、いつ特定の行動や資質に対する責任が特定の帰結に対する責任に読み替えられるかを、きわめてゆるい基準で判定している。したがって、たとえば自分が高校を卒業できなかったことについて私に「責任がある」ならば、自分の失業についても――失業が、私の手の届かない多くの追加的要因、以前の雇用者の代替わりなどの要因によるものであっても――私に責任があると考えられる。
（3）人が特定の行動、資質、帰結を招いた《リスポンシブル》と考えられるという事実は、通常、ほぼ明白に、当人にはその結果責任《アカウンタブル》を負うことをも含意すると考えられる。したがってこのことが示すのは、もし当人に失業の「責任がある」のならば、福祉給付の拒絶によって社会は正当にその人に結果責任を負わせることができる、ということである。

これら三つの個別問題への回答は、いわゆる「懲罰的責任像」と平仄《ひょうそく》が合っている（表1）。この懲罰的観念は、他者の生活ではなく、自分の生活への一連の義務を軸としている。この意味での自己責任を果たさなかった人とは、必要な努力さえ払えば自活できたはずなのに、社会に支援を求める人のことである。かれらが責任を果たさなかったことは、かれらへの援助義務が軽減されるか、場合によっては帳消しにされるべき理由を説明してくれるように思える。またこれによって、懲罰的責任像のどこが前制度的なのか、容易に理解できる。自業自得で困窮状態に陥った人は援助に値しない人であり、自分の責任ではない理由で困窮状態に陥った人は援助に値する人である。したがって、「相応の報い」に関するこの前制度的な見解に従えば、国家の任務とは報われるべき人に報い、報われるべきでない人への援助を控えることなのである。

この責任観への主な代替的見解は、既述の通り、いわゆる「責任否定論」に支えられている（表2）。この見解は左派政治家や平等主義的哲学者の支持を得ており、特定の行動について行為者に帰責できる条件、およびこの行為責任が特定の帰結への責任に読み替えられる条件の両方に関し、きわめて厳しい基準を設けている。しかし責任の枠組みの本質的要素は残されており、この点で懲罰的責任像と責任否定論とは見解を同じくしている。それは、ある行為者に特定の行為や帰結への責任があるなら、この人への待遇を変えることは正当だ、という規範的想定である。とりわけ責任否定論は、困窮状態にある人の大半は実際のところみずからその状態を招いたのではない、とみなすにもかかわらず、これらの人び

表１　懲罰的責任像

	帰責	否定的結果の一因となったことに責任がある場合、その帰結に負う責任	帰結への責任がある場合に、その行為者への態度や待遇をどう変えるか
懲罰的責任像	**ゆるい基準** 犯意があること	**ゆるい基準** 自然主義的に理解された明確な原因が存在すること	**ゆるい基準** 帰結への行為者責任があれば、集団がその人に対してもともと負っていた義務は免除される

とが自身の困窮状態にみずから陥ったと正当に認定される場合には、個人への集団的義務の多くがもはや適用されなくなる、ということには同意しているのである。

結果的に、責任否定論もまた福祉国家の役割について本質的に前制度的な見方をとっている。懲罰的責任像と同様、困窮状態にみずから陥った者は援助に値せず、みずから陥ったのではない者は援助に値する。かつてと同じく、国家の任務はそのような「相応の報い」に関する前制度的観念に追随する形で、援助に値する者に手を差し伸べ、値しない者には援助を控える。唯一の違いは、前制度的理由から援助に値するとみなされる者の総数が劇的に拡大され、値しないとみなされる者の総数が劇的に縮小されるという点のみである。

以上のことが意味するのは、自己責任の本性に関するこの発想こそが、その政治上の含意と同様、間違いのもとだということである。責任をめぐる言説に関わるほぼ全員が、「ボトムアップ」的に問いを立てている――当人が完全な当事者性をもつ行為、およびその道徳的意義を考えるところから出発し、その後そこから政治上の含意を引き出している。しかし相応の報いに関する前制度的観念の限界に鑑みると、この一連の問題設定自体に難点を認めざるをえない。ボトムアップ的に問題に取り組む（個別の責任問題から出発し、そこ

表2　責任否定論

	帰責	否定的結果の一因となったことに責任がある場合、その帰結に負う責任	帰結への責任がある場合に、その行為者への態度や待遇をどう変えるか
責任否定論	**厳しい基準** 自己原因すなわち違った行為を選ぶ能力があること	**厳しい基準** 行為者に制御不可能な原因からの影響が一切ないこと	**ゆるい基準** 帰結への行為者責任があれば、集団がその人に対してもともと負っていた義務は免除される

から政治制度の設計に関する考察を導く）のではなく、トップダウン的に取り組む（我々の制度目的の説明から出発し、その維持に役立つ理にかなった期待を特定する）べきなのである。

したがって肯定的な責任論は、この一連の標準的な問いのなかに押し込もうとすると、どうしても無理が生じる。それに依拠すれば右のいずれの問いにも答えられるが、それらは制度的思考の最も自然な姿を表すものではない――その理由の一端は、どんな肯定的な責任論も、後続の問いへの答えが先行する問いへの答えを「足場にしている」という仮説には抵抗するはずだからだ。とはいえ、両者を比較対照する上でも、また本章で後述することを先取りするためにも、これらの答えを見ておくことは有益だろう。

懲罰的責任像および責任否定論とは対照的に、肯定的責任像（表3）はこう主張する。

（1）一般に、特定の行動に責任が生じるのは、その行動が犯意 *mens rea* という伝統的な要件を満たしている場合である。特定の行為について責任を負うには、自分自身の行動を一定範囲で制御できなければならず、たとえば条件反射的な行動であってはならない。また現実世界における因果関係についてほぼ正しい見解に従っており、狂気じみた妄想に取り憑かれた末の行動であってはならない。（これが、懲罰的責任像が第一の問いに与えた答えにほぼ合致していること、そして制度的責任観に必須の要素ではないことの両方に注意されたい。したがってこの問いに責任否定論と――またはまるきり異なる別の立場と――ほぼ同様に答える思想家でも、以下のより重要な問いには同意するかもしれない）。

（2）特定の帰結の発生を促した行動に責任があるという事実があるからといって、その人にその帰結全体への責任があることにはならない。また、その帰結への責任の範囲は、どんなに単純化しても、その人の行動がその帰結の原因だったか否かに関する実証主義的説明に左右されることはない。たとえば私の行動が、どんなに単純化してもある否定的な帰結の原因だったとは言えない場合でも、一定の理にかなった期待に反して行動し、防げるはずの帰結を防がなかったのならば、私はその帰結に全面的に責任を負うだろう。したがって、どの帰結に責任があるのかという問題は、我々はどのように行動するように期待されているか、ということに関する、先行する多数の規範的で制度に関わる問題によって決まるのである（これらの期待は政治的諸価値およびそれらの価値を諸制度がいかにして正当に促進するのかについての説明に根拠をおく必要がある。我々の社会において特定の期待が事実として存在することに根拠を求めてはならない――女性や少数者、他の歴史上嫌悪されてきた集団に不当な負担を負わせる可能性があるからである）。

（3）誰かが特定の帰結について責任があるということを確定した後も、引き続き、そのことについてその人に結果責任をも負わせるべきかという問題が残る。特に、困窮状態にある人が自業自得でそのような状況に陥ったという事実があったからといって、即座にこの人への援助を否定すべきだということにはならない。それどころか、我々のこの人たちへの義務は、責任の考慮をはるかに凌駕する規範的問題——たとえば支援の拒絶が社会全体に及ぼす潜在的害悪の問題など——によって決定されるだろう。

制度上の価値

今日の責任をめぐる論争の大半は、誰がどの行為と結果に責任を負うのかについての論争である。そのせいでそれは再々的を外している。たとえ実際にある特定の行為や結果についてある個人に責任ありと結論できても、待遇を変えてその人に結果責任を負わせるべきか否かという問題は未決のままだからだ。つまり、我々は他者をどう扱うべきかという問題にかかわる一部の理由にばかり目を奪われて、それ以外の理由を見落としてしまっているのである——前制度的な責任観だけに気をとられて、貧困の真の原因について考えることや、「無責任な」行動を理由に懲罰を与えることの経験的帰結さえ考慮することを怠っているのである。

それゆえ肯定的で制度的な責任論は、これら二つの問題には何の関連もないと考える。責任の時代への最も有望な反応は、懲罰的責任像の第一の推論（ある人が特定の行動をとったという事実から、その行動やそこから生じうるどんな帰結にも当人が責任を負う、という事実に進むもの）に異を唱えることではなく、第二の推論（ある人に特定の行為や帰結への責任があるという事実から、当人の待遇を変えるべきだという事実に進むもの）に異を唱えることである。

この知的転回は責任論の文脈ではほとんど生じなかったものの、人への待遇と特定の結果への責任の軽重とを切り離すという発想は、他の文脈では直観とぴったり合致するように思える。たとえば特定の

表3　三つの責任像の比較

	帰責	否定的結果の一因となったことに責任がある場合、その帰結に負う責任	帰結への責任がある場合に、その行為者への態度や待遇をどう変えるか
肯定的責任像	**ゆるい基準** 犯意	**中間的・非因果的な基準** いかにふるまうべきかに関する、適理的かつ強い動機に基づいた社会的期待への違背	**厳しい基準** 帰結への責任が集団の義務を軽減するのは、それが最終的に肯定的効果をもつ場合のみ
懲罰的責任像	**ゆるい基準** 犯意	**ゆるい因果的基準** 自然主義的に理解された明確な原因が存在すること	**ゆるい基準** 帰結への行為者責任があれば、集団がその人に対してもともと負っていた義務は免除される
責任否定論	**厳しい基準** 自己原因	**厳しい因果的基準** 行為者に制御不可能かつ自然主義的に理解された原因からの影響が一切ないこと	**ゆるい基準** 帰結への行為者責任があれば、集団がその人に対してもともと負っていた義務は免除される

行動や結果を抑える誘因を最大にしたい分野では、一定の「厳格責任」が導入される。ある種の危険性を抱える工場の所有者は、あらゆる予防手段を講じてもなお、活動の結果生じた危害を補償しなければならない[4]。刑法の領域にもこれに相当する概念がある。法定強姦 statutory rape はその一つであり、被告人は、たとえ自分の性交渉の相手が合意年齢に達していると信じる強い根拠があったと証明できても、なお処罰を免れないのである[5]。

その逆もまた真である。ある文脈では、ある人の待遇を決める際、それを劣悪な結果について当人に責任があるかもしれないという事実とは分けて考えるべきだとされている。単純な例は、刑務所での教育である。明らかに、その課程は収監者の将来の行動に好影響を与えるだろうという期待から推進されているのであって、かれらの過去のふるまいの道徳的地位に追随させようという願望から推進されているのではない。

責任の文脈、なかでも福祉制度の文脈でだけ、これら二つの問題が当然のように一緒にされてきた。それでもなお、他の文脈同様、福祉制度の文脈においても二つを分けて考えるべきである。とりわけ、福祉国家の主目的が人びとの物質的給付を当人の道徳的報いに追随させることではない点は、銘記しておかねばならない。これ以外にもまた、我々の同胞市民に一定水準の福祉給付を認めるべき理由は数多く存在している[6]。

おそらく最も重要なのは、制度の責任追随性を弱めれば大きな正の外部効果を期待できるということである。「無責任な」行動をとったという理由で人を罰すれば、社会的に望ましい形で行動しようとする誘因をその人に与える。しかしそれはまた、思いがけない形で社会的に有害な帰結を招くかもしれない。仕事を辞めたために生活保護対象者リストから外された女性は、自家用車をもつ余裕を失い、以後有給の仕事に就けなくなってしまうかもしれない。マリファナ使用で逮捕されたために食料品配給券の給付を止められた男性は、生活のために犯罪に手を染めるかもしれない。医療機関を受診できない病人は、結局何ヶ月か後に高額な救急治療を受けるはめになるかもしれない――あるいは、別の人に病を伝染させてしまうかもしれない。

諸制度の責任追随性を強めれば本当に負の外部効果が生じるのかは、もちろん経験的事実の問題である。また実際、この解答の偶然的性質からわかるのは、同じ価値観でも文脈に応じて異なる制度を志向するだろう、ということだ。多くの人が物質的な生活水準を保つための基本的支援を必要としており、それが満たされないと雇用自体が得られない社会では――たとえば十分な移動手段を保障しないと面接を受けにいけないような社会では――、この種の心配の少ない社会よりもいっそう強く責任追随に反対できる。しかし実際には一定のばらつきがあるものの、経験的証拠によると、多くの場合正の外部効果が大きな役割を果たすだろう。たとえば多くの研究によると、貧困者への一定の医療提供は、支給者と受給者の「双方にとっての利得《ウィン・ウィン》」となる。それは直接の受給者にとって有益なだけでなく、公衆の健康を守り、経済成長を促すのである。[7] もしそんな状況でも、健康保険に未加入だったこと（あるいは何らかの感染症にかかったこと）についてのある困窮者の責任の有無に目を奪われるなら、その人には医療を提供すべきでない、という結論を下してしまうかもしれない。しかし視野を広げさえすれば、それが応報的正義の行き過ぎにつながることに気づくだろう。この場合明らかに、「無責任」に行動した人への「処罰」を重視するあまり、我々はみずから自分の健康を危険にさらし、自分の物質的利益を抑制することで、かれらに自身の行動への結果責任を負わせているのである。要するに我々の福祉国家制度の責任追随性を緩和すべき理由の一つは、それが多くの正の外部効果をもたらすからというものなのである。

もう一つ重要だが見過ごされがちなのは、高度に責任追随的な制度はそれに服する人びとに大きな精神的負担を負わせるということである。政治制度が汚職行為だけでなく汚職があるという外見をも避けねばならないのと同様、福祉国家の諸制度は、理にかなった期待に応えている人が貧困に苦しめられないことだけでなく、その懸念なしに暮らせることをも保障しなければならない。以下の少なくとも三つの理由から、個人のあらゆる行動の結果について責任を負わせようとする制度の下では、このことは実現されにくい。まず、官僚組織が過ちを犯すことは避けられないので、実際には課された期待に応えている人までも「無責任」に行動したかどで罰してしまうことがある。第二に、官僚組織の過ちがごく稀だったとしても、これを頼って生計を立てている人はこの種の過ちが頻発していると誤認しやすい。そして第三に、この先自分が正しい選択を行う可能性がすべて自分の制御可能な範囲にあるとしても、実際に自分が制御するだろうと満腔の自信をもって予見することは不可能である。(8)

最後に、福祉制度のもう一つの目的は、対等な人びとからなる社会を作り上げることである。そのような社会がどんな姿をとり、何を要求することになるのか、その見通しの細部をめぐって争いがあるのは言うまでもない。しかし私は、そのような社会の完全な像を是認することまでは控えたいと思う一方で、次の二点はそのような社会にとって明確な妨げになると確信している。第一に、諸制度の責任追随性が強いために、何らかの意思決定ミスがあっただけですべての、または事実上すべての社会的援助が剥奪されてしまうならば、「無責任」とみなされる行動には常に対等な地位を失うリスクが伴うことになる。要するに、自分の行動のせいであらゆる援助を失う人が存在する社会は、「無責任な人びと」からなる相当数の底辺層が対等者の共同体から排除されてしまう社会なのである。第二に、諸制度が責任追随性を強めるにつれて、全市民に対し対等者としての社会参加に要する物質的諸条件を提供するための支援形態そのものが、被支援者に劣位者の烙印を押してしまう。職を得られないこと、あるいは生計を立てる義務を果たせないことが申し分なく証明された人にしか手を差し伸べない福祉国家は、不憫に思う人に施しを与えるという任務を遂行しているのであって、我々が自分たちと対等な立場にあることを喜んで認める同胞市民に援助の手を差し伸べているのではないのである。[9]

責任の肯定的観念は、我々の政治制度が理由もなく存在するのではないことを想起させる。とりわけ福祉国家は、全市民の対等な地位を保障し、普通に尊厳ある生活を送るに足る物質的財がいつでも手に入るという安心感を与え、公衆衛生や経済成長といった正の外部効果を提供しようとしている。同時に、人びとが自己責任を果たそうとする理由を真剣に受け止めるなら、福祉国家——そしてその他の政治的諸制度——は、それ以上のものをめざすことになる。それはまた、意味のある、自発的に是認された責任で満たされた生活を促進すべきなのである。

普通の人びとには責任を尊重すべき理由があり、その自覚もある。なかには生産活動や他者への責任を負うことには無関心な、フィリップ・ヴァン・パリースの挙げたサーファーのような生活を選ぶ者もいるだろう。[10] しかし大半の市民は、実感の上で自分の生活に大きな意味を与えている責任を大切にしている。そう、かれらはやり甲斐のある仕事を求めているが、それは稼ぐことで自分の主体性が高まると認識しているからでもあり、またこれを能力の有意義な発揮とみなしているからでもある。しかしながら同様に重要なのは、かれらが他者への責任を引き受けていることである。かれらは老いた両親や病気の親類の世話をし、恋愛関係を築いて互いを支えあい、子どもをもつことを選ぶ。またかれらは——政治的、社会的、宗教的あるいは芸術的な——大義や事業に身を捧げる。これらが自分の利害関心以上の意義をもつと信じるからである。

政治制度はそれを創った市民への奉仕を旨としているのだから、前記の要求や切望は公共政策の設計方針についての指針を示している。社会・経済政策は、多くの人が生産的な仕事に従事することを重視しており、労働者に一定の真の主体性を発揮する働き方を許容する場合にはなおさらそうであることを認めなければならない。しかしそれはまた、大半の人には仕事以外に大事なことがあることを認め、その規制手段――残業手当に関する規則、パートタイム勤務の仕事を創出しやすくする立法、医療と賃金労働とを切り離すこと、等々――の保管庫をひらいて人が自分の職業生活よりも大切にしている事業や使命に有意義に寄与できるようにしなければならない。同様に、おそらく最も重要なことなのだが、自活する人にばかり気をとられるのはやめて、子育てや困窮状態にある親類の世話もまた一つの大きな社会貢献なのだと認めるべきである。

はっきりさせておかねばならないことがある。私は決してこれらの価値の重要性を論理的に証明したわけではない。また、それらの相対的重要性を考慮せず、各々が互いに食い違ったり、ここでは触れられなかった他の政治的価値の追求を阻害したりする可能性を検討してこなかった。本書のねらいを果たすには、そこまでの必要はない。我々の政治制度が追求すべき包括的な政治的価値に関する特定の考え方の擁護が目的ではないからである。むしろ私は、それよりも射程は狭いが劣らず重要な二つの論点について、説得的な議論を示したいと考えてきた。その一つは、我々の制度の任務を正しく特定するには、少なくともこれらの価値を考慮対象として尊重しなければならない、ということである。自己責任論の大半が採用する前制度的論理の枠内にとどまるかぎり、責任を果たした者に褒賞を、果たさなかった者に懲罰を与えたいという望みを超えたところにどれだけ重要な考慮事項がありうるか、わからなくなってしまうだろう。我々の制度が奉仕すべき、より大きな目的についての規範的考察を出発点におくならば、競合しあう多数の目的すべてをうまく視野に収められるのである。第二に、これら指導的な政治的諸価値の最終内容を確定する方法には、哲学的省察だけでなく民主的討論も含まれている。自分たちの制度が、子育てや病気の親類の世話をする人を支援するものであることが、どれだけ自分たちにとって大切かは、最終的には人びとが決めることである。理論に携わる者が担うのは、考慮すべき事柄を残らず可視化することであって——相謀って修辞的、精神的型《パタン》のなかにそれを隠してしまうことではないのである。

制度に基づく期待

我々の制度が奉仕すべき価値について自省すべきことを認めた上でも、おそらく責任の価値の擁護者は個人の待遇を決める際にはその行動を考慮に入れるべきだと主張するだろう。結局のところ、現実世界の制約は消えていないのである。苦痛の除去や品位と尊厳のある生活を送る能力の向上、そして活発な経済の下支えを我々の制度に求めるのならば、それは効率的かつ持続可能でなければならない。福祉国家は費用を度外視して選択を誤った人を助けてくれるのだと市民に告げるなら、我々の決定指針たるべき価値まで損なうリスクを冒してしまうだろう。肯定的な責任論においてさえ、間違いなく一定の条件づけ——つまり我々の行動についての何らかの結果責任——が必要である。しかしそうだとすると、本書の大半を費やして攻撃してきた懲罰的な責任像が、ここに至ってもう一度受容されてしまうのではないだろうか？

それは違う。我々の制度が貢献している多岐にわたる価値に導かれ、それらがおかれている経験的状況に十分注意するならば、自由民主制下の市民の行動に一定の期待を課すのは当然のことでしかない。こうした誘因を課すことがこれらの価値の実現に役立ち、人に社会的に有益な行動をとらせる効果がある場合、その期待は、それに適切に応えられない市民の待遇を下げるという威嚇によって支えられねばならないのは当然のことである。とはいえ、制度に関して一定の責任追随の必要を説くことには、責任の時代の前制度的想定とはきわめて対照的な性質が二つ、無傷のまま残っている。まず、責任追随的制度の意義は信賞必罰という単一の価値に貢献することにはない。むしろその意義は、制度を長い期間諸々の価値総体（相補的なものも競合するものも含まれる）に貢献させることにある。第二に、特定の行動やその帰結についていつ市民が結果責任を負わされるべきなのかは、客観的に見てどんな行動に責任を負うべきかに関する何らかの抽象的な、時には超越的理由に基づく前制度的説明によって定まるのではない。むしろ我々が市民に抱く期待は、それ自体が、どの価値を優先するかについての民主的討論——できれば政治理論上の主張から一定の見識を得た、ただし政治理論によっては決着のつけられない討論——に託されるのである。

前制度的に決まる功績などというものは存在しない、という認識は、制度によって決まる功績をどうやって構造化するか、という問題を呼びさました。政治哲学者はおのずと、ある行動がある報いをもたらすという正統な期待をどの程度確立すべきか、と問うことになったのである。前制度的な責任論には正しい公共政策を確定できないという認識は、同種の問いを惹起するはずだ。どんな期待であれば市民に正統に課しうるのか、つまりどんな期待を満たせなかった市民を、満たした市民よりも冷遇すべきなのか。この問題が厳密には経験的問題でも存在論的問題でもないことに注意してほしい。これに答えるには実質的価値を参照しなければならず、外界に特定しうる物理的属性についての「事実」を見ても答えられないのである。

行為者の行動が特定の帰結を招いたかどうかという存在論的問題だけに目を奪われるかぎり、誰が何に責任を負うのかという問題に、なぜ答えられないのか。また正統な期待の役割に目を向けることでこの難所を越えられるのはなぜか。この問いに答えるには、ある単純な例が役に立つ。学校へ娘を迎えにゆかずに家でテレビを見ている母親を考えてほしい。娘は徒歩で帰宅することにしたが、途中で車に轢かれて命を失った。このとき、我々は間違いなくこの母親は娘の死に責任があると言いたくなるだろう。しかしほんとうにそうだろうか。彼女はまさに何もしなかったのだ。娘を殺したのはテレビではない(11)。

これに答えるには、期待の役割に目を向ける必要がある。直観的には、母親が娘の死に責任を負うべき理由は、彼女には娘を学校まで迎えにいくという期待がかかっているから、というものである。社会的には、我々は自分の子どもを学校まで迎えにいく義務を親に割り当てている。娘の死は、母親がこの義務を怠った結果生じたのである。彼女には一定のことを行う理にかなった期待がかけられていたのであり、それを果たしていればこの帰結を避けられたはずだったからこそ、我々は彼女に責任があると考えるのである。

この解釈を補強するのは、娘の死に責任を負うべき者についての我々の直観は、誰がその帰結を回避すべきだと期待されているかに応じて変わる、という事実だ。もし娘の父親がその日彼女を学校まで迎えにいくと約束していたことが判明すれば、その死に責任を負うのは彼の方だと我々は思うだろう。この義務を果たすべき人についての我々の期待が母親から父親に移ると、この帰結への責任を負うべき人に関する我々の見解も更新されるのである。

ある行為者のある帰結への責任の有無は、したがって、それと深く関わる社会制度と社会的期待に左右される。自然に関して徹底的な実証主義の立場をとるなら、誰が何をなすべきかに関する期待は因果関係の問題ではない。娘の死を招いた物理的過程は、責務の構造のような社会的構成体には左右されないのである。しかしながら、我々は世界をそんな風には考えていない。重要なのは娘の臓器に致命傷を負わせた自動車の物理的構造だけではなく、誰にこの出来事を防ぐべき期待がかかっていたのか、という問題でもある。ある帰結への責任が誰にあるかという規範的問題への答えは、世界における因果関係の本性について「前もって」発せられる経験的問題のなかには求められない。それと深くかかわる世界についての経験的問題に答えるには、どうしても、誰にどんな義務があるのかに関する期待を参照せざるをえないからである。政治哲学者たちは長い間、前制度的な功績など存在しない――つまり徳や才能のような前政治的指標の分布状況を見るだけでは、誰がどれだけの権原をもつかは決まらない――と主張してきたのだから、帰結への前制度的責任などというものは存在しないことを同様に認めるべきなのである。

たしかに、ある期待が社会に存在するという経験的事実さえあればそれが正統化されるわけではない。何千年もの間、女性には子育てという期待がかけられており、男性の貢献はいっさい期待されていなかった。今日もなお、育児放棄については母親の方が責められることが多く、何か支障が生じるとより非公式に同種の非難が加えられる傾向がある。同胞市民の処遇条件が人びとの望ましい行動への期待を基盤とすることが正統だと言えるのは、それらの期待自体が正統である場合――習慣や伝統などの単なる事実ではなく、よく吟味された我々の価値観についての民主的に是認された説明に基づいている場合――に限られる。

前述の通り、責任問題の中立的解決の試みは、世界にあるがままの実証的事実を見てこれを決しようとするかぎり、失敗するほかない。我々が責任を負うべき対象を説明しつくすには、我々の政治制度の設計方針に関する規範的説明がどうしても必要になる。我々の同胞市民にどんな期待を負わせるべきかを決めるには、責任の制度の目標を見定めなければならない。帰責はどんな価値を促進するのか。それらの価値間にどんな優先順位があるのか。そして市民への個別の期待の有無をどう定めれば、これらの価値の促進や毀損につながるのか。責任論はこれらの課題の描出に努めるべきであり、これによって責任の制度が貢献でき、かつ貢献すべき目標についての豊かな道徳的、政治的論争の扉が開かれるのである——それは事実らしきものに根拠をおく、お定まりの結論を述べるものではない。まさにこれらの理由から、責任論が、責任実践が現に貢献しようとしている諸価値を顧みずに誰がどの帰結に責任を負うのかに関する意見対立を解決することを拒むのは、悪いことではなく、むしろ望ましいことなのである。

責任制度の実際——道徳哲学からの実例

責任をめぐる論争の多くが、個人の過去の行動に関する糾問の形をとっている。失業者は、自分の選択が原因で失業した場合も失業保険を受けるべきだろうか。有給の働き口を探そうとしなかった人への失業保険は停止されるべきだろうか。麻薬に手を染める人は生活保護者リストから外されるべきだろうか。これら現代の道徳哲学、政治哲学上の問題に答えるにあたって、肯定的な責任観が従来のアプローチとどう違うのかを示すために、ここではT・M・スキャンロンの『我々が互いに負っているもの』から、廃棄物処理に関する周知の仮説事例について論じてみよう。ただしこれは、筆者の責任論が、過去の選択は現在の権原にどう影響すべきかという特殊な論争の解明に有用であることを示す一例にすぎない。筆者がこの論争を解き明かすためにたどる理路は、他の論争にも無理なくあてはまるだろう。

スキャンロンの例によると、ある有害廃棄物が住宅地域の近くに埋まっている。[12] この廃棄物が住民に害を与えないように、市の職員はこれを掘り出し、処分しなければならない。しかし廃棄物の発掘過程にも大きなリスクが伴う。職員が相当な予防措置を講じても、住民の一部は有毒ガスを吸って肺がんになる危険がある。そして実際に次の四人の住人が被害を被った。職員が広く周知をはかったにもかかわらず耳に入らなかった無知な人、現実の危険性を見くびっていた軽率な人、当人が重視する別の活動のためにあえてリスクを冒した計算高い人、単に危険を忘れていただけのうっかり者である。[13]

スキャンロンによると、廃棄物の撤去によって被害を被った四人全員がこの帰結について結果責任を負っている。その理由の一端は、選択能力をもつこと、たとえば病気にかかるリスクを最小限に抑えることよりも、別の計画の追求を優先するという選択を下す能力をもつことに、価値を認めるべきだからである。彼の主張によると、市当局は廃棄物撤去の潜在的危険から市民を守り、放っておけば被害を被るかもしれない市民に通告するために「十分な努力」を行ってきた。職員が依拠した原則を拒むのは理にかなったことではない。実際に生じた損害についての責任は、それゆえ、それ以外の誰か――この場合は被害者の側――にあるはずなのである。

スキャンロンへの啓発的な応答のなかで、R・M・アダムズはこの一連の考察には説得力がないと論じている。とりわけ、それはスキャンロン自身の選択の意義の説明からは素直に導けないように思われる。

スキャンロンが「選択の価値」アプローチのために掲げた理由とは、それが妻の気に入るかどうかにかかわらず妻へのクリスマスプレゼントを選びたいと思う理由であり、レストランの店員に対し、それが私のためになるかどうかについてのかれらの判断とは無関係に私の注文に応えてほしいと望む理由である。しかしそれは、自分の選んだリスクある行動によって実際に危害を被りたいと望む理由にはならないように思われる。こうした理由も、自分の選択を尊重すべき他の理由も、もし我々が保護され救出されたいと望んでいるのなら、リスクある選択が招く有害かつ望ましくない帰結から我々を守り、救助しない理由には不十分であるように思える。それは人びとの選択が望み通りの結果を生む可能性を開くべき理由なのである。しかし想定外の結果についての帰責には、さらに別の理由が必要になるように思える。[14]

アダムズによると、それゆえ人は諸々の活動に含まれるリスクに対して自分にどの程度当事者性 ownership があるかに応じて責任を負わされるべきである。この見方に従えば、散歩に出かけるつもりの人はその途中で遭遇するかもしれない常軌を逸したリスクについて責任を負わされるべきではない。「彼の散歩の計画には、当人の理解するかぎり、肺を傷めるリスクは含まれていない。彼は廃棄物の撤去とその危険について耳にしていなかったのだから」[15]。しかし確かにこの意味でリスクを冒している行為者がいる。市当局である。

まちがいなく、市による廃棄物の撤去計画こそが肺に害を与える大きなリスクを生み出したのであり、市の代理人として行動する資格を与えられた市職員はこれを自覚していた。そのリスクと肺への害について、市当局が大きな責任の一端を負っているという結論は、避けがたいように思える。[16]

アダムズのスキャンロン批判には説得力があるが、彼の結論にも異論の余地がある。なぜ市当局とその職員が当該リスクの担い手とされるべきなのだろうか。どうして最初にその地域に廃棄物を埋めることにした者にリスクの当事者性がないのか。あるいは廃棄物を生み出した電力会社にはないのか。不可避的に廃棄物を排出する過程なしには電力を享受できなかった人びとはどうか。これらへの十分な回答は示されていない。

こうして我々は、存在論的な論理ではなく政治的ないし道徳的な論理に踏み込まざるをえない。スキャンロンとアダムズの問いはともにきわめて前制度的である。二人はともに何らかの事実が実在し、これが有害廃棄物について誰が「真の責任」を負い、あるいは「真の担い手」であるかを示すと——その上で我々の制度はその事実に追随するように構築されるべきだと——想定している。彼らが想定するそんな事実など実在しないのだということを理解すれば、我々は真に道徳的かつ政治的な議論に踏み出せるだろう。いかなる価値に依拠してリスクと利益の社会内分配を導くべきか。そして我々にこれらの価値をしっかり理解させるにあたり誘因はどんな重要な役割を果たしているのか。これらの問いに我々の出す答えが真の理由となって、市当局と（一部の）住民とのいずれが有害廃棄物の悪影響に結果責任を負うべきかが決まるだろう。こうしてはじめて我々は制度的な責任論を構築できる。この責任論は、この世の神秘的事実への追随を装ったりせず、人間固有の目的に貢献するのである。

それゆえ、正しい問いは、本当のところ誰に損害への責任があるのか、でもなければ、損害を招いたリスキーな活動の実際の担い手は誰なのか、でもない。それは単に、世界に関する経験的事実だけでなく、我々の価値観にも照らした場合、我々は誰にこれらの損害の結果責任を負わせるべきなのか、というものなのである。

とはいえ、この問題の答えはそう簡単には見出せない。何か一つの解答への普遍的合意が必ず生じるとは思えない。つまるところ前述の通り、正しい規範を特定するには、少なくとも三つの争点に取り組まねばならない。どんな価値に貢献したいのか、それらの価値の間にどうやって優先順位をつけるのか、そして個々の規範が作り出す誘因がそれらの価値の実現をどう促し、妨げるのか。廃棄物をめぐるこの事例の場合、少なくとも五種類の考慮すべき問題がある。その重要性は明らかだが、スキャンロンとアダムズが採用した規範的枠組みに従っている限り、軽視されるか無視されてしまうのである。

第一に、アダムズは有害廃棄物を掘り出す以上市当局はリスクの担い手なのだと力説するが、それよりも重要なのは、廃棄物撤去計画から共同体全体が利益を得ると考えられていることである。全員が利益を得る可能性がある以上、誰かが損害を被る可能性があったとしても、被害者への賠償費用は最初から廃棄物撤去の決定のなかに繰り込まれているかもしれない。第二に、市当局はほんのわずかの増税を全市民に課すことで、被害を被った少数の市民への適切な賠償のための財源を確保できるかもしれない。他方、被害を被った市民には、有害廃棄物の悪影響が招く費用を賄えない可能性が高い。第三に、我々はみな、小さな失敗が破滅的な結果につながらないとわかった上で安全に暮らしたいと考えている。したがって我々はみな、制度を設計するにあたり、これによって小さな失敗が——あるいは稀に起こる愚かな選択でさえも——破滅につながるリスクを減らせるようにするべきなのである。

これら三つの理由はすべて、市当局が廃棄物除去計画の被害者に補償するべきだという結論を支持している。しかしそれに反対する理由も二つ存在する。一つは、被害者への補償には多額の費用を要する、というものである。市当局が被害者に賠償するべきかどうかはその機会費用に一部依存し、賠償以上に住民に裨益しうる金銭の使い道の有無に左右される。第二に、自分で招いた損害への結果責任を負わせることは、有害廃棄物に近寄らないようにするという誘因を高める可能性がある（健康への影響を見越して行動を抑制しようとしない人たちが、どの程度金銭上の負担を見積もって自分の行動を抑制するか、疑わしいが）。

市当局が自身の廃棄物撤去計画の今後の被害者にも補償するべきかどうかは、これら諸理由の相対的な重み次第である程度変わってくる。被害者への補償がさらに多くの権利侵害を引き起こし、有益な計画の費用が賄えなくなるというのであれば、補償は行わないことにするのが最善だろう。そしてもちろん、この推論は理想的には政策の問題であり、その場しのぎの考慮によるものであってはならない。被害者への補償を推す理由やそれを控えさせる理由がより広く当てはまるかぎり、最善の選択はそれらを抽象レベルで衡量することであり——その上でこの算定に基づいて一般市民が負うべき責任に関する社会的期待を明確化することなのである。

したがって、ここでは有毒な排気ガスが招いた損害について誰が結果責任を負うべきか、はっきりとした答えは示せない。それを決めるには我々がどんな価値を是認しているか、その間にどんな序列を設けるかという問い、またある規範が現実にどんな効果をもたらすかに関する経験的問題によらねばならない。しかしそれは当然のことだ。責任のような観念は、現実の政治的論争を構築すべきものであって、それを無用にするものではない。だからこそ本節では、誰が補償を得るべきかを抽象レベルで確定してしまおうとまでは考えなかった。この状況に多数の未知の事情が含まれている以上、それは不可能である。むしろ、この決定が最終的に依拠すべき規範的考慮事項を把握しなおしたかったのである。このねらいはまた、肯定的な責任像が公共政策の形成過程で果たしうる役割一般についての考察に目を向けさせるはずである。

公共政策における肯定的な責任像

責任像を懲罰的で前制度的なものから肯定的で制度的なものに切り替えると、公共政策の中心課題に関する理解を少なくとも次の三点で更新することになる。いくらか逆説的だが、そうすれば実際に意味ある仕方で責任を論じる方法を詳述できるようになるのである。非理想的な状況では、責任を負うことの意義を強調すること――そして各人の選んだ責任によって意味づけられた多くの生きがいをめぐる言説を流布させること――は、一般の市民の主体性を強化するプラグマティックな方法でありうる。同時にそれは、人に自分の責任遂行への誘因を与える鞭にばかり目を向ける傾向を克服し、人が望む責任を果たせるようになるための物質的、教育上の前提条件を整える政策設計を支える。そして最後に、それは福祉国家の官僚たちの努力を喚起して、かれらを、ゼロサム・ゲームをとり仕切る懲罰的裁定者から協働的企てに関与する建設的パートナーへと変貌させうるのである。

まず肯定的責任像は、たとえばバラク・オバマの惹起した、自分の生活に責任をもてという訓戒をめぐる争論を和らげるのに役立つ。そのような呼びかけが、今後は相対的に恵まれない立場にある同胞市民への援助を控えるべきだとか、貧困状態にある人は当人だけにその運命への責任があるのだとか、不平等を拡大させる構造的要因など存在しないのだ、などということを意味するのであれば、それは明らかに有害である。しかしこの呼びかけのねらいをそんな風にとる必要はない。責任を負うことがたしかに文化や教育に根ざしているのならば――十分な教育を受け、自分の生活に責任を負う人を手本として育ち、自分自身社会からずっとそう鼓舞されてきた場合に、自分の生活に責任を負いやすくなるというのであれば――、そのかぎりで責任に関わる価値観を強化し広めることには大きな意味がある。自分の生活に責任を負えという督励は、目前の無数かつ深刻な経済的諸課題への万能薬ではない。しかしその試みをすっかり放棄してしまうべき理由はどこにもないのである。

このことがいっそう正しいと言えるのは、ジェイムズ・Q・ウィルソンが刑事司法の文脈で指摘した通り、ある事態を招いた究極の因果的理由が公共政策を支える最重要の根拠になる、と考えるのは間違いだからである。究極的には、自分の生活に責任を負おうとする多くの人が直面する困難は、教育機会の欠如や経済的格差の拡大、深刻な財政的苦境といった構造的要因から生じている。しかしこれらの要因はまた、政策的介入によっては最も是正しがたいものでもある。したがって責任にかかわる個人の価値観は、今日の経済状況を説明する因果関係にはほとんど含められていないが、比較的有望な梃子になるかもしれない。責任に訴えること――そして教育上不利な立場にある周縁的共同体の人びとが「責任ある」存在となるために必要な技術と知識を発達させるのに現に役立つ新たな具体的政策――がこの人びとに手を差し伸べる他の方法を損なってしまわないかぎり、それが「被害者に鞭打つこと」となるのを恐れるのは見当違いだろう。

同時に、自己責任という価値へのコミットメントの不足は、貧困を生む数々の主要因のなかではごくささいな一つにすぎないことを忘れてはならない。自分の生活に責任を負えという善意からの訓戒は、その実行を支えるより広い社会経済的政策を伴っていなければならない。これはさまざまな形をとるだろう。たとえば公教育制度の改革が、すでにずっと優位にある裕福な（そして多くは白人の）共同体に広く大量の資源を提供し、他方で貧困地域の学校がまともな教育や基本的能力をその（多くは少数者の）生徒たちに与えようと奮闘している、という状況を放置するなら、人が自分の生活に責任を負うことはますます難しくなるのは明らかだ。同様に、どんな意思決定の失敗をも給付金支給を拒む理由とみなすような徹底的に責任追随的な福祉国家は、これらの人びとから自分の生活の制御に取り組む機会を奪ってしまうならば、責任に結びつく美徳を促すどころか損なってしまうだろう。

したがってこの概念転換の第二の要点は、責任の語り方を考えなおすこと、つまり責任の引き受けを促すのではなく、責任を負う能力の物質的、教育的基盤を整えるための語り方を再構想することだろう。前章で述べた通り、人は多くの理由から自分自身あるいは他者のために責任を負いたいと思っている。したがって、適切な教育を受け、自分の生活を制御する物質的手段を獲得し、なおかつ実入りのいい熟練職に就けるという現実的展望のある経済的機会を保障されるならば、今日の福祉国家の提供する最低限の妥当な生活に人びとはみずから甘んじてしまう、という懸念は的はずれである。責任の時代はこれまで主に人びとへの誘因強化を通じた自活促進を進めてきたが、その誘因通りに行動するために必要な物質的、文化的、教育上の前提条件の充足にはあまり関心を払ってこなかった。人が実際に責任を引き受けやすくなるための改革に目を向けるならば、この欠落を補えるだろう。

最後に、この概念転換は、人びとに自活への誘因付与を実際にめざす我々のプログラム策定の手法をも変えてしまうかもしれない。この種のプログラムをめぐる修辞は主に懲罰的な仕方で構想されている。その結果、多くの福祉プログラムの受給条件は、暗黙のうちに――ときには露骨に――「これこれの仕方で行動しなさい、さもなくば……」という威嚇的な形をとっている。しかし北米から西欧にかけての福祉国家での生活の現状を概観すれば、これが一連の深刻な問題の元凶になっていることがわかる。何よりも「福祉制度の逆説」のおかげで、公的援助を受給すべき人は、侮辱的な待遇を恐れて引き下がってしまっている。またさらに、実際に援助を受けている人もまた、さまざまな形での「屈辱的な暴露」の経験を強いられているのである。

しかしながら、責任追随的プログラムをめぐる修辞は別様にも構想できるだろう。その一つが懲罰ではなく、能力を与えるために設えられた修辞である。この見方をとってもなお、種々の福祉プログラムが無条件に支給されるわけではない。しかしそこには受給者が自分の生活を制御するための手段が加えられるかもしれない。この場合、このプログラムは「こんな風にあなたの目標達成を支援できますよ……」という一種の後押しとして解釈できるだろう。肯定的責任像の支持者にとって決定的に重要な任務とは、したがって、福祉プログラムを――無条件で提供すべきではない強い経済的理由がある場合でさえも――可能なかぎり能力を高めるようなものになるように設計することなのである。

この戦いは勤労福祉制度の場合特に重要になる――また特に困難にもなる――だろう。第2章で論じたように、福祉国家の危機とみなされている事態によって、デンマークから合州国に至るまでの多くの国は、失業手当や食料品配給券などの受給資格に新たな条件を加えることになった。従来これらの資格は恒常的な収入源のない人びと全員に認められてきたのだが、それ以降、過去ないし現在の行動、特に当人に制御できない理由で失業したのか、積極的に新しい就職先を探しているかといった事柄によって受給の可否が決められるようになったのである。生活保護の受給は無条件だったのに対し、勤労福祉制度の受給はとりわけ勤労意欲の証明を前提としたのである。

勤労福祉は、初期の生活保護に比べると、まさにその本性上責任追随的な色彩が濃いのだが、その実施の実態は国ごとにかなり異なっている。責任について、人びとの能力を高めるような姿勢を強めれば市民に自活への誘因を与えられる。そうすれば懲罰的になりすぎることなく、つまり過去に過ちを犯した人から責任ある生活の物質的前提条件を奪わずにすむ。その方法を理解するために、デンマークの福祉改革の例を検討してみよう。

他国同様、デンマークの福祉制度は、一九九〇年代に無条件的な生活保護モデルから勤労福祉システムへと移行した。しかしながら、ヤコブ・トルフィングをはじめとする学者たちは、デンマークで採用された勤労福祉的政策が英国や合州国で採用されたものとは大きく異なっていることを示してきた。デンマークでは、

給付や最低賃金の減額よりも活性化の方に大きな力点がおかれている。失業者の技能や就労経験の改善が、単なる流動性や職探しの効率性よりも重視されている。就労のための給付 work-for benefit（見返り的給付 quid pro quo）よりも、訓練と教育に重点がおかれている。管理や処罰よりも能力を高めることが重視されている。そして広範な勤労福祉プログラムが、失業者限定のプログラムよりも優先されている。[17]

トルフィングによると、これらの政策は経済的にも社会的にも大きな成果を収め、彼が「デンマークの労働の奇跡」と呼ぶ、経済成長率の大幅な改善と失業者の急速な減少を「勤労低所得者からなる新たな底辺層[18]」を生み出すことなく達成したのである。

トルフィングが国家間の相違に注目したのに対し、ジョー・ソスは一国内の複数の福祉プログラムの実施様態間に大きな違いがあることを明らかにしてきた。それによると、米国の福祉体制下では、社会保障障害保険（Social Security Disability Insurance: SSDI）のような社会保障プログラムの申請者と、要扶養児童家庭扶助（Aid to Families with Dependent Children: AFDC）のような給付金プログラムの申請者とでは、その待遇に根本的な差異がある。彼の調査当時、ＡＦＤＣの申請者は面談の機会が与えられなかったり、延々と待たされたり、敵対的なケースワーカーに頻繁に出くわしたりしていた。対照的に、ＳＳＤＩの

申請者は重要な手続きを電話ですませることも、面談を選ぶこともできたし、はるかに敬意をもって扱われていると述べていた。実際、これらの相違は事業所の物理的環境にも表れていた。「政府窓口の待合室は、その任務や対応すべき訪問者、その資金に応じて一定の仕方で異なることが多い[19]」。ＳＳＤＩは、自分の運命に責任がない以上人よりも援助を受ける資格があると通常みなされている人びとに対応する制度であり、両者の対照は、偶然のものとは思えない[20]。また、ＡＦＤＣの申請者への待遇が相対的に見て侮辱的であることについても、別のやり方がないわけではない。「どんな福祉事業所も情報収集に努めねばならないが、この過程の細部は意図的な設計の問題であり、一定の形をとらねばならないわけではない[21]」。

　後押し的制度と懲罰的制度との違いは、リチャード・セイラーとキャス・サンスティーンに啓発された改革の試みの中でも明らかにされてきた。彼らは、利用者に正しそうな選択を下すよう「ナッジ nudge」〔元は軽く促す、という意味の言葉。強制にも金銭的誘因にも頼らずに人の行動を一定方向に変える試みの総称〕する政策に注目してきたのである[22]。たとえば英国の「職業安定所」は伝統的に懲罰的な手法をとってきた。金銭的援助を継続的に受けるには、失業手当の受給者は自分が十分に職探しに努めてきたことを（あるいは病気等のために就労不可能であることを）官僚に認めさせなければならない。二〇一一年から二〇一二年の間に、英国政府の行動科学的洞察班 Behavioural Insights Team はエセックス州のラフトンで現場実験を実施したが、そこでまず目指されたのは、より肯定的な責任観をとった場合の効果を試すことだった。求職者は、これまでどんな努力をしてきたかではなく、就職につながる「将来の活動への具体的な約束《コミットメント》」を尋ねられた。その結果はめざましいものだった。有給職への就職者数が劇的に増加しただけでなく、興味深いことに、職業安定所自体の職員がより熱心かつ喜んで職務に従事するようになった――そして生活に対する満足度が顕著に上昇したのである。この比較的小さな、そして安価な改革が、これだけのことを成し遂げた。この新政策がエセックス州の他の職業安定所でも展開されると、いくらかその効果は低下したものの、なおそれはめざましいものだったのである[23]。

今日の我々の経済の実情に対するある見方に従えば、福祉受給に条件を設けることは避けがたい。そうだとしても、実際の福祉制度の設計はまだ多くの工夫の余地を残している。これは、トルフィングの主張が示唆する通り、大きな経済効果をもつかもしれない。勤労福祉政策を能力を高めるように設計するか懲罰的に設計するかの選択は、その責任追随性の程度を変えるだけでなく、期待される帰結の規範的な受容可能性をも左右するだろう。その上、ソスの論が示唆する通り、その結果誕生する政治的共同体の性質にも大きな影響を及ぼすだろう。福祉体制が持続可能性を失わないために一定の条件を設けることは確かに必要かもしれない――たとえ我々が原則上、各自の選択にかかわらず、すべての同胞市民に対し一定の考慮を払わねばならないことを認めるとしても。しかしながら、それは大半の福祉受給者が「たかり屋」であることを意味するわけではない――またかれらを受給者リストから切り捨てることはかれらが妥当な報いを受けることにつながるのだと尊大に告知することを意味するわけではないのである。

新しい概念枠組みがあらゆる経済政策上のディレンマや責任論上のトレード・オフを解決できるとうそぶくことはできない。しかしデンマークと米国の勤労福祉制度の相違は、TANFとSSDIの相違と同様、それがこれらのトレード・オフの性格についての理解を変更でき、新たな誘因の設計指針となりうることを示しているのである。責任の拡大は公共政策の目指すべき目標である――しかしそれは、責任を建設的な理念として再解釈し、市民が各自の求める責任を担えるように力づけるというねらい通りに制度を設計する場合に限られるのである。

結語——自己責任の時代を越えて

どんな政治上の概念も現実世界の一側面に注意を促すが、時に同じくらい重要な別の側面を見えにくくしてしまう。政治的考察が担うべき枢要な役割の一つは、今日の中心的な政治概念によってどんな世界理解が隠されているおそれがあるのかを解き明かすことであり、これらの概念の代替的解釈を示して我々が生きるこの世界に新たな光をあてることである。またさらに、個々の概念の再解釈ではなく、ある概念を他の諸概念と照らし合わせてみることもまた、もう一つの枢要な役割である。政治理論が常に阻止に努めねばならないのは、一個の概念が政治空間を広く植民地化したあげく、他の同じく重要な概念の限定的真理を覆い隠してしまうことなのである。

筆者は本書で、今日最も重要な一政治概念に関してこれら二つの役割を果たそうとしてきた。金槌をもてばあらゆるものが釘に見える、ということわざがある。本書で責任の枠組みと呼んできたものにどっぷり浸かっている人——この何十年間、我々の思想に猛威をふるってきた結果責任としての責任という観念に心を奪われてきた人——には、あらゆる政治問題の帰趨が、個人の自己責任の有無や程度にかかっているように思えるだろう。しかし必ずしもそうとは限らない。我々の選択次第で、我々は自己責任の時代を乗り越えることができるのである。

本書の最後の二つの章で素描に着手した通り、自己責任の時代の克服に必須の要素の一つは、責任の観念が求められている理由と、この概念にもっと前向きの色彩をもたせる方法とについて再考することである。肯定的な責任観は概念空間を再構成して懲罰ではなく力づけを与えられる。この考え方に従えば、これまでは素朴な規範的図式に即して個人の過去の行動を査定する必要だけが認められていた局面のなかに、個々人の自己規律的な生活の可能性を広げる集団行動の機会を見出せるようになるかもしれないのである。

自己責任の時代を乗り越えるために必要なもう一つの作業――本書ではあまり触れられなかった作業――は、我々の道徳的、政治的生活を別の長く忘れられてきた価値の言語でとらえなおすことである。ひとたび我々にとっての責任の意味を変容させたならば、責任の価値に関する新たな理解を別の政治的価値――その多くは、我々が共同体のニーズを捨てておいて個人の道徳的地位を重視しすぎたために、また未来に貢献できる個人の能力を捨てておいて個人の過去の行動を重視しすぎたために、棚上げされてきた諸価値――と関連させつつ示す必要がある。本書で論じた喫緊の政治的課題、あるいは論じきれなかった同等に重要な他の課題を解決しうる諸価値についてここで詳述しようとは思わない。しかしながらそれらの価値は、世界をこれまでと違う概念のレンズ、責任についての語りを、その正当な限定的地位に降格させる概念装置を通じてみずから姿を現し、実際くっきりと鮮やかな印象を我々に与えるように思われるのである。

『自由主義に先立つ自由』において、クェンティン・スキナーは「支配的な知的伝統が伝えてきたもの［諸概念］についての考え方を、これこそ唯一無二の考え方だとやすやすと幻惑されて信じ込む[1]」ことに警鐘を鳴らしている。彼は、この危険を避けるには思想史に目を向け、「発掘」作業に取り組むべきだと述べている。「もしわれわれが歴史的記録を検討し反省するならば」、と彼は精一杯の楽観とともに記している。

われわれは現在通用している前提や信条から距離を置き、多分それらを再評価することとさえ望むことさえ出来るでしょう。私が探求し最後に述べたい示唆とは、過去がもつ現在的価値の一つは、われわれがもはや支持しない価値や、われわれがもはや発しない疑問の宝庫であることです。思想史家に相応しい役割の一つは、ある種の考古学者として働く役割であり、埋もれた知的財宝を明るみに出し、埃を落とし、それについてのわれわれの考えを、われわれが再考出来るようにすることなのです。(2)

スキナーは歴史学だけがこの役割を果たせると考えている。しかし同じ目標にはもっと現在志向的な方法でも到達できるのではないか。歴史的記録だけではなく、抽象的な思考もまた、我々の世界観の限界を認識させてくれる。はるか昔に放棄されてしまった価値の貯蔵庫だけでなくいまここで現に力をもっている価値観も、それに代わる目標、コミットメント、政治的企てを指示できる。懲罰的責任像への注目が加熱したためにこの何十年間か隠されてきた諸価値を我々は発掘できるし、また発掘すべきだ。本書は、この有望な企ての第一歩なのである。

謝辞

よき教師というのは、混乱した考えに耳を傾け、それをいくらか整合的にしてくれる——往々にして、その学生が覚束ないながらも向かっていた洞察を失うという代償を払ってではあるが。マイケル・サンデルは実に卓越した教師であり、混乱した考えの寄せ集めに耳を傾け、それらがどうすれば筋の通った一連の議論にまとめられるかを即座に理解するという類まれな才能をもっている——それも、この一人の学生が、よりすっきり明瞭になった目的地をじっくり眺めるという稀有な感覚をいだくことができる形で。この学生が独力でこの目的地にたどり着くにはさらに数カ月を要しただろう。

ナンシー・ローゼンブラムは不断の寛大さをもって助言と励ましを与えてくれた。彼女からの影響は、本書、政治理論の可能性についての私の見方、学者生活の意義についての私の抱負に深く刻まれている。しかしながら彼女からの最大の貢献は、他の多くの学生に対して同様、興味深くかつ有意義なものを見分ける感覚を与えてくれたことだ——そこには、完全な論証をみごとにやってのけることへの決意も含まれる。

初めてリチャード・タックと出会ったのはある青い書物〔*Leviathan* by Thomas Hobbes, revised student edition, ed. by Richard Tuck（Cambridge University Press, 1996)〕のなかのことで、大学二年生のときだった。これによっ

て私のトマス・ホッブズに対する理解は切り拓かれた。彼は『リヴァイアサン』のねらいが市民を恐怖から解放することにあると主張したのである。このことは、直接彼が私に与えることになる影響を不思議にも予告していた。幾度となく、彼との会話は知的可能性に対する私の感覚を広げてくれた。また幾度となく、彼の助言によって私は恐怖から解放され、自分の知的好奇心がどこに向かうことになろうと、それに従うよう励まされた。

大学院の四年目、最初の章の草稿についての面談が再開されて丸一時間たったときだった。エリック・ビアボウムは手短に自分の電話に出た。「いま面談中だ、学（生と）……」。電話を切って私の方を向き直ったときには、心底からの謝罪の面持ちだった。「と言うより、研究仲間とだな」。エリックの慎ましさ、学生への惜しみない尽力、彼の広範な洞察（この点に関して彼は寛大すぎるほどだ）についてはいくらでも話すことができる。このような切り詰め方を彼は決して認めないだろうが、このエピソードで十分伝わるだろう。

これら若かった頃を思い返すと、私は大胆にも、自分の着想が世に出て、それがそれなりに認められたらと願うこともあった。その頃はまさか、協力者の小さな一団が私の着想に手直しして身なりを整え、ぴったりの小さな宮殿に収めてくれることになろうとは想像もできなかった。次の方々には心から感謝している。マイケル・アロンソン、スーザン・ウォレス・ベーマーはこのプロジェクトを信頼してくれた。二人の匿名査読者が初期草稿に驚くほど詳細かつ洞察豊かなフィード・バックを与えてくれた。グラシエラ・ギャラプは、洒脱で印象的な素晴らしい表紙をデザインしてくれた。アン・ザレーラとリンダ・デマシは執筆過程で根気強く原稿を導いてくれた。レスリー・コナーは思慮深く丁寧な編集をしてくれた。ブリジッド・マーティンとエミリー・ファーガソンを含む卓越した広報チームは、全力を尽くして本書に関する発言を広めてくれた。そしてもちろん、モリー・アトラス——有能な代理人でありかつ親愛なる友人は、高潔な友情の証として、このプロジェクトにいくつもの大事な助言を与えてくれた。

しかしながら最大の感謝を向けるべき相手はジョン・クルカである。彼はまさに出発点からこのプロジェクトを「立ち上げ」、さらにその先見性によっていっそう優れたものにしてくれた。また本書の知的成就のために望外の注力を行ってくれたが、それでもなお彼との会話はこのプロジェクトをはるかに超えて広がっていった。彼のことを編集者ではなく、共謀者と考えるとわくわくしてくる——今後も、デモクラシーについて、また願わくばその他多くの事柄について共謀していくことができれば、この上ない幸せである。

本書の執筆中、「構成運」という奇妙な現象について考えることが多かった。これは、我々自身に制御できない要因が現在の我々を形づくる際の幸運ないし不運である。しかしながら、この現象の下位形態から自分がどれほど恩恵を受けているかに気づいたのは、この謝辞を座して記しているいまになってのことである。これについては、(書評で使われる、私お気に入りの言葉で言うと)学問研究における「埋めることを待ち望まれていた空白」、つまり「知的な構成運」が存在していたのである。

この幸運の一つは、政治理論家を志す大集団の一員としてハーヴァード大学に入学したことである。当時そこには、ジョナサン・ブルーノ、K・サビール・ラーマン、エマ・サンダース・ヘースティングス、アンドレア・ティヴィグ、バーナード・ザッカがいたが、彼らとは大学院生活のあらゆる段階、Gov2000〔ハーヴァード大学院生向けの社会科学の量的調査の方法論のクラス〕後のフラスクから、博士論文試問後のシャンパン・グラスまでを共にした。(政治理論の)世界に対する私の見方は、何百もの議論を重ねるなかで形成されたものである。そのような議論には準備されたものも行き当たりばったりのものもあり、また沈思黙考するものもあれば白熱して声高になりすぎたものもあった。このような年月の後、なおも我々の一致点は多くない――それでも、我々はみな、他の誰が欠けていても違った人間になっていた、と言っても間違いにはならないだろう。

もう一つ幸運だったのは、ハーヴァードをはじめ多くの教員の方々が親切にも私の研究に対して寛大なフィードバックを与えてくれ、長期間指導してくれたことである。政治理論ではマイケル・フレーザー、ハーヴェイ・マンスフィールド、エリック・ネルソン、マイケル・ローゼン、デニス・トンプソン、シェリル・ウェルシュ、比較政治学ではグジェゴジュ・エカールト、ピーター・ホール、スティーヴ・レヴィツキー、ダニエル・ジブラット、哲学ではT・M・スキャンロン、トミー・シェルビー、歴史学ではピーター・ゴードン、サミュエル・モイン、英語学科ではエイミー・ヘンペル、ブレット・ジョンストン、その他の分野ではマーティン・ルールとナディア・ウルビナーティといった方々である。

さらなる幸運は、ハーヴァードをはじめ広いコミュニティにさらに刺激に富む方々がいたことだった。みながその膨大な知恵の一部を私と分けあってくれた。ジェイコブ・アブルアフィア、アドリアナ・アルファロ・アルタミロ、ティエリー・アルツナー、エド・ベアリング、オリバー・ベヴァン、ジェイムズ・ブラント、トム・ブライアンズ、ダニエラ・カマック、セウェル・チェン、ジョシュ・ケルニス、エミリー・クラフ、グレグ・コンティ、ロベルト・フォア、ヨハン・フリック、レイチェル・フリードマン、サム・ゴールドマン、アレックス・ゴーレイヴィッチ、デイヴィッド・グレイワル、カーチャ・ギュンター、アンタラ・ハルダー、ブラッド・ホラント、サマンサ・ホームズ、ショーン・インガム、シャシャンク・ジョーシ、クム・テーヨン、ディディ・クオ、アダム・リーボヴィッツ、トム・ミーニー、ジョー・ミュラー、チカ・オガワ、ゼイネップ・パムク、ギリェルモ・デル・ピナル、アル・プレスコット・カウチ、デイヴィッド・サハ、カール・スクーノヴァ、ジョージ・シアバラ、ウィリアム・スワード、ウィル・セリンジャー、ダン・ショア、ドン・トンティプラフォル、スティーヴン・ウェルトヘイム、ヴァネッサ・ウィリアムソンその他多くの方々がいる。

公共政策学研究科のすばらしい職員、なかでもトム・ウォール、フランキー・ホフ、カレン・カルカには、特に謝辞を述べたい。私の直面したお役所仕事的中断がすべて迅速に解決したのは、かれらのおかげである。

大学院の最後の数年間、私はハーヴァードのライティング・プログラムで教鞭をとるという素晴らしい機会を得た。この経験を非常にやりがいのあるものにし、指導するということについて多くを教えてくれた、トマス・ジェン、カレン・ヒース、ジム・ヘロンその他多くのよき同僚たちに感謝する。

院生時代の大半にわたって、ハーヴァードのヨーロッパ研究所（Harvard's Center for European Studies）は、私の第二の故郷だった。これは、グジェゴジュやイレーヌ・パプリアスや当研究所のその他多くの方々の思いやりと寛大さあってのことである。しかし何にもまして、スタンリー・ホフマンが素晴らしいコミュニティをつくってくれたおかげである。彼の死後にあってもここには彼の知性や感性が色濃く残っており、このコミュニティは、この先も長く彼のお墨付きが与えられつづけるに違いない。

ＣＥＳが院生時代ずっと私の第二の故郷だった一方で、ニュー・アメリカ（New America）は最後の三年間にたちまち第二の我が家となった。ジェフとカル・レオナルドおよびカーネギー財団の寛大な支援はたいへん貴重なものだった。ピーター・バーゲン、ファズ・ホーガン、マイケル・リンド、アンヌ・マリー・スローターその他多くの方々――そして特に政治改革プログラムでの聡明な同僚、リー・ドラットマンとマーク・シュミットには深く感謝したい。

カーリー・ナイトとは、出会って数週間後、ニューヨークへ向かうチャイナタウン・バスに同乗したが、彼女は私の書いたものについて一見当たり障りのないことを尋ねてきた。五時間後、私は自分が目指す主張（そしてその論証に必要となるすべての作業）について、それまでよりもはるかに明確に理解した。それ以来彼女はこれまでの章の草稿、そして私が書いてきたその他ほぼすべての草稿に幾度となく目を通し、その途上で私の世界観に深い影響を与えてきた。ようやく我々の協力関係もその役目をほぼ終えたわけだが、我々の友情は決して終わることがないだろう。

生涯の友について話すなかで、最後に謝意を示したい相手は、エレーニ・アルツォグローである。ダッドリー・ハウス〔ハーヴァード大学のレクリエーション提供機関〕の神々が――かれらのめったにない慈善の一つとして――パーキンズ・ホール〔ハーヴァード大学の学生寮の一つ〕内で我々をすぐ近くの部屋に配置して以来、彼女は人生のほぼあらゆる側面において私のGPSだった。聡明な編集者であり、この原稿（その他多くの原稿と同様）は彼女の洞察から計り知れない教えを得ている。彼女はまたかけがえのない人生のコーチでもあり、彼女のおかげで私は多くの過ちをおかさずにすんだ。そして最高のルーム・メイトでもあり、大学院での浮沈を共有する友人として、彼女ほどの存在は望めなかっただろう。

訳者解説

約束に遅れたことの弁明をする。任された仕事を渋々やり遂げる。我が子のいたずらを丁重に詫びる。遠方で被災した人たちの姿に自分の無力をかみしめる。困窮の末に罪を犯した人に憤りとためらいを交互に感じる。道端の急病人を介抱しなかった知人を非難する。祖国の無法な行いを指摘されて顔を赤らめる。――似ても似つかない数多くのことを、私たちはしばしば深く考えずに「責任」という言葉でとらえようとする。

それは、人が毎日の生活のなかで引き受けあい、負わせあう有形無形の負担の総称だ。負担ゆえに誰もがこれを免れようとするが、求める人がいなくなると張り合いをなくす。負うべき負担を担い、責任を果たすことは、誰にとっても自分の社会生活上の力能のしるしであり、したがって自負と紐帯の源でもあるからだ。もし、前触れもなくあらゆる責任を解かれるようなことになったらどうだろう。誰からもあてにされない文字通りの無能者として、世間からはぐれてしまったような気がするのではないか。

だからこそ人は、強いられそうになると他人に押し付けてでもこれを逃れようとする一方、頼まれもしないのにやたらと抱え込んで誇示しようともする。誰が、誰に対して、何について、どうする責任を負うのか。そのルールが一つに定まらない上に、責任そのものに対するこのちぐはぐな態度のおかげで、私たちは日々、これをめぐって大小さまざまなすれ違いやいさかいを繰り返してしまうのである。

このややこしさを和らげるために昨今頻用されているのが、いわゆる自己責任論である。その原則は拍子抜けするほど単純で、「自分の世話は自分でせよ」あるいは「自分のしたことの結果は自分で引き受けよ」というものだ。罪を犯せばその罰に服し、交わした約束は果たすべきだ。失敗や怠惰や不運のつけを他人に回してはならず、同意したこともなければ落ち度もないことには負担を負わなくてよい。ほとんど同語反復のような平明さであり、これで自分の責任、他人の責任がすべて争いの余地なく特定できるのなら、私たちは安んじてこの考え方に身を委ねてよいはずだ。

しかし残念ながら、ことはそう簡単には片づかない。この原則の言う「自分のしたこと」やその「結果」の範囲はしばしば不明瞭だし、「自分で引き受ける」ことの内実についても、私たちの意見は簡単には一致しない。親となった以上は子の世話をしなければならない。では、親は必ず子の不始末の責めも負うべきか。民主国家の国民はその政府の愚行失政に苦しめられても自業自得か。高額の宝くじに当たって貧困を脱した人が、かつて辛苦を共にした仲間に後ろめたい思いを抱くのはおかしなことなのか。在留期限を超えて働く外国人は、無条件で告発されねばならないのか。気候変動のために絶滅に瀕する動物を救うべく私財をなげうって奔走する人は、錯誤に陥っているのだろうか。

どの問いに頷き、どの問いに首をかしげるかは、各々の責任像、責任感によって異なるだろう。はっきりしているのは、自己責任論の原則は誰にとってもある点では狭すぎ、ある点では広すぎる、ということだ。私たちは誰一人として、言行一致、首尾一貫した自己責任論者ではありえないのである。

さらに自己責任論はしばしば、「誰がどんな責任を負うべきか」を正しく見極めるための積極的な指針というより、「自分には責任がない」ことを自他に言い含める消極的な修辞としても重宝されてきた。

ある人の困窮、病苦、不品行は、私のせいではない。その人を助けられなくても呵責を覚える必要はない。そう言いくるめるおまじないとして、自己責任が持ち出される。その横行ぶりを見るにつけ、この言葉の本領は私たちのやましさ、後ろめたさを鎮めることにあるのではないかとさえ思えてくる。

これらの不都合や難点にもかかわらず、なお私たちは自分を自己責任論者と信じ、他人にこれを果たすように求め、さまざまな社会制度をこの原則に即して整えようとしている。実際、その酷薄さや狭量さへの批判の高まりとは裏腹に、その傾きはいっそう深くなっているのである。

私たちの信念と行動にここまで深く染み込んだ考え方は、長年の悪癖と同様、やみくもに否定しようとしない方がいい。私たちは少なくともしばらくの間、これとともに生きていくことを覚悟すべきである。ただ、その害悪を抑えるには、これを目の敵にするよりも、その魅力と美質を最大限に認めつつ、それでも残る欠点や限界を自覚するなかで、これを思い切り厳しく鍛え上げるか、うまく飼い慣らしてやる必要があるのである。

本書『自己責任の時代』は、この課題への扉を開く一冊である。そのねらいは、今日の貧相な責任像の由来と盲点の両方を見極めることを通じて、どんな人でも毛嫌いしたり逃げ回ったりする必要のない、より豊かで好ましい責任像を再発見することに絞られている。そのために著者のヤシャ・モンクは、近年の政治家の演説から最新の倫理学、政治理論の成果に至るまで、あるいは先進諸国の福祉制度の変遷から直近のポップスターの社会運動に至るまで、膨大かつ多彩な素材を縦横に渉猟してこの半世紀間に責任像が誰の手によってどんな変容を遂げ、また今日の社会生活との間でどんな軋みを生んできたのかを、あざやかな手つきで解き明かしてみせる。

本書は大きく二つの柱からなっている。一つ目は、今日の責任のとらえ方が、実生活の世界でも思想理念の世界でも、「自己の行動への相応の報い《デザート》として負わされる負担」という懲罰的な観念のなかに切り詰められてきたことの指摘と、その収縮過程の追跡、そしてその哲学的基礎の批判的検討である。

この過程が一九八〇年代以降急激に進行した福祉諸制度の変容過程――あらゆる支援、補償の提供を当人の自己責任との引き換えにしか認めない「責任追随」志向の強まり――と表裏をなしていることは、すでに周知の事実だろう。しかし本書の白眉は、この動きが自助努力と自由市場の合理性を信奉する保守派だけでなく、競争社会の不合理と相互扶助の必要を訴える左派リベラルからも暗々裏に支持され、後押しされてきたことを浮き彫りにしてみせたところにある。

著者によると、平等政策の意義を当人の責任ではない要因で困窮し劣位におかれた人びとへの補償に求める運平等主義者も、本人には選べない属性による少数者差別の不当さを訴える活動家も、いつのまにか「自分で避けられたはずの災厄は自力で乗り越えるのが当然」「自業自得で窮地に陥った者には手を差し伸べなくてよい」という発想への抵抗力を失ってしまった。近年の政治・社会思想とその実践は、右から左までおしなべて自己責任論――あるいは著者が「責任の枠組み」と名付けた窮屈な思考習慣――の内側で、その議論を戦わせてきたのである。

本書の二つ目の仕事は、この趨勢への批判的立場からなされる、より懐の深い責任像のとらえ直しと、そこから展望されるこれからの福祉制度の探求である。自己責任論をはじめとする懲罰的な責任像が蔓延したおかげで、責任をめぐる議論の大勢は、過去の失点の補塡、私生活上の帳尻合わせ《アカウンタビリティ》の話に矮小化されてしまった。これに抗して著者が取り組むのは、他者への能動的な関与や加担を後押しする公共生活上の相互関心《リスポンシビリティ》を軸とした、より将来志向的な責任像の再発見だ。

近年の平等主義的リベラル派の言論活動や研究が、自己責任論の促す援助からの撤退を食い止めようとするあまり、窮状に陥った人びととの自律の能力そのものを低く見積もろうとする戦略をとってきたこと（「責任否定論」）を、著者は手厳しく批判している。それは結局、支援と保護を要する「弱者」の全面的な免責のために、この人たちの自律性、主体性までも無用視することにつながったのではないか。

どんな苦境に陥っても、どんなにつつましい選択肢しか残されていなくても、そのなかで自分の生活――仕事と余暇、衣食住、人びととのつきあいと関与、そしてそれらへの「責任」――をみずから選びとること、その手応えを感じること、それを自分の選択として周囲から尊重されることは、誰にとってもかけがえのない経験だ。また私たちは、普段の人づきあいのなかで、相手をこの意味での責任の担い手だと信じてふるまっている。お互いを少なくとも絶対的な優越者でも劣等者でもない、という程度には対等な存在と考え、その言動をほめたりけなしたりしようとするならば、根拠のはっきりしないそのような思いなしが不可欠なのである。

こうして、自他を責任ある存在とみなす習慣は、私たちの自尊と社会生活を最も深いところで支えている。責任が、懲罰のようにのしかかる重荷として経験される一方で、どんな人にも手放せない何事かでもあるのは、それがこのささやかな自律および社交の感覚と分かちがたく結びついているからなのだ。

したがって福祉制度は、人の自助努力の不足を罰する道具でも、人を「弱者」化して一方的な庇護の対象に貶める手段でもあってはならない。それは本来、何らかの仕方であらゆる人の力能を引き出すこと《エンパワメント》をめざすものであるはずだ。私たちは自分の生活を織り上げているもの全体に責任を負う《リスポンシブル》ことを望むが、最小限の主体性を脅かさない範囲でのみ、自分の過去の行動に責任を負う《アカウンタブル》ことができればよい。この二つの「責任」がどこで切り分けられ、どう結びつけられるべきかを判定する公式がどこかにあると考えるべきではないだろう。それを見定める「妥当な報い《ジャスト・デザート》」の基準は、健全な民主的討議の過程のなかで、私たちがそのつど創造し、共有してゆくべきものなのである。

以上のような本書の考察と提言は、今日の日本社会にとっても無縁ではない。

福祉国家というものを、不断の市場介入による経済成長の追求と民生の保障改善による社会的包摂の促進という二つの指針を組み合わせながら国力の伸長を図る国のあり方、ととらえるならば、日本という国は明治期から一貫して福祉国家だったと言えるかもしれない。しかしもちろん、すべての個人を自由かつ対等の存在として尊重するという理念を軸に据え、その実現のために個人への力能付与《エンパワメント》を眼目とする社会保障制度を国が整えるようになったのは敗戦以後のことである。

この仕組みがめざましい経済成長と豊かな中間層の形成を促したことは確かだが、他の先進諸国と同様、まさにその成功が行き詰まりをもたらした。国民生活の安定と改善の結果としての少子高齢化、個人消費の落ち込みにオイルショック以降の世界経済の減速がともない、二〇世紀後半には政府財政の逼迫があらわになってゆく。他方で「豊かな社会」がもたらした価値観の多様化は、福祉政策のさらなる拡大を求めると同時に、支援の対象、政策間の優先順位をめぐる社会的合意を遠ざけることになった。敗戦と貧困を苗床にして育ってきた日本の福祉体制は、これを克服することでその基盤を失っていったのだ。

一九八〇年代以降、福祉国家体制の全面的な見直しを唱える新自由主義思想とその実践が力を得たのは、その意味では自然なことだった。かつてのような潤沢な政策資源をあてにできなくなったとき、少しでも国家の肩の荷を降ろして破綻と軋轢を避けようとするのは無理のない選択の一つだろう。「民営化」や「規制緩和」、「競争原理の導入」や「自立支援」といった旗印は、政府による一元的な管理運営の難しくなった福祉政策、福祉提供の仕組みを市場や家族、地域社会やＮＰＯに譲りわたすことで、手っ取り早く財政と政治過程の健全化を図る企てを先導するものだったのである。

しかしながら政府は、新自由主義者の思惑通りにはその肩の荷を降ろさなかった（降ろそうとしなかった）。今日に至るまで、日本政府は予算規模を縮小して累積赤字を減らすことには成功しておらず、むしろ国民生活の維持改善への責任負担を拡大しつつある。限られた財源と政治的合意の範囲内でことを進めるため、その使途の選択に慎重になり、またその手法が直接的、強権的なものから間接的で誘導的なものへと変容してきたにすぎない。

ここに、福祉国家が一貫して抱えてきた難問があらためて浮き彫りになる。政策資源の不足するなかで継続的に国民の自律を支援し社会的包摂を促していくには、どんな方法がありうるか？　もともと、力能付与的政策には二通りの発想があった。一つは人の物理的、制度的、文化的な生活環境を整え、充実させることに重点をおく方向、もう一つは当人の能力を鍛錬拡張し、発揮させることに重点をおく方向である。たとえば図書館に車椅子用のスロープを設置し、貧困家庭に手厚い給付を提供し、不登校の子どもを学校に追い立てない近隣の気風を育てることは前者に属し、子どもに教育、失業者に職業訓練を与え、薬物中毒者にリハビリテーションを施し、患者へのインフォームド・コンセントを徹底することは後者に属する。

もちろんどんな制度も、これら二要素がうまく組み合わさってはじめて適切に機能するのであり、一方だけでよいというわけではない。しかし近年の日本の福祉政策は、着実に後者への志向を強めてきたのではないか――自助と自立の担い手として、個人以上に家族の役割が重視されるところに、日本特有の難しさが認められるにせよ。

たしかに、政府からの援助に頼らず自分で自分の世話をできる「自立」した個人を育てることは、現代福祉国家の課題に応える有望なやり口の一つだろう。しかしこれを唯一の処方箋と考えることは、もう一方の課題、個々人の責任に帰してはならない、また実際に個人の能力や努力だけでは乗り越えられない複合的な原因をもつ「構造的」な問題——それを私たちは「社会問題」と呼んできたはずだ——への感度を鈍らせてしまうのではないか。そもそも、失業貧困にせよ治安にせよ医療衛生にせよ、自助努力の可否にかかわりなく私たちの社会が体系的に生み出す問題に取り組むことが、福祉国家の初心だったのではなかったのか。

モンクの慧眼がとらえているのはここである。

かつてのような強固な社会的合意と潤沢な財源をあてにできない福祉国家が、それでも拡大し多様化しつつある課題に対応し続けるには、福祉制度そのものを自己責任論の枠内で、またそれをいっそう強化する方向で再構築し、運用していくほかないのだろうか。これからの福祉国家は、他人に頼らない自立した個人の育成にそのわずかな資源をすべて注ぎ込むべきなのだろうか。

すでに見たように、本書の答えは否である。それは、私たちの責任のとらえ方を狭く貧弱にすることで私たちの自尊と社会生活の地盤を掘り崩し、ゆっくりと福祉体制全体の存続自体を難しくしていくだろう。本書で詳述された、新自由主義的批判以後の福祉国家の理念と構造の転回のゆくえに、筆者はどこまでも否定的である。

それに代わってモンクが求めるのは、あくまでも肯定的な責任像に忠実な社会の構築だ。誰もが責任ある主体として自分の生活をみずから選びとってゆくことを最大限に保障され、その可能性が保たれる範囲でのみ自分の選択の結果にも責任を負う、そのような社会を組織し、運営していくには、私たちがみずから担うべき責任、互いに課しあうべき責任の範囲と内容を、民主的討議を通じて選びとり、選びなおしていかねばならない。言い換えれば、これからの福祉国家は、私たちが喜んで引き受け、相手を貶めることなく課すことのできる責任をめぐって、広くしっかりとした社会的合意を作り上げていく必要があるのである。

こうして本書は、民主的な討議の過程に大きな期待をかける形で閉じられている。もちろん、現実の政治過程は著者の期待するような責任像を支持しないのではないか、人びとは結局のところ懲罰的な責任像を補強するような選択を繰り返すのではないか、という疑いは残る（著者もそのことを否定してはいない）。モンクが望む健全な民主政とはどのようなものなのか、それがこの危惧にどこまで応えうるのかについては、彼が二〇一六年の大統領選挙の嵐の只中で執筆したもう一冊の著書、『民主主義を救え！』から示唆を得られるだろう。

本書は Yascha Mounk, *The Age of Responsibility: Luck, Choice, and the Welfare State* (Harvard University Press, 2017) の全訳である。邦題をあえて『自己責任の時代』としたのは、無残に切り詰められた責任概念の治癒と回復をめざす本書の企ての出発点を際立たせたいと考えたからである。

著者のヤシャ・モンクは一九八二年ドイツのミュンヘン生まれ、ケンブリッジ大学のトリニティ・カレッジを卒業後、ハーヴァード大学で博士号（政治学）を取得、現在はジョンズ・ホプキンズ大学、ハーヴァード大学で外交論、政治学の教鞭をとる一方、*New York Times* 紙、*The Atlantic* 誌、*Foreign Affairs* 誌などで活発な執筆活動を行っている。著書には、ユダヤ人としての自身の半生と戦後ドイツの政治文化史とを重ねあわせて描いた *Stranger in My Own Country : A Jewish Family in Modern Germany*（Farrar Straus & Giroux, 2014. 未邦訳）、および前出の *The People vs. Democracy : Why Our Freedom Is in Danger and How to Save It*（Harvard University Press, 2018. 吉田徹訳『民主主義を救え！』岩波書店、二〇一九年）がある。

本書の翻訳に際しては、まず那須が序章、第4章、第5章、終章を、栗村が第1章、第2章、第3章を担当したが、最終的にはそれぞれが全章を検討した。ただし最終的な訳文の確定は那須が行ったため、訳文全体への責任は那須が負うものとしたい。

翻訳の過程では訳語、表現に苦慮する箇所が複数あった。倫理学、法哲学、政治哲学の分野では周知の難題だが、本書の鍵概念の一つである“desert”には一語で過不足なく当てはまる日本語がなく、正確さとわかりやすさ、簡潔さの間で最後まで迷いが残った。その他にも、“responsibility”と“accountability”をはじめとして定訳的な術語と文脈上の意味、そして日本語としてのこなれ具合との兼ね合いで悩んだ箇所は多い。“welfare state”も「福祉国家」とせずあえて「福祉制度」とした箇所がある。各国の法制度や政策の呼称についても、通例に倣っていないものがあるかもしれない。読者諸氏のご批判を乞う次第である。原書中のいくつかの誤記については原著者に問い合わせて修正したが、訳文中には注記しなかった。なお、本書の翻訳にあたり、那須は基盤研究（B）「気候変動への適応力のある社会システム構築に向けた法政策の理論分析」（課題番号17H02445、2017―2020）の支援を受けた。

みすず書房の中川美佐子さんには本書をご紹介くださって以降、一貫して細やかな助言とお心遣いをいただいた。原文と照らし合わせた訳文の検討、修正の提案も常に的確で、助けられることは多かった。深く御礼を申し上げます。

二〇一九年九月

那須 耕介

ヤシャ・モンク
自己責任の時代
その先に構想する、支えあう福祉国家
那須耕介・栗村亜寿香訳

2019年11月18日　第1刷発行

発行所　株式会社 みすず書房
〒113-0033 東京都文京区本郷2丁目20-7
電話 03-3814-0131(営業) 03-3815-9181(編集)
www.msz.co.jp

本文組版　キャップス
本文印刷・製本所　中央精版印刷
扉・表紙・カバー印刷所　リヒトプランニング
装丁　安藤剛史

ISBN 978-4-622-08832-5
[じこせきにんのじだい]

著者略歴

(Yascha Mounk)

1982年ドイツのミュンヘン生まれ．ケンブリッジ大学のトリニティ・カレッジを卒業後，ハーヴァード大学で博士号（政治学）を取得．ハーヴァード大学公共政策学講師を経て，現在ジョンズ・ホプキンズ大学国際関係研究所准教授．著書に *Stranger in My Own Country: A Jewish Family in Modern Germany* (Farrar, Straus & Giroux, 2014), *The People vs. Democracy: Why Our Freedom Is in Danger and How to Save It* (Harvard University Press, 2018) がある．後者の日本語版は『民主主義を救え！』吉田徹訳（岩波書店，2019年）．

訳者略歴

那須耕介〈なす・こうすけ〉1967年京都府生まれ．京都大学大学院人間・環境学研究科教授．専門は法哲学．著書に『多様性に立つ憲法へ』（編集グループSURE，2014年），『現代法の変容』共著（有斐閣，2013年）などがある．共訳書に『メタフィジカル・クラブ』ルイ・メナンド著（みすず書房，2011年），『熟議が壊れるとき』キャス・サンスティーン著（勁草書房，2012年）がある．

栗村亜寿香〈くりむら・あすか〉1987年大阪府生まれ．京都大学大学院人間・環境学研究科修士課程修了．現在，同研究科博士後期課程在籍．論文に「ロールズ『正義論』における「偶然性」概念の考察」（『社会システム研究』2016年），「ジョン・ロールズの「自尊の社会的基盤」の検討」（『人間・環境学』2017年）がある．

索引

ア行

アダムズ，R・M　Adams, R. M. —のスキャンロン批判　197-200
アーネソン，リチャード　Arneson, Richard　106-107, 109, 140
アンダーソン，エリザベス　Anderson, Elizabeth　94
遺産　89
イッツォ，ジョン　Izzo, John　4
因果的決定論　causal determinism　55, 120-21, 127-28, 133, 165
ヴァレンティン，ピーター　Vallentyne, Peter　11
ウィリアムズ，バーナード　Williams, Bernard　15, 112, 163, 173; 功利主義批判　162-163
ウィルソン，ジェイムズ・Q　Wilson, James Q.　62-64, 203;『犯罪について考える』*Thinking about Crime* 62;『道徳感覚』*The Moral Sense*　64
右派　3, 13, 35-36, 64, 106; 反平等主義的—　4
ウルフ，ジョナサン　Wolff, Jonathan　94
運　自然の運 brute luck　9-11;　選択の運 option luck　9-11; →「不運」「道徳的運」も見よ
運消去原理　no-luck-principle　118-20, 130, 133, 142, 147
運排斥原理　anti-luck principle　119-20
運平等主義　luck egalitarianism　8, 10, 39, 50-52, 91-92, 94, 109-11, 135, 222
エゴイズム　173
エツィオーニ，アミタイ　Etzioni, Amitai　56
オズボーン，ジョージ　Osborne, George　35
オバマ，バラク　Obama, Barack　3, 7, 34, 65-69, 104-105, 202; 一般教書演説　67; 人種と責任について　68-69;『マイ・ドリーム』*Dreams from My Father*　34

カ行

ガーヴェイ，マーカス　Garvey, Marcus　105
学生の借金　98-99
家族　6, 40-41, 58, 62, 104, 148, 159, 162, 164, 172; 一人親家庭　58, 102; —構造と貧困　102
ガットマン，エイミー　Gutmann, Amy　46, 87
カント主義　112
機会　18, 23, 33, 36-37, 59, 61, 66, 77, 88, 140, 152, 171; —の平等　169-70, 175, 203-204, 206, 211
帰結主義　consequentialism　38-42, 44-45, 47, 162
キップリング，ラドヤード　Kipling, Rudyard　33
ギデンズ，アンソニー　Giddens, Anthony　56
キャメロン，デイヴィッド　Cameron, David　35
教育　大学の学費高騰　98-99; —と雇用

10, 14–15; 責任を負うことと—　202–203; —の平等　202–203
狂気　130, 180, 184
共同体主義　communitarianism　44
勤労　6, 103; —意欲　5, 89, 99, 205
勤労所得税額控除　Earned Income Tax Credit（EITC）　6, 84
クリントン，ビル　Clinton, Bill　6, 34, 37, 104
ケア労働　89–90
刑事司法　21, 63–64; —と構成運　136; —と処罰の正当化　62; —と道徳的責任　129; 犯罪の構造的要因　203; 『犯罪について考える』*Thinking about Crime*　62; 功利主義者と契約論者の—観　46
契約論　contractualism　38–39, 42–47, 52, 87–88; 契約論的リベラリズム contractualist liberalism　44–45, 178
ケネディ，ジョン・F　Kennedy, John F.　29, 32
公共政策　4, 14, 27, 55, 86–87, 135, 148–49, 156, 158–59, 172, 179, 191, 193, 201–209,
功績　merit　48, 177, 193, 195
行動科学的洞察班　Behavioural Insights Team（UK）　207
功利主義　utilitarianism　38, 41–44, 47, 52; 20 世紀前半における—の興隆　39–40; 他者の幸福　43; 他者の福利を改善する責務　38; 犯罪抑止策としての刑罰　46; 道徳的義務　162
コーエン，G・A　Cohen, G. A.　8, 45
黒人　3, 58, 68–69, 104–105; —差別　58
コスビー，ビル　Cosby, Bill　104
コーツ，タナハシ　Coates, Ta-Nehisi　104–105
雇用　87–90, 188; 不完全—　85;「デンマークの労働の奇跡」　206; 教育と—　6; 職業安定所（イギリス）の改革　207–208
ゴールドウォーター，バリー　Goldwater, Barry　32

サ行

最低賃金　89, 206
才能　11, 38, 45, 49, 77, 87, 91, 94, 107–108, 113, 134–35, 155, 195
再分配　3, 110–11, 171
サッチャー，マーガレット　Thatcher, Margaret　33–35, 37, 73
左派　3, 14, 36, 50, 52, 64, 100–104, 106, 134, 171, 181
サンスティーン，キャス　Sunstein, Cass　207
サンデル，マイケル　Sandel, Michael　44, 96–97, 99, 160–62; ロールズの刑罰論について　47;『リベラリズムと正義の限界』*Liberalism and the Limits of Justice*　47, 136;「手続き的共和国と負荷なき自己」“Procedural Republic and the Unencumbered Self”　160
サンデル的な共同体主義　Sandelian communitarianism　44
シェフラー，サミュエル　Scheffler, Samuel　30, 40, 65, 94
自己責任・就労機会調整法　Personal Responsibility and Work Opportunity Reconciliation Act　3, 5, 84
自然性条件　conditions of naturalness　146
失業　6, 24, 36, 54, 74, 76, 85, 92, 180–81, 196, 206; —率　72; —手当　79, 82–84, 156, 205, 207
史的唯物論　55
支配　13, 54, 60, 97, 170–72; 平等主義を希求すべき理由と—　169

資本主義　15, 54, 61, 77, 98, 140, 154; 加速する―　4
社会政策　17, 54-58
社会的協働　38, 42-43, 46, 86-87, 90
社会学的人間　*homo sociologicus*　57
社会保障障害保険　Social Security Disability Insurance（SSDI）　206
自由　2, 4, 31-33, 49, 51-52, 58, 77, 90, 97, 123, 127, 138-39, 157, 161-62, 178;「消極的自由」と「積極的自由」（バーリン）　32; ―と責任　33
自由意志　118, 120-29, 133, 151, 173
住宅購入補助制度　housing vouchers　154
主体性の否定　54-55, 57, 135
ジュリアーニ，ルドルフ　Giuliani, Rudolph　64
シュレーダー，ゲアハルト　Schroder, Gerhard　3
食料品配給券　food stamp programs　83, 153-54, 156, 188, 205
ジョンソン，リンドン　Johnson, Lyndon B.　66
スウィドラー，アン　Swidler, Ann　60-61, 68
スキナー，クェンティン　Skinner, Quentin　211-12;『自由主義に先立つ自由』*Liberty before Liberalism*　211
スキャンロン，T・M　Scanlon, T. M. 28, 38, 151-53, 155, 165-68, 170, 197, 199-200; 平等主義社会を希求する５つの理由　168-69; 選択を重んじるべき３つの理由　151-53;『我々が互いに負っているもの』*What We Owe to Each Other*　196
ストレス　89, 158
ストローソン，ゲイレン　Strawson, Galen　121, 123-25, 127, 164
ストローソン，ピーター　Strawson, Peter　164-67
スミス，フィリップ　Smith, Philip　59
スラム　66, 134; ―の極貧状態　58
生活保護　25, 95, 177, 187, 196, 205-206
正義の義務　43, 52
制御原則　Control Principle　17, 27, 113, 132-33
政治的想像力　26-28, 148
正常性条件　conditions of normalcy　146
正統な期待　legitimate expectation　38, 44-45, 47, 140, 178, 193-94
生命技術　―と責任の激増　97
生命倫理　98
セイラー，リチャード　Thaler, Richard　207
セウェル，ウィリアム　Sewell, William　55
世界価値観調査　World Values Survey　156
責任　肯定的責任像 positive conception of responsibility　23-24, 26, 28, 183, 186, 202, 205; 懲罰的責任像 punitive conception of responsibility　5, 14-15, 17-18, 21-22, 26, 28, 35, 45, 149, 158-59, 172, 181-86, 192, 202, 204-205, 207-208, 212; 責任否定論 denial of responsibility　14-18, 23, 62, 100, 102, 106, 111, 119, 134-41, 148, 181-84, 186; 責任消去論　28, 134, 135, 140; 義務としての責任（他者への責任）responsibility-as-duty　22, 30, 33, 37-38, 40-42, 47, 159-63, 173, 190; 結果責任としての責任（自己責任）responsibility-as-accountability　15, 30-31, 33, 35, 37-43, 46-48, 50, 52-54, 56, 65-70, 76, 86, 96, 136, 149, 181, 184-85, 188, 192-93, 197, 199-201, 210; 道徳的責任 moral responsibility　41, 43, 97, 101, 109, 116, 118, 119-34, 139-41, 143-44, 146-47; 自己責任 personal

responsibility　1-28, 30, 33, 48, 57, 59, 65, 69, 71, 73, 75, 77, 82, 84, 99, 103-106, 140, 150-58, 165, 172, 175, 177-79, 181-82, 190, 192, 203, 210; 個人責任 individual responsibility　36, 64, 68, 87
責任緩和的　responsibility-buffering　28, 70, 74-93
責任追随的　responsibility-tracking　27, 70, 74-93, 96, 99, 178, 187-89, 193, 204-205, 208
責任の枠組み　responsibility framework　18-21, 23, 25, 27-28, 30, 97, 100-101, 136, 138, 140, 175, 181, 210
セーフティネット　3, 14, 70, 78, 177
前政治的　pre-political　23-24, 49, 141, 177-78, 195
前制度的　pre-institutional　23-24, 28, 38, 44-49, 108-109, 140, 177-78, 191, 193, 195, 199, 202; ―な責任　179-85
選択　5, 6, 8-15, 17-18, 22-23, 25-26, 28, 38-39, 48-52, 54, 56, 58, 61, 63, 65, 68-70, 77-78, 82-83, 90-92, 94, 96-98, 102-103, 105-108, 116, 125, 128, 133, 137-39, 141, 150-55, 160-61, 175, 177, 189, 192, 196-97, 198, 200-201, 207-208, 210; 手段としての―　151-53; 象徴としての―　151-53; 表現としての―　151-53
相応の報い　desert　23-25, 38, 42, 44-48, 108, 140, 177-78, 181-82, 208
ソス，ジョー　Soss, Joe　206
尊厳　177, 190, 192

タ行

第一階の意志　first-order volition　130
タウンゼント，ピーター　Townsend, Peter　55
正しい社会　just society　12, 43, 46, 86, 108-109, 140
ダーレンドルフ，ラルフ　Dahrendorf Ralf　57
ディーコン，アラン　Deacon, Alan　54, 56
ティトマス，リチャード　Titmuss, Richard
テイラーグッビィ，ピーター　Taylor-Gooby, Peter　55
デネット，ダニエル　Dennett, Daniel　120, 127, 133
デュボイス，W・E・B　Du Bois, W. E. B.　105
デンマーク　82-83, 85, 205, 208; ―の福祉制度　206-207
ドゥオーキン，ロナルド　Dworkin, Ronald　9-12, 106, 109, 120,131-33, 145; 運平等主義　91-92;「選択の運」と「自然の運」　9-12;『ハリネズミの正義』*Justice for Hedgehogs*　128
同性愛者の権利　136-39
道徳的運　moral luck　15-16, 113-18, 120, 143; 因果運　causal luck　117-18, 120-21, 140; 結果運　outcome luck　16, 114-15, 140; 構成運　constitutive luck　16, 116-17, 121, 135-36, 140, 143; 状況運　circumstantial luck　16, 115-16, 121, 140 →「運」「不運」も見よ
道徳的思考　40, 143
道徳的地位　16, 42, 51, 113, 137, 156-57, 187, 211
道徳的直観　87, 134, 141-47
道徳哲学　moral philosophy　26-27, 37-38, 62, 86, 106, 111-13, 143, 151, 172, 196-201
トルフィング，ヤコブ　Torfing, Jacob　206
トンプソン，デニス　Thompson, Dennis　46, 87

ナ行

ナッター，マイケル　Nutter, Michael　104
ニーチェ，フリードリッヒ　Nietzsche, Friedrich　123
ネーゲル，トマス　Nagel, Thomas　15, 106, 114
年金　72, 74, 79-82; 受給開始の平均年齢　80; 給付金額　78-81; 投資のリスク　96-98; 4つの重要な進展　80-82; 自主的な退職貯蓄計画　81;
ノージック，ロバート　Nozick, Robert　44, 48-51, 90-91;『アナーキー・国家・ユートピア』 *Anarchy, State, and Utopia*　48
ノージック流のリバタリアニズム　44

ハ行

ハーヴァード大学　55, 136, 215-18
バウマン，ジグムント　Bauman, Zygmunt　56
ハセンフェルド，イェヘスケル　Hasenfeld, Yeheskel　95
パーソンズ，タルコット　Parsons, Talcott　54-55, 59
ハッカー，ジェイコブ　Hacker, Jacob　73-74
パットナム，ロバート　Putnam, Robert　103
パリース，フィリップ・ヴァン　Parijs, Philippe van　110-11, 190
バーリン，アイザイア　Berlin, Isaiah　32
ハリントン，マイケル　Harrington, Michael　58
犯罪学　37, 53-54, 61-65
ピアソン，ポール　Pierson, Paul　72-74
被害者に鞭打つ　15, 53-59, 203
ビスマルク型福祉国家　78-79
平等　15, 21, 39, 48-49, 51-52, 58, 71, 90, 92-93, 110-11, 138-39, 168-71, 175, 202, 222; —と責任追随　90-92; 機会の平等　169-70, 175; 福祉国家の目的　24
平等主義　egalitarianism　8, 38-39, 47-52, 67, 90-91, 155, 164, 168-74; —対運平等主義　39; 旧—対新—　47-53; スキャンロンによる—を希求する5つの理由　168-69; 他者を責任ある存在と考えること　163-74　→「運平等主義」も見よ
貧困　黒人の—　58; —の連鎖　65; 家族構成と—　58, 102; —の原因としての不況　104; —の構造的要因　59, 61, 68-69, 99, 102, 105, 202-203; —との闘い　66-67
『貧困との闘い——その50年後』（下院予算委員会） *War on Poverty: 50 Years Later*　102-103
「貧困の文化」 "culture of poverty"　57-61, 68, 102
フィールド，フランク　Field, Frank　56
不運　3, 9-10, 70, 91-92, 102-18, 134-35, 144, 169, 176-77 →「運」「道徳的運」も見よ
フォルクマン，スーザン　Folkman, Susan　158
福祉改革　3, 6, 37, 56, 70, 84, 86-88, 91, 93; デンマークの—　205-206; —の問題　93-100
福祉国家　1-2, 7, 12-13, 17, 20, 23, 29, 70, 136, 150, 153-55, 172, 177-79, 182, 188-90, 192, 202, 204-205; —の正当化　23; —の主目的　24-25, 177, 187; —改革　27, 57, 79, 91, 99; 責任の時代の—　71-100
福祉詐欺　177

福祉制度　6, 71-74, 78, 86, 153, 156, 187, 189, 206, 208; —の逆説　71, 95, 204; 勤労—　205; 責任追随を強いられる—　79-85
フーコー，ミシェル　Foucault, Michel 『監獄の誕生』*Surveiller et punir: naissance de la prison*　62
ブッシュ，ジョージ・W　Bush, George W.　34
不平等　8-9, 14, 48-49, 51, 91, 109, 169-71
フランクファート，ハリー　Frankfurt, Harry　120, 125, 127, 132-33, 145;「フランクファートの事例」"Frankfurt case"　126, 144;「意志の自由と人格の概念」"Freedom of the Will and the Concept of a Person"　130
ブレア，トニー　Blair, Tony　3, 36, 65, 83
文化社会学　cultural sociology　54, 57-61
文化的規範　103; —と貧困原因　102-104
分配　2,8-9, 11, 13, 24, 38, 47-51, 67, 78, 82, 90-91, 99-100, 109, 111, 135, 171, 175, 178, 190; —の道徳的地位と歴史　51; 旧平等主義における—　47
分配的正義　4, 109, 179; —の「結果状態」(「最終結果」) 理論 "end-state" theory of,　48-50
ペイン，トマス　Paine, Thomas　33
ベヴァリッジ型福祉国家　Beveridgean welfare states　78
ベッカー，ゲイリー　Becker, Gary　63
ベック，ウルリッヒ　Beck, Ulrich　56
ベンサム，ジェレミー　Bentham, Jeremy 功利主義の定式　40
保守革命（1980年代の）　2
保守党（英国）　35
ホッブズ，トマス　Hobbes, Thomas　46, 214
ホワイト，スチュワート　White, Stuart　46; 条件付与のための社会的な前提条件　88-89
ホワイトハウス，エドワード　Whitehouse, Edward　81
本質的目的　constitutive ends　160
ボーン・ディス・ウェイ基金　Born This Way Foundation　136-37

マ行

マキャヴェッリ，ニッコロ　Machiavelli, Niccolo　31
マーフィー，ジェイムズ　Murphy, James　62
マリー，チャールズ　Murray, Charles　56, 103
マルコムX　Malcolm X　104
マン，カーク　Mann, Kirk　54, 56
ミード，ローレンス　Mead, Lawrence　56
ミル，ジョン・スチュワート　Mill, John Stuart　176
民主主義　27, 160
モアハウス大学　Morehouse College　3, 68-69
モイニハン，ダニエル・パトリック　Moynihan, Daniel Patrick　58-59, 68
モイニハン報告　Moynihan Report　58-60, 68, 102

ヤ行

ユーロ危機　80
要扶養児童家庭扶助　Aid to Families with Dependent Children　206

ラ行

ライアン，ウィリアム　Ryan, William　59;『被害者に鞭打つ』*Blaming the Victim*　59
ライアン，ポール　Ryan, Paul　103
ラザルス，リチャード・S　Lazarus, Richard S.　158
リッパート＝ラスムッセン，カスパー　Lippert-Rasmussen, Kasper　11-12, 92
リベラリズム　160-61; 契約論的―　44-45, 178; ―と個別的な忠誠　160
リントン，ラルフ　Linton, Ralph　57
ルイス，オスカー　Lewis, Oscar　57
ルソー，ジャン＝ジャック　Rousseau, Jean-Jacques　170
ルター，マルティン　Luther, Martin　127-28, 131
冷戦　29, 31-32, 37
レーガン，ロナルド　Reagan, Ronald　2, 33-34, 37, 64, 73
レディ・ガガ　Lady Gaga　136-37
労働党　64
労働党革新派　36, 65
ロジャーズ，ダニエル・T　Rodgers, Daniel T.　30, 33-34, 65, 148;『分裂の時代』*The Age of Fracture*　32
ロプレスト，パメラ　Loprest, Pamela　84
ロールズ，ジョン　Rawls, John　38-39, 43-45, 50, 77, 86, 106-10, 140, 155, 178;『正義論』*The Theory of Justice*　39, 42, 107, 178;『万民の法』*Law of Peoples*　42; 格差原理　43; 刑罰について　46-47; 正義の義務　43; 制度的「相応の報い」論　46, 140; 社会的協働　86; 運の3つの主要要素　107-108

ワ行

ワシントン，ブッカー・T　Washington, Booker T.　105
ワトキンズ＝ヘイズ，セレステ　Watkins-Hayes, Celeste　94
割れ窓理論　63-64

原注

序

(1)「こけおどし puffery」の概念については，たとえば Jef I. Richards, "A 'New and Improved' View of Puffery," *Journal of Public Policy & Marketing* 9, no. 1 (1990): 73–84 を見よ．

(2) 哲学，社会科学上の転換のより詳細な記述については，第 1 章の昨今の責任をめぐる精神史を見よ．

(3) Vanessa Barker, *The Politics of Imprisonment: How the Democratic Process Shapes the Way America Punishes Offenders* (New York: Oxford University Press, 1990), 66 における引用．

(4) これらの変化の簡明な経緯については，たとえば David Harvey, *A Brief History of Neoliberalism* (Oxford: Oxford University Press, 2005)〔渡辺治監訳・森田成也・木下ちがや・大屋定晴・中村好孝訳『新自由主義――その歴史的展開と現在』作品社，2007 年〕を見よ．

(5) 第 2 章「責任の時代の福祉国家」では，責任と福祉国家の扱いについてより詳しく述べている．

(6) たとえば Tony Blair, "Speech on Welfare Reform" (June 10, 2002), reprinted in John Baldock, Nick Manning, and Sarah Vickersta , eds., *Social Policy*, 3rd ed. (New York: Oxford University Press, 2007), 702; Gerhard Schröder, "Neujahrsansprache von Bundeskanzler Gerhard Schröder zum Jahreswechsel 2002/2003" (speech delivered in Berlin, December 31, 2002), 2013 年 4 月 28 日アクセス．http://www.zeit.de/politik/schroeder_neujahr を見よ．

(7) バラク・オバマはこの主題を 2012 年の一般教書演説のなかで特に明確に説いてみせた．

> 忘れないようにしましょう．日々真面目に働き，規則に従う何百万人もの米国人が，同様に努める政府と財政システムをもつに値するのです．今や上から下まで，同じ規則に従うべき時なのです．緊急援助も補助金も，責任逃れもなしです．永続すべく築かれた米国は，すべての人が責任を果たすことを要求しています．

Barack Obama, "Remarks by the President in the State of the Union Address" (speech, Washington DC, January 24, 2012) The White House, http://www.whitehouse.gov/the-press-office/2012/01/24/remarks-president-state-union-address. 2014 年 10 月 17 日アクセス．

(8) Barack Obama, "Remarks by the President in a National Address to America's Schoolchildren" (speech, Arlington, VA, September 8, 2009), 2014 年 10 月 17 日 アクセス．http://www.whitehouse.gov/the_press_office/Remarks-by-the-President-in-a-National-Address-to-Americas-Schoolchildren.

(9) Barack Obama, "Remarks by the President at Morehouse College Commencement Ceremony"

(speech, Atlanta, GA, May 19, 2013), 2014 年 10 月 18 日アクセス. https://www.whitehouse.gov/the-press-office/2013/05/19/remarks-president-morehouse-college-commencement-ceremony.

(10) Laura M. Stack, "Taking Personal Responsibility," The Productivity Pro, 2016 年 6 月 5 日アクセス. http://www.theproductivitypro.com/FeaturedArticles/article00007.htm; John B. Izzo, *Stepping Up: How Taking Responsibility Changes Everything* (San Francisco: Barret Koehler, 2012)〔桜井真砂美訳『自分でやれば，うまくいく――本物のステップアップを導く「能動思考」』日本経済新聞出版社，2012 年〕; Thom Routledge, *Earning Your Own Respect: A Handbook of Personal Responsibility* (Oakland: New Harbinger Publications, 1998).

(11) Ulrich Beck, *Risikogesellschaft: Auf dem Weg in eine andere Moderne* (Frankfurt: Suhrkamp Verlag, 1986)〔東廉・伊藤美登里訳『危険社会――新しい近代への道』法政大学出版局，1998 年〕.

(12) たとえば Saskia Sassen, *Losing Control? Sovereignty in an Age of Globalization* (New York: Columbia University Press, 1996)〔伊豫谷登士翁訳『グローバリゼーションの時代――国家主権のゆくえ』平凡社，1999 年〕; William K. Tabb, *Economic Governance in the Age of Globalization* (New York: Columbia University Press, 2004); Samir Amin, *Capitalism in the Age of Globalization* (New York: St. Martin's Press, 1998) を見よ.

(13) Edward Luttwak, *Turbo-Capitalism: Winners and Losers in the Global Economy* (New York: HarperCollins, 2000)〔山岡洋一訳『ターボ資本主義――市場経済の光と闇』TBS ブリタニカ，1999 年〕; Fritz Reheis, *Entschleunigung—Abschied vom Turbokapitalismus* (Munich: Goldmann, 2009) を見よ.

(14) Hans-Werner Sinn, *Kasino-Kapitalismus—Wie es zur Finanzkrise kam, und was jetzt zu tun ist* (Berlin: Ullstein, 2010).

(15) Greta R. Krippner, *Capitalizing on Crisis—The Political Origins of the Rise of Finance* (Cambridge, MA: Harvard University Press, 2011).

(16) たとえば Larry M. Bartels, *Unequal Democracy: The Political Economy of the New Gilded Age* (New York: Russell Sage Foundation, 2008) および David B. Grusky and Tamar Kricheli-Katz, eds., *The New Gilded Age: The Critical Inequality Debates of Our Time* (Stanford, CA: Stanford University Press, 2012) を見よ.

(17) たとえば Ronald Dworkin, *Sovereign Virtue: Equality in Theory and Practice* (Cambridge, MA: Harvard University Press, 2000)〔小林公・大江洋・高橋秀治・高橋文彦訳『平等とは何か』木鐸社，2002 年〕および G. A. Cohen, "On the Currency of Egalitarian Justice," *Ethics* 99, no. 4 (1989): 906–944 を見よ.

(18) たとえば Keith M. Kilty and Elizabeth A. Segal, eds., *The Promise of Welfare Reform: Political Rhetoric and the Reality of Poverty in the Twenty-First Century* (Binghamton, NY: Haworth Press, 2006) に掲載された福祉改革に際して用いられた修辞についての論を見よ.

(19) この福祉国家観についての古典的な言明については，T. H. Marshall, "Citizenship and Social Class" (1949), reprinted in T. H. Marshall, *Citizenship and Social Class and Other Essays* (Cambridge: Cambridge University Press, 1950)〔岩崎信彦・中村健吾訳『シティズンシップと社会的階級――近現代を総括するマニフェスト』法律文化社，1993 年所収〕および

Richard Morris Titmuss, *Commitment to Welfare*（London: Allen and Unwin, 1976）〔三浦文夫監訳『社会福祉と社会保障——新しい福祉をめざして』東京大学出版会，1971年〕を参照のこと．

（20）福祉給付の条件の厳格化傾向については，たとえばJochen Clasen and Daniel Clegg, "Levels and Levers of Conditionality: Measuring Change within Welfare States," in *Investigating Welfare State Change: The "Dependent Variable Problem" in Comparative Politics*, ed. Jochen Clasen and Nico A. Siegel（Cheltenham, UK: Edward Elgar Publishing, 2007）を見よ．また，第2章で広く論じていることとも比較のこと．

（21）合州国諸州とカナダおよび英国における勤労福祉政策に対する初期の要約については，Jamie Peck, *Workfare States*（New York: Guilford Press, 2001）を見よ．

（22）Jeffrey Grogger and Lynn A. Karoly, *Welfare Reform—Effects of a Decade of Change*（Washington, DC: Rand Corporation, 2005）, esp. 52–55を見よ．

（23）勤労所得税額控除The Earned Income Tax Credit（EITC）が初めて導入されたのは1975年のことである．それがめざましく拡大されたのは1996年の福祉改革の2，3年前，1996年予算案によってその役割が拡大されたときのことだった．EITCの発展の経緯に関する有用な概略についてはV. Joseph Hotz and John Karl Scholz, "The Earned Income Tax Credit," in *Means-Tested Transfer Programs in the United States*, ed. Robert A. Moffit（Washington DC: National Bureau of Economic Research, 2003）, 141–197を見よ．

（24）クリントンはこのように宣言した．

> 本日私は，法案H.R.3734号の「1996年自己責任・就労機会調整法」に署名いたしました．完全なものとは言いがたいところもありますが，この法律は周知の福祉を終了させ，労働と責任と家族という根本的価値を促進することによって破綻した福祉システムを一新するものです．
>
> この法案は私の考える真の福祉改革の基本原理を実行に移すものです．それは，福祉受給者に勤労を，受給期間に制限を求め，保育や健康保険制度を提供して受給者が勤労者となることを促します．それは自己責任を要求し，育児支援のための厳格な強制措置を設けています．それは家族の絆を強め子どもを保護するのです．

Bill Clinton, "Statement on Signing the Personal Responsibility and Work Opportunity Reconciliation Act"（remarks, Washington, DC, August 22, 1996）, reprinted in William J. Clinton, *Public Papers of the Presidents of the United States—Administration of William J. Clinton—1996*（Washington, DC: U.S. Government Printing Office, 1997）, 1328.

（25）Barack Obama, "Remarks by the President at a Campaign Event in Roanoke, Virginia"（speech, July 13, 2012）The White House, http://www.whitehouse.gov/the-press-office/2012/07/13/remarks-president-campaign-event-roanoke-virginia. 2013年7月29日アクセス．

（26）たとえばCNNによると，この発言への批判は「［この］年の共和党全国委員会の基軸」だった．CNN Wire Staff, "'You didn't build that': A Theme out of Context," 2013年7月29日アクセス．http://www.cnn.com/2012/08/31/politics/fact-check-built-this を見よ．

（27）この歴史的展開についての詳細な議論については第1章を見よ．

（28）古典的な運平等主義定式化については，Dworkin, *Sovereign Virtue;* Richard J. Arneson,

"Equality and Equal Opportunity for Welfare," *Philosophical Studies* 56, no. 1 (1989): 77-93〔米村幸太郎訳「平等と厚生機会の平等」広瀬巌編・監訳『平等主義基本論文集』勁草書房，2018 年〕, reprinted in Louis Pojman and Robert Westmoreland, eds., *Equality: Selected Readings* (Oxford: Oxford University Press, 1997), 229-241 および Cohen, "Currency of Egalitarian Justice" を見よ．

(29) Cohen, "Currency of Egalitarian Justice," 933.

(30) Ronald Dworkin, "What Is Equality? Part 1: Equality of Welfare," *Philosophy & Public Affairs* 10, no. 3 (1981); reprinted in Dworkin, *Sovereign Virtue*, 73〔小林公他訳『平等とは何か』木鐸社，2002 年，105 頁．一部訳文を変更した〕.

(31) 最も強力な批判としては，Elizabeth Anderson, "What Is the Point of Equality?" *Ethics* 109, no. 2 (1999)〔森悠一郎訳「平等の要点とは何か（抄訳）」『平等主義基本論文集』〕: 287-337; Jonathan Wolff, "Fairness, Respect, the Egalitarian Ethos," *Philosophy & Public Affairs* 27, no. 2 (1998): 97-122; and Samuel Scheffler, "Choice, Circumstance, and the Value of Equality," *Politics, Philosophy, Economics* 4, no. 1 (2005): 5-28 を見よ．

(32) この問題に関するより詳しい議論については，第 5 章を見よ．

(33) あらゆる福祉官僚制が直面する，困窮状態に陥ったことへの受給者責任の特定に伴う経験的，規範的困難については，第 2 章の最後の 2 節でより詳しく論じる．

(34) この傾向に属する最も興味深い 2 論文として，Kasper Lippert-Rasmussen, "Egalitarianism, Option Luck, and Responsibility," *Ethics* 111, no. 3 (2001): 548-579 と Peter Vallentyne, "Brute Luck, Option Luck, and Equality of Initial Opportunities," *Ethics* 112, no. 3 (2002): 529-557 を見よ．

(35) 第 2 章で福祉国家を論じる際，筆者は，困窮状態にある人が社会的援助を要するようになったことへの責任の有無をごく粗雑なレベルででも理解しようとすれば，必ず直面するはずの現実的困難と規範的費用とにいっそう深く取り組んでみるつもりである．

(36) 理想理論の概念およびこれと非理想理論との相違については，A. John Simmons, "Ideal and Nonideal Theory," *Philosophy & Public Affairs* 38, no. 1 (2010): 5-36 および Laura Valentini, "Ideal vs. Non-Ideal Theory: A Conceptual Map," *Philosophy Compass* 7, no. 9 (2012): 654-664 を見よ．これに関連して，実行可能性の有無にかかわらず妥当する正義原理と社会制御のための「単なる」最適化準則とを弁別する政治哲学の目的に関する論争については，G. A. Cohen, "Rescuing Justice From...The Facts," *Rescuing Justice & Equality* (Cambridge, MA: Harvard University Press, 2008), 229-274 を，彼がそれ以前に記した "Facts and Principles," *Philosophy & Public Affairs* 31, no. 3 (2003): 211-245 とあわせて見よ．これと似た組み合わせの見解を異なった仕方で定式化した David Estlund, *Utopophobia—Political Philosophy Beyond the Feasible* (Princeton, NJ: Princeton University Press, 2013) とも比較せよ．

(37) 決定論，非両立論，そしてそれらと自己制御の範囲外の行動への責任の問題との関連についての種々多様な哲学的主張については，Peter Van Inwagen, *An Essay on Free Will* (Oxford: Clarendon Press, 1983); John Martin Fischer, *The Metaphysics of Free Will* (Oxford: Blackwell, 1994); Derk Pereboom, *Living Without Free Will* (Cambridge: Cambridge University Press, 2001) および Robert Kane, The *Significance of Free Will* (Oxford: Oxford University Press,

1996）を見よ．

（38）分配的正議論において，とりわけG・A・コーエンは決定論が真理なら厳格な平等からのどんな逸脱も正当化できず，それゆえ運平等主義は崩壊して厳格な平等主義に転じてしまう可能性がある，と主張してきた．自由意志問題と分配的正義との関係に関するコーエンの見解については，彼の “Currency of Egalitarian Justice,” 934を見よ．あわせて Arneson, “Equality and Equal Opportunity for Welfare” も参照のこと．

（39）道徳的運に関する一対の古典的著作としては，Bernard Williams, “Moral Luck,” *Proceedings of the Aristotelian Society, Supplementary Volumes*, vol. 50, 115–135 および Thomas Nagel, “Moral Luck,” *Proceedings of the Aristotelian Society, Supplementary Volumes*, vol. 50, 137–151（New York: Wiley, 1976）〔永井均訳『コウモリであるとはどのようなことか』勁草書房，1989年所収〕を見よ．この議論への近年最も興味深い介入としては，T. M. Scanlon, *Moral Dimensions: Permissibility, Meaning, Blame*（Cambridge, MA: Harvard University Press, 2009）, esp. 122–216を見よ．道徳的運とその道徳的責任に対する脅威とされているものについては第3章で詳論する．

（40）特に徹底的な道徳的運批判としては，Michael Zimmermann, “Luck and Moral Responsibility,” *Ethics* 97（1987）: 374–386を見よ．また，マイケル・オーツカによる最近の企て，「自然の道徳的運」は行為者の道徳的地位に影響を及ぼさないが，ある種の「選択的道徳運」は影響を及ぼしうる，という “Moral Luck: Optional, Not Brute,” *Philosophical Perspectives* 23, no. 1（2009）: 373–388での主張とも比較せよ．

第1章

（1）「相応の報い」と「相応でない報い」をめぐる道徳的言説の初期の展開に関する最近の説明としては，Michael B. Katz, *The Undeserving Poor: America's Enduring Confrontation with Poverty*, 2nd ed.（New York: Oxford University Press, 2013）, chap. 1を見よ．

（2）この演説の意味とより広範な文脈についての優れた説明として，Thurston Clarke, *Ask Not—The Inauguration of John F. Kennedy and the Speech that Changed America*（New York: Henry Holt, 2004）〔土田宏訳『ケネディ――時代を変えた就任演説』彩流社，2006年〕を見よ．この一節はそのxvi頁に再掲され，また http://www.youtube.com/watch?v=3s6U8GActdQ（2013年8月11日最終アクセス）でも読める．

（3）Samuel Scheffler, “Responsibility, Reactive Attitudes, and Liberalism in Philosophy and Politics,” *Philosophy & Public Afairs* 21, no. 4（1992）: 299–323.

（4）Daniel T. Rodgers, *Age of Fracture*（Cambridge, MA: Harvard University Press, 2011）.

（5）Niccolò Machiavelli, *Discourses on the First Ten Books of Titus Livy*, esp. book I, chaps. XVI–XXI〔永井三明訳『マキァヴェッリ全集2　ディスコルシ』筑摩書房，1999年〕を見よ．

（6）Rodgers, *Age of Fracture*, 16.

（7）Isaiah Berlin, “Two Concepts of Liberty,” *Four Essays on Liberty*（Oxford: Oxford University Press, 1969）〔小川晃一・小池銈・福田歓一・生松敬三訳『自由論』【新装版】みすず書房，2018年〕.

(8) Rodgers, *Age of Fracture*, 29.

(9) Quoted in ibid., 22.

(10) Ibid., 23.

(11) Ibid., 29-30.

(12) Ibid., 34.

(13) 引用元と有用な議論については，David Seawright, *The British Conservative Party and One Nation Politics* (London: Continuum Press, 2010), 36 を見よ.

(14)「大社会」をめぐる現代英国の論争についての啓発的な論文については，Armine Ishkanian and Simon Szreter, eds., *The Big Society Debate—A New Agenda for Social Welfare?* (Cheltenham, UK: Edward Elgar Publishing, 2012) を見よ.

(15) David Cameron, "Return to Responsibility," *The Guardian*, February 27, 2010, 2013 年 5 月 12 日アクセス. http://www.guardian.co.uk/commentisfree/2010/feb/27/david-cameron-personal-responsibility.

(16) George Osborne, "Speech to the 2012 Conservative Party conference," reprinted in "George Osborne's Speech to the Conservative Conference: Full Text," *New Statesmen*, October 8, 2014, 2013 年 4 月 25 日アクセス. http://www.newstatesman.com/blogs/politics/2012/10/george-osbornes-speech-conservative-conference-full-text.

(17) Tony Blair, "Speech on Welfare Reform," June 10, 2002, reprinted in John Baldock, Nick Manning, and Sarah Vickersta , eds., *Social Policy*, 3rd ed. (New York: Oxford University Press, 2007), 702.

(18) たとえば Bernd Meier, *Freiheit und Eigenverantwortung: empirische Befunde und ordnungspolitische Grundlagen der sozialen Marktwirtschaft* (Cologne, Ger.: Deutscher Instituts-Verlag, 2004); Jürgen Kaschube, *Eigenverantwortung—eine neue beru iche Leistung: Chance oder Bedrohung für Organisationen?* (Göttingen, Ger.: Vandenhoeck & Ruprecht, 2006) および Sofia Davilla, *Die Eigenverantwortung im SGB III und SGB II—Obliegenheiten und Sanktionen zur Beendigung von Arbeitslosigkeit und Hilfsbedürftigkeit* (Frankfurt: Peter Lang, 2011) を見よ.

(19) Jean-Fabien Spitz, *Abolir le hasard? Responsabilité individuelle et justice sociale* (Paris: Vrin, 2008); 同じく、学会論文集への仏語での寄稿として Conseil de l'Europe, *La responsabilité: du principe aux pratiques* (Strasbourg, Fr.: Editions du Conseil de l'Europe, 2011) を見よ.

(20) たとえば，イタリアの指導的哲学者マッシモ・カッチャーリの対談集 *Sulla Responsibilità Individuale* (Venice: Servitium, 2002) および Wilfried Prewo, *Oltre lo stato assistenziale: Autonomia personale, responsibilità individuale e vera solidarietà* (Rome: Rubettino, 2005) を見よ.

(21) 一例にすぎないが，これら多様な語の印象深い類似の用法の例証として，ゲアハルト・シュレーダーによる 2002 年 12 月 31 日の伝統的な新年演説を見よ．この日は「アジェンダ 2010」で知られる包括的な福祉国家改革発効の前日だった.

私たちの財産や社会の安全，すぐれた学校や街路や病院——これらはきわめて多くの人びとの羨望の的です——を守ることができるのは，私たちが自分の力を忘れず，根本的な変革に着手する勇気を共に見出すときだけです．労働市場と私たちの老齢年金

については，すでにこれを開始しました．これらの手段を通じて，私たちの福祉国家はグローバル化の嵐を切り抜けられるのです．その際，私たちはあらゆる場面でより多くの責任を負わねばならなくなるでしょう．子どもたちに機会を与えるためには――自分たちの家族を強くするのではまったくなくて――これまで以上の自己責任と共同責任を負う必要があるのです．社会政策上このことが意味するのは，誰もが同じだけの機会をもつ，ということです．しかしそれはまた，誰もがその機会をとらえる義務を負っている，ということでもあります．連帯を濫用する人は常に私たちの社会的協働を危機にさらしてしまうでしょう．

Gerhard Schröder, “Neujahrsansprache von Bundeskanzler Gerhard Schröder zum Jahreswechsel 2002/2003, December 31, 2002, 2013 年 4 月 28 日 アクセス．http://www.zeit.de/politik/schroeder_neujahr（著者による英訳）．

（22）Bill Clinton, “First Inaugural Address,” reprinted in *Public Papers of the Presidents of the United States—Administration of William J. Clinton—1994*（Washington, DC: U.S. Government Printing Office, 1995）, 2.

（23）たとえば Peter Singer, “Western Ethics from the Beginninfg of the 20th Century,” *Encyclopedia Britannica*, 2014 年 7 月 26 日アクセス．http://www.britannica.com/EBchecked/topic/194023/ethics/252555/Western-ethics-from-the-beginning-of-the-20th-century# を見よ．

（24）Ibid. ピーター・シンガーは次のように指摘している．

哲学者たちが規範倫理学への関心を再度示しはじめた 1960 年代には，あらゆる状況での道徳的判断の基礎として功利主義にまさる説得力と体系性をもつ理論は存在しなかった．しかし多くの哲学者は功利主義を受け入れがたいと感じていた．……それゆえロールズの『正義論』が 1971 年に登場した際にはこれが熱狂的に歓迎されたのである．……その登場後の 10 年間，『正義論』は世界中の道徳哲学者たちから前例を見ないほどの吟味にさらされたのである．

（25）John Rawls, *A Theory of Justice*, rev. ed.（Cambridge, MA: Harvard University Press, 1999）〔川本隆史・福間聡・神島裕子訳『正義論』紀伊國屋書店，2010 年〕, 20.『正義論』が未曾有の成功を収めて功利主義を追い詰めた 1982 年に至っても，バーナード・ウィリアムズやアマルティア・センら指導的な非功利主義哲学者はなお功利主義に強い説得力を認め，*Utilitarianism and Beyond*（Cambridge: Cambridge University Press, 1982）という衆目を集めた論文集を編纂した．T・M・スキャンロンはその寄稿の冒頭で，功利主義はもはやかつてのような支配的見解ではないものの，いまなお「今日の道徳哲学の中心的地位」を占めている，と述べている．Scanlon: “Contractualism and Utilitarianism,” in ibid., 103.

（26）Jeremy Bentham, *An Introduction to the Principles of Morals and Legislation*（London: Athlone Press, 1789）, chap. 1, sec. II〔山下重一訳「道徳および立法の諸原理序説」関嘉彦編『世界の名著 38　ベンサム　J. S. ミル』中央公論社，1975 年，82 頁〕．

（27）Samuel Scheffler, “Individual Responsibility in a Global Age,” *Boundaries and Allegiances: Problems of Justice and Responsibility in Liberal Thought*（Oxford: Oxford University Press, 2002）, 37.

（28）Ibid., 38.

（29）Ibid., 37.

(30) もちろん，帰結主義者は責任ある行動に報いて長期的視野から見た共同体の幸福に貢献する誘因を築き上げる必要があると「反論」できる．しかしそのような操作は帰結主義には異質なものである．それは，自分と特別な関係にある人びとへの特別扱いの正当化や，作為と不作為の区別の必要性の正当化といった類似の操作が異質であるのと同様である．

(31) 1988 年，かつて功利主義者だったスキャンロンが功利主義批判をみずから記す前に，彼は功利主義が「多くの人びとの支持を得ている見解ではない．行為功利主義者を自称する者は間違いなくごく少数である」と述べることができた．Scanlon, "Contractualism and Utilitarianism," 103.

(32) この特殊な語法およびより広範な野心についての簡潔な要約については，John Rawls, *Justice as Fairness. A Restatement*（Cambridge, MA: Harvard University Press, 2001）〔田中成明・亀本洋・平井亮輔訳『公正としての正義　再説』岩波書店，2004 年〕, 50-52 を見よ．

(33) John Rawls, *The Law of Peoples: With "The Idea of Public Reason Revisited"*（Cambridge, MA: Harvard University Press, 2001）〔中山竜一訳『万民の法』岩波書店，2006 年〕. この文脈で，ジョン・ロールズの「諸人民間の分配的正義」論は特に興味深い．生産性を優先する社会と余暇を優先させる社会との対照を引証して，彼は，結果として生じる物質的不平等をすべて補償すべきとは言えない，と強調している．これは貧困国に対し富裕国が負う分配的正義上の義務を著しく制約してしまう（多くの論者がこれをロールズの国内理論からの逸脱と解釈していることに注意せよ．しかしながら，以下で論じる相応の報いの制度的観念が担う強権的な役割に鑑みると，その類似性はきわめて著しい．ある社会内の医者と同様，正しい国際秩序内の諸人民は，正統な期待――国際的制度の諸規範に基づく一種の相応の報い――に従って自分たちの労苦の果実を手中に収めることへの期待を有するのである）．

(34) 功利主義が極端に重い負担を負わせることへの批判および現代の道徳哲学の諸潮流としては，Bernard Williams, Ethics and the Limits of Philosophy（London: Fontana Press, 1985）〔森際康友・下川潔訳『生き方について哲学は何が言えるか』産業図書，1993 年〕; Samuel Scheffler, *The Rejection of Consequentialism—A Philosophical Investigation of the Considerations Underlying Rival Moral Conceptions*, rev. ed.（Oxford: Clarendon Press, 1994）および Susan Wolf, "Moral Saints," *The Journal of Philosophy* 79, no. 8（1982）: 419-439 を見よ．

(35) Rawls, *A Theory of Justice*, 293.

(36) Ibid., 293-294.

(37) Scheffler, "Responsibility, Reactive Attitudes, and Liberalism."

(38) この拒絶についての詳細は，ロバート・ノージックとその平等主義思想への影響に関する以下の私見を見よ．

(39) Rawls, *A Theory of Justice*, 89.

(40) Ibid., 88.

(41) G. A. Cohen, *Rescuing Justice & Equality*（Cambridge, MA: Harvard University Press, 2009）, 27-86, esp. 63-64 における「誘因論」の章，特に「誘因論と悪意」についての節を見よ．

(42) Amy Gutmann and Dennis Thompson, *Democracy and Disagreement* (Cambridge MA: Harvard University Press, 1996), 276-278; Stuart White, "Social Rights and Social Contract — Political Theory and the New Welfare Politics," *British Journal of Political Science* 30, no. 3 (2000): 513-523 を見よ.

(43) たとえば H. J. McCloskey, "A Note on Utilitarian Punishment," *Mind* 72, no. 288 (1963): 599; T. L. S. Sprigge, "A Utilitarian Reply to Dr. McCloskey," Inquiry 8, no. 1 (1965): 264-291; C. L. Ten, *Crime, Guilt, and Punishment* (Oxford: Oxford University Press, 1987) および Saul Smilansky, "Utilitarianism and the 'Punishment' of the Innocent: The General Problem," *Analysis* 50, no. 4 (1990): 256-261 を見よ.

(44) Rawls, *A Theory of Justice*, 211.

(45) Thomas Hobbes, *Leviathan*, esp. chaps. XIV-XXI〔水田洋訳『リヴァイアサン』岩波書店, 1992 年〕.

(46) Rawls, *A Theory of Justice*, 277.

(47) Michael Sandel, *Liberalism and the Limits of Justice* (Cambridge: Cambridge University Press, 1982)〔菊池理夫訳『リベラリズムと正義の限界』勁草書房, 2009 年〕, 82-94, and esp. 89-92.

(48) Robert Nozick, *Anarchy, State, and Utopia* (New York: Basic Books, 1974)〔嶋津格訳『アナーキー・国家・ユートピア——国家の正当性とその限界』木鐸社, 1992 年〕.

(49) これが有名なウィルト・チェンバレン事例である. ノージックは正しい分配状態 D1 を仮定し, そこから出発する. 次に 100 万人の人がチェンバレンのプレイの観覧という特典に対し 25 セント支払うことをそれぞれ別個に決めるとする. その結果, 新たな分配状態 D2 というきわめて不平等な状態が発生する. これは不正義だろうか. ノージックはそうではないと主張する.

> これらの人達は各々が, 自分の金のうち 25 セントをチェンバレンに与えることを選んだのである. 彼らはその金を, 映画やキャンディー・バーにも, 週刊誌『ディセント』や『月刊書評』の各号を買うのにも使いえたのである. それにもかかわらず彼らはみな, 少なくともそのうち 100 万人が, ウィルト・チェンバレンがバスケット・ボールをするのを見るのと引き換えに, それを彼に与える, という行動で一致したのである.

Nozick, *Anarchy, State, and Utopia*, 161〔『アナーキー・国家・ユートピア』272 頁〕.

(50) Ibid., 163〔同, 275-6 頁〕.

(51) 今日運平等主義の名で知られる立場を創設した古典的テクストとして, Ronald Dworkin, *Sovereign Virtue: Equality in Theory and Practice* (Cambridge, MA: Harvard University Press, 2000); Richard J. Arneson, "Equality and Equal Opportunity for Welfare," *Philosophical Studies* 56, no. 1 (1989): 77-93, reprinted in Louis Pojman and Robert Westmoreland, eds., *Equality: Selected Readings* (Oxford: Oxford University Press, 1997), 229-241 および G. A. Cohen, "On the Currency of Egalitarian Justice," *Ethics* 99, no. 4 (1989): 906-944.

(52) 高価な嗜好をめぐる論争については, 特に『平等とは何か』におけるドゥオーキンの資源主義擁護論と, コーエンの "Currency" における自己選択的でない高価な嗜好は補

償されるべき場合があるという主張を見よ.

(53) この問題に最近取り組んだ二つの試みとして, Kasper Lippert-Rasmussen, "Egalitarianism, Option Luck, and Responsibility," *Ethics* 111, no. 3 (2001): 548-579 および Peter Vallentyne, "Brute Luck, Option Luck, and Equality of Initial Opportunities," *Ethics* 112, no. 3 (2002), 529-557 を見よ.

(54) 運平等主義者のなかには, 社会はそれでもこの種の人びとを慈善心もしくは何らかの人道主義から支援したいと考えるかもしれないと主張してきた者もいる. しかしこの立場には二つの大きな限界がある. 第1に, かれらは無責任な貧困者への支援を正義を超えた何かによって規範的に動機づけられるもの——実際厳密に言えば正義の要請と規範的に衝突するもの——として描いている. 第2に, それはそれゆえかれらの理論の不可欠の一部とはなりえない——かれらの理論は, 実際あらゆる理論同様, 当然ながら理論外の考慮事項によって抑制されうるのだが, 運平等主義の理念自体のなかにこの方向を指示するものは含まれていないのである (「過酷さによる反論」についてのすぐれた議論, 運平等主義のとりうるこれへの反論戦略とその企ての限界については, Kristin Voigt, "The Harshness Objection: Is Luck Egalitarianism Too Harsh on the Victims of Option Luck?," *Ethical Theory and Moral Practice* 10, no. 4 [2007]: 389-407 を見よ).

(55) Alan Deacon and Kirk Mann, "Agency, Modernity and Social Policy," *Journal of Social Policy* 28, no. 3 (1999): 413-435. この表現は, 戦後英国社会学の展開を概観した節 (at 414-418) の小見出しからとった.

(56) Ibid., 414.

(57) Ibid.

(58) G・A・コーエンは特記すべき例外の1人である. 彼の *Karl Marx's Theory of History: A Defense* (Oxford: Oxford University Press, 1978) を見よ.

(59) たとえば Hartley Dean and Peter Taylor-Gooby, *Dependency Culture: The Explosion of a Myth* (New York: Harvester Wheatsheaf, 1992) を見よ.

(60) 初期の彼の貧困のとらえ方の例として, Peter Townsend, "The Meaning of Poverty," The British Journal of Sociology 13, no. 2 (1962): 210-227 を見よ. その後の彼の著作は, 特に老年期のものにおいて, 貧困についてきわめて構造的な見解を反復している. タウンゼントの "The Structural Dependency of the Elderly: A Creation of Social Policy in the Twentieth Century," *Ageing and Society* 1, no. 1 (1981): 5-28 を見よ.

(61) 有用な彼の論文集, 特に1960年代の著作を集めたものとして, Richard M. Titmus, *Commitment to Welfare* (London: George Allen and Unwin, 1968) 〔三浦文夫監訳『社会福祉と社会保障——新しい福祉をめざして』東京大学出版会, 1971年〕を見よ.

(62) 構造論的説明の威信が低下しはじめたことをパーソンズ的機能主義との連関において説明するものとして, Philip Smith, "The New American Cultural Sociology: An Introduction," *The New American Cultural Sociology* (Cambridge: Cambridge University Press, 1998), 1-14 を見よ.

(63) Deacon and Mann, "Agency," 413.

(64) William H. Sewell Jr., "A Theory of Structure: Duality, Agency, and Transformation," *American*

Journal of Sociology 98, no. 1（1992）: 3.

（65）Ibid.

（66）たとえば Amitai Etzioni, *The New Golden Rule*（London: Pro le Books: 1997）〔永安幸正監訳『新しい黄金律——「善き社会」を実現するためのコミュニタリアン宣言』麗澤大学出版会，2001 年〕を見よ．

（67）たとえば Frank Field, *Making Welfare Work*（London: Institute of Community Studies, 1995）を見よ．

（68）たとえば Lawrence Mead, *The New Politics of Poverty*（New York: Basic Books, 1992）を見よ．

（69）たとえば Charles Murray, *Losing Ground*（New York: Basic Books, 1984）を見よ．

（70）Deacon and Mann, "Agency," 414.

（71）たとえば Zygmunt Bauman, *Postmodernity and Its Discontents*（New York: New York University Press, 1997）を見よ．

（72）たとえば Ulrich Beck, *Risikogesellschaft: Auf dem Weg in eine andere Moderne*（Frankfurt: Suhrkamp, 1986）〔東廉他訳『危険社会——新しい近代への道』法政大学出版局，1998 年〕を見よ．

（73）たとえば Anthony Giddens, *Beyond Left and Right*（Cambridge: Polity, 1994）〔松尾精文・立松隆介訳『左派右派を超えて——ラディカルな政治の未来像』而立書房，2002 年〕を見よ．

（74）Deacon and Mann, "Agency," 414.

（75）Ibid., 413-414.

（76）Ralf Dahrendorf, *Homo Sociologicus*（Wiesbaden, Germany: VS Verlag für Sozialwissenschaften, 1964）〔橋本和幸訳『ホモ・ソシオロジクス——役割と自由』ミネルヴァ書房，1973 年〕, 21（著者による翻訳）. ダーレンドルフがリントンよりも主体性の余地をいくらか広く認めていたことを銘記せよ．何らかの役割期待が強制的（"Muss-Erwartung"）ないし規範拘束的（"Soll-Erwartung"）というより選択可能（"Kann-Erwartung"）であることから，個人は一定の状況下でいくぶん限定的な選択の余地を保持している．

（77）Oscar Lewis, *Five Families: Mexican Case Studies in the Culture of Poverty*（New York: Basic Books, 1959）〔高山智博訳『貧困の文化——メキシコの〈五つの家族〉』思索社，1985 年〕.

（78）Michael Harrington, *The Other America: Poverty in the United States*（New York: MacMillan, 1962）〔内田満・青山保訳『もう一つのアメリカ——合衆国の貧困』日本評論社，1965 年〕.

（79）Daniel Patrick Moynihan, "The Negro Family: The Case for National Action," Office of Family Planning and Research, United States Department of Labor, 1965, chap. II（"The Negro American Family"）.

（80）Ibid., chap. III.

（81）William Ryan, *Blaming the Victim*（London: Orbach and Chambers, 1971）.

（82）Smith, "The New American Cultural Sociology: An Introduction," 1.

（83）残念なことに，このカテゴリー・ミステイクは社会科学とりわけ社会学において広

く見られる．有益な批判として，Sharon Hays, “Structure and Agency and the Sticky Problem of Culture,” *Sociological Theory* 12, no. 1（1994）: 57–72 を見よ（また，“A Theory of Structure,” 3 とも比較のこと）．

(84) これはアン・スウィドラーによる 1986 年時点での現状要約の試みである．Ann Swidler, “Culture in Action: Symbols and Strategies,” *American Sociological Review* 51, no. 2（1986）: 273 を見よ．

(85) 主体性と文化とを政治文化の中で和解させようとする類似の，いくらか先行する試みとして，David J. Elkins and E. B. Simeon, “A Cause in Search of Its Effect, or What Does Political Culture Explain?,” *Comparative Politics* 11, no. 2（1979）: 127–145 を見よ．

(86) Swidler, “Culture in Action,” 277.

(87) Ibid., 273.

(88) Schmitt, *New American Cultural Sociology* 所収の広範な諸論考は，論争の段階のすぐれた概観だけでなく，再構成された文化社会学の中で生じた合意をも示している．

(89) この視点の一部は今なお比較的活発さを保っており，人に犯罪を犯させる「リスク要因」に関する膨大な数の著作中で示されている．

(90) Michel Foucault, *Surveiller et punir : Naissance de la prison*（Paris: Gallimard, 1975）〔田村俶訳『監獄の誕生――監視と処罰』新潮社，1977 年〕．

(91) J. G. Murphy, “Marxism and Retribution,” *Philosophy and Public Affairs* 2, no. 3（1973）: 221.

(92) James Q. Wilson, *Thinking about Crime*（New York: Basic Books, 1975）．

(93) ここでの主なテクストは，Gary Becker, “Crime and Punishment: An Economic Approach,” *Essays in the Economics of Crime and Punishment*（New York: National Bureau of Economic Research, 1974）, 1–54〔ベッカーの当該論文の抄訳として，増田辰良訳「犯罪と刑罰――経済学的アプローチ」北海学園大学法学研究，2005 年がある〕である．

(94) 麻薬対策におけるこの種の手法の擁護については，James Q. Wilson, “Drugs and Crime,” *Crime and Justice*, vol. 13, ed. Michael Tonrey and James Q. Wilson（Chicago: University of Chicago Press, 1991）, 521–545 を見よ．

(95) 最も影響力ある「割れ窓」理論の明確な表現は『アトランティック・マンスリー』誌上で広く読まれた論文の形をとって現れた．筆者はこれをジョージ・ケリングとの共著で記した．James Q. Wilson and George L. Kelling, “Broken Windows,” *Atlantic Monthly*, March 1982, 29–38.

(96) 実際 1988 年の記者会見の間，ルドルフ・ジュリアーニは彼の政治的プログラムに対するウィルソンの研究の影響について長広舌をふるった．

> 私たちは「割れ窓」理論を法執行戦略の不可欠の一部としました．この理論によると，些細な事柄が需要なのです．……無秩序はひとつながりの連続体です．殺人とグラフィティとが大きく異なる犯罪であることは確かです．しかしそれらは一つの連続体の一部分なのであり，一方を受け入れる風潮があれば他方を受け入れる可能性が高まるのです．

Hope Corman and Naci Mocan, “Carrots, Sticks, and Broken Windows,” *Journal of Law and Economics* 48, no. 1（2005）: 237 における引用．

(97) James Q. Wilson, *The Moral Sense* (New York: Simon & Schuster, 1993). 98.

(98) Vanessa Barker, *The Politics of Imprisonment: How the Democratic Process Shapes the Way America Punishes Offenders* (New York: Oxford University Press, 2009), 66 における引用.

(99) Inderjeet Parmar, "New Labour and 'Law and Order,'" in *New Labour in Power*, ed. David Coates and Peter Lawler (Manchester, UK: Manchester University Press, 2000), 207-220 を見よ(引用は 207 頁).

(100) これは因果性についての主張ではない. さらに膨大な研究を重ねなければ, これが学問上の言説が政策の世界に影響を及ぼした事例にあたるのか, 政策の世界が学問的議論を推進した事例にあたるのか, あるいは二つのほとんど隔絶した言説が独立の要因によって一致した例にあたるのかはわからないだろう.

(101) *Public Papers of U.S. Presidents, Lyndon B. Johnson, 1963-1964* (Washington, DC: G.P.O., 1965), 1, 375-380.

(102) Lyndon B. Johnson, "Annual Message to the Congress on the State of the Union" (speech, Washington, DC, January 8, 1964), LBJ Library, 2013 年 9 月 13 日アクセス. http://www.lbjlib.utexas.edu/johnson/archives.hom/speeches.hom/640108.asp.

(103) "Illinois Sen. Barack Obama's Announcement Speech," Washington Post, February 10, 2007, 2013 年 9 月 12 日アクセス. http://www.washingtonpost.com/wp-dyn/content/article/2007/02/10/AR2007021000879.html (強調引用者).

(104) Barack Obama, "Remarks by the President in State of the Union Address" (press release, Washington, DC, January 24, 2012), The White House, 2013 年 9 月 8 日 アクセス. http://www.whitehouse.gov/the-press-oce/2012/01/24/remarks-president-state-union-address.

(105) Julie Bosman, "Obama Calls for More Responsibility from Black Fathers," *New York Times*, June 16, 2008, 2013 年 9 月 8 日 アクセス. http://www.nytimes.com/2008/06/16/us/politics/16obama.html?pagewanted=all.

(106) Zeke J. Miller, "Obama Discusses Race, Fatherhood, Responsibility at Morehouse College (Transcript Included)," *Time*, 2013 年 9 月 9 日アクセス. http://swampland.time.com/2013/05/19/obama-discusses-race-responsibility-at-morehouse-college/#ixzz2bcWNnAxU.

第 2 章

(1) 個人責任の重視と福祉制度の拒絶との間のつながりは, 長年政治と選挙上の修辞の主調でありつづけてきた. 個人の自由と自己責任とに関する発言の隆盛は, 過去半世紀の米国福祉制度の最も主要な改革が自己責任・就労機会調整法と呼ばれた事実とともに, このことの証左となっている. しかしながら, 福祉改革の一般的な正当化の少なくとも一部が責任の言語への訴えによっているという事実それ自体は, この種の訴えが便宜上の見せかけにとどまらないことの証拠とまではとても言えない. 事実, 一部の比較政治学者は福祉改革の道徳的根拠が因果的効果をもたらしてきたと主張してきたが, 他方ではそれをほとんど付随的問題にすぎないと考える者もいるのである. したがって, 福祉改革と責任の修辞との密接な関係性はたしかに示唆に富むし, またそれ以上に両者の関

係の性質を詳しく調べるべき根拠にもなるのかもしれないが，本書の目的のためには，因果的効果の有無については論争的な立場にとどまることにしたい．言論活動が政策に与える影響を示す企てとしては，特にヴィヴェン・シュミットの言う「討議的制度主義」に関する目下急成長中の研究を見よ．V. A. Schmidt and Claudio M. Radaelli, "Policy Change and Discourse in Europe: Conceptual and Methodological Issues," *West European Politics* 27, no. 2 (2004): 183–210; V. A. Schmidt, "Discursive Institutionalism: The Explanatory Power of Ideas and Discourse," *Annual Review of Political Science* 11, no. 1 (2008): 303–326; V. A. Schmidt, "Taking Ideas and Discourse Seriously: Explaining Change through Discursive Institutionalism as the 'Fourth' New Institutionalism," *European Political Science Review* 2, no. 1 (2010): 1–25. また，ピーター・ホールとローズマリー・テイラーがきわめて有用な初期の書評中で「社会学的制度主義」と呼んだ関連文献も見よ．Peter A. Hall and Rosemary C. R. Taylor, "Political Science and the Three New Institutinonalisms," *Political Studies* 44, no. 5 (1996): 936–957.

(2) 著述上の転換に関する一般的説明については，Paul Pierson, "Irresistible Forces, Immovable Objects: Post-Industrial Welfare States Confront Permanent Austerity," *Journal of European Public Policy* 5, no. 4 (1998): at 540–551 の第 1 節を見よ．また，Maurizio Ferrera, "The European Welfare State: Golden Achievements, Silver Prospects," *West European Politics* 31, nos. 1–2 (2008): 82–107 を見よ．

(3) この点を最初にはっきり指摘したのは William J. Baumol, "The Macroeconomics of Unbalanced Growth," *American Economic Review* 52, no. 3 (1967): 415–426 だった．しかしこれは 1990 年代に少しずつ顕著になっていった．たとえば Eileen Appelbaum and Ronald Schettkat, "The End of Full Employment? On Economic Development in Industrialized Countries," *Intereconomics* 29, no. 3 (1994): 122–130; Gøsta Esping-Andersen, "After the Golden Age? Welfare State Dilemmas in a Global Economy," in *Welfare States in Transition: National Adaptations in Global Economies*, ed. G. Esping-Andersen (London: Sage, 1996)〔埋橋孝文監訳『転換期の福祉国家——グローバル経済下の適応戦略』早稲田大学出版部，2003 年〕, 1–31; Robert Rowthorn and Ramana Ramaswamy, *Deindustrialization—Its Causes and Implications* (Washington DC: International Monetary Fund, 1997) および Torben Iversen and Anne Wren, "Equality, Employment and Budgetary Restraint: The Trilemma of the Service Economy," *World Politics* 50, no. 4 (1998): 507–546 を見よ．

(4) たとえば，Rudolf Klein and Michael O'Higgins, "Defusing the Crisis of the Welfare State: A New Interpretation," in *Social Security: Beyond the Rhetoric of Crisis*, ed. Theodore J. Marmor and Jerry Mashaw (Princeton, NJ: Princeton University Press, 1988) および Richard Rose and Phillip L. Davies, *Change Without Choice in Britain* (New Haven, CT: Yale University Press, 1994) を見よ．

(5) Peter Scherer, "The Myth of the Demographic Imperative," in *The New World Fiscal Order*, ed. C. Eugene Steuerle and Masahiro Kawai (Washington, DC: Urban Institute Press, 1996), 61–83 (quoted in Pierson, "Irresistible Forces," 550).

(6) 米国の事例については，たとえば Eugene Smolensky, Sheldon Danziger, and Peter Gottschalk, "The Declining Significance of Age in the United States," in *The Vulnerable*, ed. John L. Palmer, Timothy Smeeding, and Barbara Boyle Torrey (Washington, DC: Urban Institute Press,

1988）を見よ．

（7）福祉制度を通じて成長と雇用に悪影響を及ぼし，その結果福祉のための費用を上昇させるという悪循環問題に関する今日の懸念については，Gøsta Esping-Andersen, "Welfare States Without Work: The Impasse of Labor Shedding and Familialism in Continental European Social Policy," *Estudio/Working Paper* 1995, 2013 年 2 月 24 日アクセス．http://www.march.es/ceacs/publicaciones/working/archivos/1995_71.pdf および Assar Lindbeck, "Hazardous Welfare State Dynamics," *The American Economic Review* 85, no. 2（1995）: 9–15 を見よ．

（8）Paul Pierson, "Irresistible Forces." を見よ．また，Paul Pierson, "The New Politics of the Welfare State," *World Politics* 48, no. 2（1996）: 143–179 および Paul Pierson, *Dismantling the Welfare State?*（Cambridge: Cambridge University Press, 1994）を参照のこと．ピアソンの見解によると，福祉プログラムの新規創出はごく一部の人びとへの集中的かつきわめて顕著な利益をもたらす一方で，漠とした多くは不可視の費用を大半の人びとに課す．その結果福祉プログラムは広く支持されることが多く，多くの場合，自分たちに裨益する給付のためのロビー活動への強力な誘因をもつ声高な支持団体を形成する．対照的に，既存の福祉プログラムを縮小しようとする試みは，大半の人びとに漠とした多くは不可視の利益をもたらすものの，それまでこのプログラムから利益を得てきた集団に集中的かつきわめて顕著な費用を負わせる．そのためこの措置はきわめて不評であることが多く，しばしば改革への反対者を結集させる結果をもたらす．ピアソンが引証するもう一つの事実は，損失回避性という周知の心理学上の事実である．多くの人に利得の実現よりも損失の回避の方を優先させる傾向があるため，政治家は既存の権原を廃止しようとする際に苦戦を強いられるのである．プロスペクト理論における「否定性バイアス」についての古典的定式化については，Daniel Kahneman and Amos Tversky, "Prospect Theory: An Analysis of Decisions under Risk," *Econometrica* 47, no. 2（1979）: 263–291 を見よ．政治学への初期の適用例としては，Howard S. Bloom and H. Douglas Prices, "Voter Response to Short-Run Economic Conditions: The Asymmetric Effect of Prosperity and Recession," *American Political Science Review* 69（1975）: 1240–1254 および Richard R. Lau, "Two Explanations for Negativity Effects in Political Behavior," *American Journal of Political Science* 29（1985）: 119–138 を見よ．

（9）Pierson, "New Politics," 173.

（10）Jacob S. Hacker, "Privatizing Risk without Privatizing the Welfare State: The Hidden Politics of Social Policy Retrenchment in the United States," *American Political Science Review* 98, no. 2（2004）: 243–260; Jacob S. Hacker, "Policy Drift: The Hidden Politics of US Welfare State Retrenchment," in *Beyond Continuity: Institutional Change in Advanced Political Economies*, ed. Wolfgang Streeck and Kathleen Ann Thelen（New York: Oxford University Press, 2005）, 40–82 および Jacob S. Hacker, *The Great Risk Shift: The Economic Insecurity and the Decline of the American Dream*（New York: Oxford University Press, 2008）を見よ．

（11）横滑りとは「政策構造を大きく変えずにその作用や効果を変化させること」である．ハッカーの指摘によると，横滑りを用いて市民の社会的リスクへの防御の構えを崩す際には，積極的な立法は不要である．ただあらゆる改革の試みを食い止めれば足りる．Hacker, "Privatizing Risk," 246.

(12) キャサリン・セーレンの定義によると，転換が生じるのは既存の制度を「新たな目的に向けなおすことでその役割および／またはその機能の変更が促される」ときである．したがって既存の社会保障へのアクセス可能性を左右する資格基準の変更は——この変更が立法を通じて生じるにせよ官僚組織内のより下位での調整によって生じるにせよ——，このプログラムの性質に大きな影響を及ぼしうる．Kathleen Thelen, "How Institutions Evolve: Insights from Comparative-Historical Analysis," in *Comparative Historical Analysis in the Social Sciences*, ed. J. Mahoney and Dietrich Rueschenmeyer (Cambridge: Cambridge University Press, 2003), 226.

(13) 重層化とは，「旧来の政策を廃止せずに新たな政策を創造すること」である．既存の給付の廃止が困難であるのは明白なので，福祉体制の包括的改革の有用な手法の一つは，既存の政策構造に新たな層を付加することである．Hacker, "Privatizing Risk," 248; see also Eric Schickler, *Disjointed Pluralism: Institutional Innovation in the U.S. Congress* (Princeton, NJ: Princeton University Press, 2001).

(14) Hacker, "Privatizing Risk," 246.

(15) ハッカーとピアソンがこれに関わる諸問題にともに広範に取り組んできたものの，このことはなお真理である．たとえば J. S. Hacker and P. Pierson, *Winner-Take-All-Politics: How Washington Made the Rich Richer—and Turned Its Back on the Middle Class* (New York: Simon & Schuster, 2010) を見よ．

(16) この種の論争のごく一例にすぎないが，多くのリバタリアン哲学者は，西欧および北米諸国の大半の市民の市場での成功と失敗は当人の責任だと論じている．他方で多くの平等主義的哲学者は，みずから自由に用いうる才能も，また勤労生活のなかでの努力の量も，当人は責任を負わない，と力説してきた．この論争についてのより詳細な検討については，第 3 章を見よ．

(17) さらにもう 1 点弁明を加えておくと，責任をはじめとする諸観念の本書での用法は，これらのカテゴリー間の整合性に対する盲目的な信頼を意味するわけでも，またそれらに想定されている規範的意義の承認を意味するわけでもない．

(18) 次のような例を想像してほしい．サムは仕事を辞めたが，その理由の一つは上司からがみがみ言われることに立腹したからだ．不運にも退職直後に株価が暴落し，彼の再就職は当初の予想以上に難しくなっていることがわかった．いまや，彼の履歴書の空白期間は長引いてしまい，多くの雇用者が彼の雇用を即座に断るほどになってしまった．社会からの支援を求める立場に陥った責任は，サムにあるのだろうか？

哲学的には，これは複雑な問題である．(全員ではないにせよ) 大半の哲学者は，仕事を辞めたことへのサムの責任を認め，それを根拠に，彼の失業の原因行動について，サムの責任を認めるだろう．しかし同じく明らかなように思えるのは，株価の予想外の暴落等，サムに責任のない失業の原因も存在する，ということだ．後者をどの程度考慮するかは，責任の前提条件についての考え方によって変わってくる．さらにまた，この種の説明を現実世界の事例にあてはめようとすると，経験上の異論や，概念にある程度つきものの不確かさによって，どうしても話はさらに込み入ってくる．ところが，こうした理論上の複雑さにもかかわらず，ほとんどの人びとは，かなり単純な仕方で責任に

ついて結論を下すだろう．すなわち，仕事を辞めたのはサムの責任であり，公的援助に頼らざるをえなくなったことの原因はこの行動にあるのだから，困窮状態にあることの責任は彼にある，と．したがって一般的には，ある帰結を招いた要素の一つに責任を負う者は，その限りにおいてその帰結について責任があるのである．

（19）たとえば，一体どの行動や選択が真に当人のものであって当人に責任があると一般にみなされるのかという複雑な問題がある．それゆえ人は決して自分の肌の色を選ばないし，また肌の色が社会内の経済上の有利不利に結びつくかを選ばないのだから，この事実が当人の社会経済的状況に与える影響について，当人に責任を負わせるのは不公平だと多くの人は思うだろう．しかしまた，人は決して特定の才能を選ばないし，またどの才能が自分たちの社会において収入に結びつくかを選ばない――それなのに才能の有無については当人に責任があると考えられているのである．

（20）就職差別およびその測定に関する方法論的困難を扱う近年の文献に関する有益な概観として，Devah Prager, “The Use of Field Experiments for Studies of Employment Discrimination: Contributions, Critiques, and Directions for the Future,” *The Annals of the American Academy of Political and Social Science* 609, no. 1 (2007): 104–133 を見よ．また Barbara F. Reskin, “The Proximate Causes of Employment Discrimination,” *Contemporary Sociology* 29, no. 2 (2000): 319–328; Jonathan C. Ziergert and Paul J. Hanges, “Employment Discrimination: The Role of Implicit Attitudes, Motivation, and a Climate for Racial Bias,” *Journal of Applied Psychology* 90, no. 3 (2005): 553–562; Esther D. Rothblum, Pamela A. Brand, Carol T. Miller, and Helen A. Oetjen, “The Relationship between Obesity, Employment Discrimination, and Employment-Related Victimization,” *Journal of Vocational Behavior* 37, no. 3 (1990): 251–266; Heather Stuart, “Mental illness and Employment Discrimination,” Current Opinion in Psychiatry 19, no. 5 (2006): 522–526; 同じく Marc Bendick Jr., Lauren E. Brown, and Kennington Wall, “An Experimental Study of Employment Discrimination Against Older Workers,” *Journal of Aging & Social Policy* 10, no. 4 (1999): 5–23 も参照のこと．

（21）彼の「自然的籤」についての議論については，John Rawls, *A Theory of Justice* (Cambridge, MA: Harvard University Press, 1971)〔川本隆史他訳『正義論』紀伊國屋書店，2010 年〕, esp. 74–74 and 101–105 を見よ．

（22）Yves Chassard and Odile Quintin, “Social Protection in the European Community: Towards a Convergence of Policies,” *International Social Security Review* 45, no. 1–2 (1992): 91–108. 給与については 94 頁を見よ．

（23）福祉体制の責任追随性には，当然ながら常に国ごとに大きな程度の違いがあった．この相違のいくつかは明らかに存続している．しかし近年の改革によってこの相違が減ったのか増えたのかは，体制間の類似性がどんな風に増減したのかと同様，ピーター・ホールとデイヴィッド・ソスキスが他をさしおいて示してきた多くの予測に対する興味深いテスト・ケースとなるかもしれない．改革の方向が北米と西欧とで同じだったという筆者の主張は，この問題への解答について予断を与えるものではないことに留意せよ．なぜなら筆者は相対的な改革の速度については述べていないからである．この見方によると，たとえば合州国とスウェーデンの福祉体制は，ともに責任追随的な方向に変化し

ているにもかかわらず，合州国の方がスウェーデンよりも速く，急進的に改革を進めているため，両者の違いはいっそう大きくなっているかもしれない．特に Peter A. Hall and David Soskice, "An Introduction to Varieties of Capitalism," in *Varieties of Capitalism—The Institutional Foundations of Comparative Advantage*, ed. Peter A. Hall and David Soskice（Oxford: Oxford University Press, 2001）〔遠山弘徳・安孫子誠男・山田鋭夫・宇仁宏幸・藤田菜々子訳『資本主義の多様性——比較優位の制度的基礎』ナカニシヤ出版，2007 年〕，同様に Margerita Estevez-Abe, Torben Iversen, and David Soskice, "Social Protection and the Formation of Skills: A Reinterpretation of the Welfare State," in ibid を見よ．

(24) Edward Whitehouse, Anna D'Addio, Rafal Chomik, and Andrew Reilly, "Two Decades of Pension Reform: What Has Been Achieved and What Remains to Be Done?," *The Geneva Papers on Risk and Insurance Issues and Practice* 34（2009）: 515. 年金改革をめぐる政治に関するすぐれた概観として，Nicholas Barr and Peter Diamond, *Pension Reform. A Short Guide*（Oxford: Oxford University Press, 2010）を見よ．

(25) Whitehouse et al., "Two Decades of Pension Reform," 516.

(26) たとえばオーストリア，フィンランド，イタリア，ポーランド，ポルトガル，スロヴァキア共和国，スウェーデンおよび（職業計画の場合は）オランダの被用者の年金は，当人の所得の最高金額もしくは最終金額をベースに算定されていた．今日ではそれに代わって生涯所得に関するより厳しい尺度をベースにしている．Ibid., 519–520.

(27)「退職後の年金の物価スライド制における変革は多くの改革パッケージの特色となってきた．その多くは費用削減のためのより厳格な手続きへの移行を含んでいる」．Ibid., 520.

(28) これもまた多彩な技術的手法を通じて実現されてきた．オーストラリア，スウェーデンおよびノルウェーなど一部の国では，確定給付型年金から確定拠出型年金への強制的転換が導入されてきたが，これが意味するのは，給付金の上限は積立金が年金に転化された時点での余命に応じて決まる，ということである．ibid., 521–522 を見よ．米国の場合については，Hacker, "Privatizing Risk," 254–256 も見よ．イタリアとポーランドを含む他国では，確定拠出型制度の主な特徴を模倣した名目アカウント制度 notional account schemes を用いてほぼ同様の効果が達成されてきた．Whitehouse et al., "Two Decades of Pension Reform," 522 を見よ．最後に，より多くの国々では，余命と給付金額（フィンランド，ドイツ，ポルトガル）もしくは退職年齢（デンマークとフランスの一部）との連動が導入されてきた．

(29)「生涯年金は，20 か国中 18 か国で給付金モデルが形成された時点よりも減額されることになるだろう．給付金の平均減額は男性で 22%，女性で 23% に上る」．Ibid., 533. 例外はオーストラリアとノルウェーである．もちろん，これらの減額がどのように分配されるかも重要である．基本的に，これは 3 つの集団に分けられる．フィンランド，フランス，スウェーデン，メキシコはこの改革のなかで低所得者を保護すべく，何らかの形で年金給付の責任緩和機能の崩壊を和らげようとしてきた．しかしより多数の国，なかでもオーストリア，ドイツ，イタリアは，責任追随性を高める全面的な削減を断行した．それは最低所得層への大打撃となると同時に，相対的富裕層が自由に処分できる貯

蓄ないし個人投資収入の相対的価値を高めるものだからである．最後に，いくつかの国，特に中欧諸国は，所得と年金との連動性を強める方向で削減を進め，これによって責任追随性を特に強化してきた．

(30) "The Full Retirement Age Is Increasing," *U.S. Social Security Administration*, 2013年8月15日アクセス．http://www.socialsecurity.gov/pubs/ageincrease. html; "State Pension Calculator," *UK Government*, 2013年8月15日アクセス．https://www.gov.uk/calculate-state-pension; "Stufenweise Anhebung: Bundesrat stimmt Rente mit 67 zu," *Spiegel Online*, March 30, 2007, 2013年8月15日アクセス http://www.spiegel.de/politik/deutschland/stufenweise-anhebung-bundesrat-stimmt-rente-mit-67-zu-a-474813.html および "Italy: Increase in Retirement Age," International Social Security Association, 2013年8月15日アクセス．http://www.issa.int/Observatory/Country-Proles/Regions/Europe/Italy/Reforms/Increase-in-retirement-ageを見よ．他方，フレデリック・レインフェルトは，スウェーデン首相在任中に被用者が完全な形で退職年金を受給できる年齢を75歳まで引き上げるという考えを提示しさえした．"Sweden Considers Raising Retirement Age to 75," *Euractiv*, February 27, 2013, 2013年8月15日アクセス．http://www.euractiv.com/health/sweden-prime-minister-considers-news-518068.

(31) Whitehouse et al., "Two Decades of Pension Reform," 517, 同じく Hacker, "Privatizing Risk" を見よ．

(32) Whitehouse et al., 534.

(33) 今日合州国において株式市場の年金額への影響の程度を示す経験的研究については，Edward N. Wolff, "Pension Reform: How Have Workers Fared?," *Employment Research* 18, no. 4 (2011): 4-6を見よ（彼が出したのは，結果が「時期および特に株式市場の動向にきわめて敏感に反応するということ」である．ibid., 4)．

(34) あらためて銘記していただきたいのは，私が個人の投資戦略の制御の仕方に応じて当人にあらゆる帰結への責任が生じる，という疑わしい規範的前提に立っているわけではないということである．この前提に従えば，自分にどんな利益や損失が生じようとそれが妥当な報いだということになる．この立場をとるには，たとえばそれらが「自然」運ではなく「選択」運の問題だと言えばよい．しかしこの文脈でより重要なのは，これは個人の選択から直接生じた結果であり，したがって当人の責任の範囲内だと一般に考えられている，ということである．

(35) ヨッヘン・クラセンとダニエル・クレッグの有益な語法のなかでも，筆者は特にここでは，彼らが「状況的条件 conditions of circumstance」と呼ぶ，一種の資格と権原の基準に関心がある．「社会保障受給のためには，たとえば立法は長い間，受給者の職歴が受給権の利用を制約する程度に関する規則を設けてきた．社会保障立法における適切で潜在的に多様な考慮事項のなかには，積立の回数や金額および／または需給可能な一定期間に求められる勤労日数が含まれる………」．Jochen Clasen and Daniel Clegg, "Levels and Levers of Conditionality: Measuring Change within Welfare States," in *Investigating Welfare State Change: The "Dependent Variable Problem" in Comparative Politics*, ed. Jochen Clasen and Nico A. Siegel (Cheltenham, UK: Edward Elgar Publishing Limited, 2007), 173.

(36) 英国，ドイツ，フランス，デンマークにおける「状況的条件」についての有益な要

約については，Clasen and Clegg, “Levels and Levers,” 183 の図 8.2 で示される「条件性の第2段階」を参照のこと．合州国における類似の展開については，Pamela Loprest, Stefanie Schmidt, and Ann Dryden Witte, “Welfare Reform under PRWORA: Aid to Children with Working Families?,” in *Tax Policy and the Economy*, vol. 14, ed. James M. Poterba（Cambridge, MA: MIT Press, 2000), 157-203 も見よ．

(37) クラセンとクレッグの表現では，いわゆる行動条件設定は政策上の梃子であり，行動要求の強弱を調整したり別種の受給者に立法ないし行政上の指針を与えることで制約を課したりする．……政策改革における第3の条件設定の比重の高まりが最も顕著に現れた事例は，いわゆる失業者の活動活性化政策である．この政策のもとでは，失業手当受給者や失業者向けの社会的扶助の受給者は，たとえば求職活動を進めている証拠，職業訓練プログラムに参加している証拠，専門家のカウンセリングを受けている証拠の提示を求められる（“Levels and Levers,” 174).

また，アラン・ディーコンによる一般的条件設定の要求に関する以下のような初期の定式化とも比較のこと．「条件づけの原則が念頭におくのは，何らかの基礎的で公的に提供される福祉の受給資格は，ある個人がまず特定の強制的義務ないし一定の型の行動に同意したかどうかによって決まる，ということである.」Alan Deacon, “Justifying Workfare; The Historical Context of the Workfare Debates,” in *Unemployment and Public Policy in a Changing Labour Market*, ed. Michael White（London: Public Services Institute, 1994), 30.

(38) Peter Dwyer, “Creeping Conditionality in the UK: From Welfare Rights to Conditional Entitlements?,” *The Canadian Journal of Sociology* 29, no. 2 (2004): 265-287（「若年かつ長期間の失業者に対する既存の「ニュー・ディール」の枠内では，権利と責任の連関は1997年以降明確に画定されてきた．提示された四つの就労／訓練オプションのうちの一つを選ばない者には懲罰的な給付制裁が科される」).

(39) この試みの初期のすぐれた要約として，Ivar Lødenmel and Heather Trickey, eds., *An Offer You Can't Refuse: Workfare in International Perspective*（London: Policy Press, 2000）を見よ．

(40) Clasen and Clegg, “Levels and Levers,” 174. Cf. also Dwyer, “Creeping Conditionality” および Pauline Card, “Managing Anti-Social Behaviour—Inclusion or Exclusion?,” in *Two Steps Forward: Housing Policy into the Next Millennium*, ed. David Cowan and Alex Marsh（Bristol, UK: Policy Press, 2001), 201-219 (esp. 210)．また，Alan Deacon, *Perspectives on Welfare: Ideas, Ideologies, and Policy Debates*（Buckingham, UK: Open University Press, 2002).

(41) 北米と西欧諸国中，合州国のみが国家レベルで実施される広範な失業プログラムを有していない．その結果，合州国の失業手当は長い間 (a) 支給金額は控えめで，(b) 州ごとの相違が極端であり，(c) 多くの場合発足時から厳格な行動条件が付されており，(d) 短期間に限定されている（多くの場合，最長で6か月)．ただし失業手当が州レベルで一定の役割を果たしている限り，それらは通常承認された申請者が「自分の責任ではない仕方で」職を失ったことを要件としていることに注意せよ．

(42) Loprest, Schmidt, and Witte, “Welfare Reform,” 189.

(43) セレステ・ワトキンス＝ヘイズの指摘する通り，「就労要求，育児給付実施への参与義務および不履行に対する制裁の規則化は，今日の福祉事務所で求められる標準的な対

価である」. Celeste Watkins-Hayes, *The New Welfare Bureaucrats: Entanglements of Race, Class, and Policy Reform* (Chicago: Chicago University Press, 2009).

(44) Ibid., 165. 国は資格基準をさらに厳格化する決定を下せるのだから，多くの米国人にとって，期限はこれよりも短い. Liz Schott and LaDonna Pavetti, "Many States Cutting TANF Benefits Harshly Despite High Unemployment and Unprecedented Need," *Center on Budget and Policy Priorities*, 2013 年 3 月 23 日アクセス. http://www.cbpp.org/cms/?fa=view&id=3498 を見よ.

(45) Loprest, Schmidt, and Witte, "Welfare Reform," 167.

(46)「国は求められる活動時間を延長してきた. また国は，活動の選択肢を減らし，他方では活動に従事すべき受給者の数を増やしてきた. それに加え，就労と無関係な要件の数は大幅に増加した. そのなかには，子どものための免疫ワクチン投与や通学への付添い，受給者の指紋押捺，例外認証の頻繁化，および父権確立のための規則の厳格化が含まれる」. Ibid., 189.

(47) 前述の通り，米国の場合には市民が種々の受給資格を得られる期間に厳格な（生涯にわたる）制約が加えられているために，この種の支援を受けるには積極的な就職活動が求められるだけでなく，実際に就職に成功しなければならない. こうして，元は市場における責任追随的性質を緩和するために設けられた公的扶助制度がこのような形でその単なる模倣物に転換されてしまった. このような形での国家財政に裏打ちされた市場での成功に対する褒賞を通じた市場メカニズムの強化は，既存の制度に新たな条件を設けるという形（ハッカーなら「転換」と呼ぶだろう）だけでなく，ほぼ新規の租税メカニズムの導入（ハッカーなら「重層化」と呼ぶだろう）においても生じている. したがってこれは政策改革の多様な経路の表れであり，これらが福祉国家の責任追随性を高める一助となってきたのである.

(48) "2016 EITC Income Limits, Maximum Credit Amounts and Tax Law Updates," *Internal Revenue Service,* 2016 年 10 月 14 日アクセス. https://www.irs.gov/credits-deductions/individuals/earned-income-tax-credit/eitc-income-limits-maximum-credit-amounts-next-year.

(49) Gregory Acs, Norma Coe, Keith Watson, and Robert I. Lerman, "Does Work Pay? An Analysis of the Work Incentives under TANF," *Assessing the New Federalism Occasional Paper* no. 9 (Washington, DC: Urban Institute, 1998).

(50) Loprest, Schmidt, and Witte, "Welfare Reform," 184.

(51) 諸国が徐々に間接的誘因と補助金に頼ろうとしているのはこの手法が一般の人びとにほぼ不可視であるからだ，という主張については，Suzanne Mettler, *The Submerged State: How Invisible Government Policies Undermine American Democracy* (Chicago: Chicago University Press, 2011) を見よ.

(52) 特に John Rawls, *A Theory of Justice* および T. M. Scanlon, *What We Owe to Each Other* (Cambridge, MA: Harvard University Press, 1998) を見よ.

(53) John Rawls, *Justice as Fairness. A Restatement* (Cambridge, MA: Harvard University Press, 2001)〔田中成明他訳『公正としての正義 再説』岩波書店，2004 年〕, 6.

(54) Amy Gutmann and Dennis Thompson, *Democracy and Disagreement* (Cambridge, MA: Harvard

University Press, 1996), 276. かれらに続き，スチュアート・ホワイトは条件づけを類似の表現で擁護してきた.

福祉契約主義と結びつけられた資格条件づけが正統であるのは，これによって所得と富の最終分配状況が互恵性という重大な原則を満たせるようになるからである．この原則によると，社会的生産物を進んで共有する人は，それに対応する形で共同体に対する理にかなった（妥当に相応の）生産的貢献をなすべき返礼的責務を負う…….それゆえ福祉給付の条件を就労もしくは就労意欲の証明におくことが正当化可能であるのは，それによって市民が社会的生産物の最小限の分け前を享受する際には必ず互恵性原則が求める適切な生産的貢献を共同体に返させるからである.

Stuart White, "Social Rights and Social Contract—Political Theory and the New Welfare Politics," *British Journal of Political Science* 30, no. 3 (2000): 513. ホワイトがその論文中で明示的に責任の言語を用いていることに注意せよ（「福祉給付への権利は市民と共同体間の契約の一側面であり，その裏面には個々の市民が負うべき種々の責任が存在する．福祉の受給資格条件として，国家がこれらの責任を強いるのは正統なことであり，この責任の中核には就労の責任が含まれているのである」ibid., 507).

(55) Ibid.

(56) ロールズ的な語法では，これは我々の「正義の義務」の一部だと言えるだろう．それによると，「我々は「我々に適用される既存の正しい制度を支持しこれに従うこと」を要求されている」. John Rawls, *A Theory of Justice*, rev. ed. (Cambridge, MA: Harvard University Press, 1999), 99.

(57) ホワイトの主張の一部には同意すべきでないかもしれない．互恵性論が説得力をもつには，条件付与に対するこれらの社会的諸前提の一つ一つに対して自己弁護しなければならないだろう．特に(1)，(2)および(3)に関しては説得力に欠けるように思える.

(58) White, "Social Rights," 515.

(59) Ibid.

(60) Ibid.

(61) Ibid., 516.

(62) この点については，Desmond S. King, *In the Name of Liberalism: Illiberal Social Policy in The United States and Britain* (Oxford: Oxford University Press, 1999) も見よ.

(63) 責任の観点から見れば，明らかにスウェーデンから合州国までの諸国家間で福祉国家に対する改革の方向性は驚くほど似通っていたが，そのシステムは総体的には大きく異なったままだった．したがってホワイトの条件はある福祉体制では別の福祉体制よりもよく当てはまる可能性がある.

(64) 米国の場合については，たとえば David K. Shipler, *The Working Poor: Invisible in America* (New York: Knopf, 2004)〔森岡孝二・川人博・肥田美佐子訳『ワーキング・プア——アメリカの下層社会』岩波書店，2007 年〕を見よ.

(65) この種の近年の規範的議論については，Lucas Stanczyk, "Productive Justice," *Philosophy & Public Affairs* 40, no. 2 (2012): 144-164 を見よ.

(66) Pateman, "Another Way Forward"; Ann Orloff, "Ending the Entitlements of Poor Single

Mothers: Changing Social Policies, Women's Employment, and Caregiving in the Contemporary United States," in *Women and Welfare: Theory and Practice in the United States and Europe*, ed. Nancy Hirschmann and Ulrike Liebert (New Brunswick, NJ: Rutgers University Press, 2011); Judith Smith and Jeanne Brooks-Gunn, "How Mothers Cope When Their Welfare Grant Is Cut," *Social Policy Journal* 1, no. 4 (2008): 63-83 および Christopher Beam, "Restoring the Civic Value of Care in a Post-Welfare Reform Society," in *Welfare Reform and Political Theory*, ed. Lawrence M. Mead and Christopher Beam (New York: Russell Sage Foundation, 2005) を見よ.

(67) ローレンス・ミードは「答えは富裕者を働かせることではなく，かれらに税を課すか規制を加えることであり，福祉とは別個に解決されるべき問題なのだ」と主張している．Lawrence M. Mead, "Welfare Reform and Citizenship," in *Welfare Reform and Political Theory*, ed. Mead and Beam, 192. しかしこれは承服しがたい．この文脈での貧困者の強力な異論は，怠惰な富裕者が経済的パイから多くを得すぎている，というものではない．むしろ，その最も強力な異論は，貧困者の就労要請が，一般に「応分の負担」への普遍的責務とされているものを根拠にしていることに向けられているのである．全資産を遺産によって得た富裕者はこの責務を免除される、などとどうすれば説得的に主張できるのか，理解しがたい．したがって，もし (a) 厄介な負担は全市民間で公平に分担するという取り決めがあり，また (b) 効率性または規範上の制約のいずれかを根拠に富裕者に就労を強いることが不可能だと判断される場合，唯一の公正な可能性は，貧困者に対する就労要求をも同じように緩和することのように思える．

(68) 福祉国家の条件づけが互恵性の名の下に正当化可能だと結論づける前に答えねばならないもう一つ重大な異論があることに注意せよ．従来の研究のなかでは，社会的協働の互恵的図式における「応分の負担」への義務によってそれに相似の国家の権利，すなわち個人へのあらゆる援助の条件としてその人がみずからの道徳的義務を果たしていることを掲げる権利が生じる，ということは単なる仮定にすぎない．しかしこれは重大な問題であり，その答えはとても明白とは言いがたい．畢竟，間違いを犯した人に対してさえ我々が負うべき重大な道徳的義務の存在が認められる状況は数多く存在する——収監中の凶悪犯罪者の食費を国費で賄う義務を含めて．同様に，道徳的に要求されると考えられるにもかかわらず法制化が避けられている行動類型は多数存在している．我々は，恵まれた境遇にある人には時宜に応じて慈善を行う義務がある，市民には投票所に行って民主制のシステムを守る責任があると信じている．しかし同時に，私的な慈善を義務化したり，不倫を犯罪化したり，投票を義務化したりすることを望む者は稀である．互恵性の価値は市民の就労を国家が要求することを意味するのか，あるいはその要求に応じられなかった者にはその絶望的な状況を当人の才覚に委ねるのか，ということは，したがってまったく明らかなことではない．

(69) Robert Nozick, *Anarchy, State, and Utopia* (New York: Basic Books, 1974)〔嶋津格訳『アナーキー・国家・ユートピア——国家の正当性とその限界』木鐸社，1992 年〕．

(70) Ronald Dworkin, *Sovereign Virtue: Equality in Theory and Practice* (Cambridge, MA: Harvard University Press, 2000)〔小林公他訳『平等とは何か』木鐸社，2002 年〕を見よ．

(71) Kasper Lippert-Rasmussen, "Egalitarianism, Option Luck, and Responsibility," *Ethics* 111, no. 3

(2001): 548–579を見よ．また，cf. Peter Vallentyne, “Brute Luck, Option Luck, and Equality of Initial Opportunities,” *Ethics* 112, no. 3 (2002): 529–557.

(72) 注意すべき点として，福祉国家への運平等主義の適用をさらに困難にする要因が，「運平等主義的正義の通貨」をめぐる論争によって生じている．その最初の寄稿のなかでドゥオーキンは，ある2人が平等であるかどうかを測定する重要な尺度は，当人が自由に使える資源であるべきだ，という前提をとっている．Dworkin, *Sovereign Virtue*. しかし主にアマルティア・センの著作によって，この前提には即座に異論が浴びせられた．センの指摘によると，障害のある人にも他の市民と同じ自由に使える資源が与えられるかもしれない――しかし彼が，他の人びととは違い，移動に車椅子を要するのだとしたら，彼が重要な点で平等を享受していると言うことには無理があるように思えるだろう．Amartya Sen, “Equality of What?,” *The Tanner Lecture on Human Values*, May 22, 1979, 2012年11月21日アクセス．http://tannerlectures.utah.edu /_documents/a-to-z/s/sen80.pdf〔「何の平等か？」大庭健・川本隆史訳『合理的な愚か者――経済学＝倫理学的探究』勁草書房，1989年〕．

この困難に対処すべく，哲学者たちは平等主義的分配のための尺度を徐々に複雑化させていった．リチャード・アーネソンによると，平等主義的正義の通貨は，資源ではなく，「厚生への機会」であるべきである．Richard J. Arneson, “Equality and Equal Opportunity for Welfare,” *Philosophical Studies* 56, no. 1 (1989): 77–93. 他方ジェリー・コーエンは，「利益獲得手段 access to advantage」と彼が呼ぶ基準を擁護してきた．G. A. Cohen, “On the Currency of Egalitarian Justice,” *Ethics* 99, no. 4 (1989): 906–944. しかしながら，現存の福祉国家は市民の私的生活を正確かつ公正に，そして不正に侵害することなく評価できるようにはなるだろうが，市民の「厚生への機会」や「利益獲得手段」の大半の行方は結局のところ幻影以外の何物でもない．

(73) 鍵となるテクストとして，Elizabeth Anderson, “What Is the Point of Equality?” *Ethics* 109, no. 2 (1999): 287–337; Jonathan Wolff, “Fairness, Respect, and the Egalitarian Ethos,” *Philosophy & Public Affairs* 27, no. 2 (1998): 97–122およびScheffler, “Choice, Circumstance, and the Value of Equality,” *Politics, Philosophy, Economics* 4, no. 1 (2005): 5–28を見よ．

(74) Wolff, “Fairness, Respect, and the Egalitarian Ethos,” 113–115. エリザベス・アンダーソンが言い添える通り，これは受給者から見て屈辱的な行動を強いることになるばかりか，国家がその市民にとるべき態度を台無しにするものでもある．運平等主義国家は，受給者選別基準をアンダーソンの考えるほど無神経なものにしていないと自負するかもしれないが，その場合でさえ彼女は，ある架空の手紙のなかでその隠された思考を見事にとらえている．それは，運平等主義的な「国家平等委員会」が適切な受給者と認められてきた一部の人びとに送った手紙である．

愚昧かつ無能な方々へ．遺憾ながら，貴兄による生産システムへの僅少の貢献を，他の方々は有意義とは考えておられません．貴兄はあまりに無能で市場価値には値しません．これほどの生来の無能は不運なことですので，有能な我々が，その埋め合わせをしてさしあげましょう．我々の優秀かつ有益な能力の産物の恩恵に与らせてさしあげたく存じます（Anderson, “What Is the Point of Equality?,” 305）．

国家平等委員会なるものがこのような手紙を送りつける世界は，アンダーソンによると，平等主義の真髄として我々が認めるべき価値観を根本から欠いている．このような社会がいくら能力を欠いた人びとを保護していようとも，劣等者という公式の烙印を得なければその受給者になれない，というのでは，真に対等な市民間の関係形成の可能性を修復不可能な形で破壊してしまうだろう．

(75) 運平等主義の擁護者は，批判者に対し，真の運平等主義者の共同体の性質を誤解している，と反論してきた．その限りではこれは強力な反論である．確かに，運平等主義の理念を非難するにあたり，生半可な姿勢で運平等主義の原則を今日の不完全な政治的現実に適用すれば逆効果を招くだろう，という理由を挙げるのは間違いだ（運平等主義の原則を完璧に適用しても類似の逆効果を招くのかどうかについては，文献上の論争が続いているが，ここではこれにかかずらうことはしない）．しかしながら，ウルフやアンダーソン，シェフラーの批判が理想理論への打撃になっているのかどうかは，いずれにせよ，現実の福祉改革の評価という目的にとっては二義的な重要性しかない．たとえまったく理想的な社会においては「屈辱的な開示」を強いなくてもすんだとしても，この概念についてよく考えれば，厳格な責任追随的制度――たとえば北米や西欧諸国でこの 30 年の間に形成されてきた制度――がなぜ今日の非理想的な実践のなかで重い規範的代償をもたらしているのかを説明する足場になるだろう．

(76) Watkins-Hayes, *New Welfare State Bureaucrats*. これより前の時代の文献の概略については David H. Rosenbloom and Rosemary O'Leary, *Public Administration and Law*, 26th ed. (New York: Marcel Dekker, 1997) を見よ．これらによると，米国の福祉システムにおける「クライエントの蔑視はいたるところに認められる」(ibid., 125) のである．

(77) Joe Soss, "Welfare Application Encounters: Subordination, Satisfaction, and the Puzzle of Client Evaluations," *Administration and Society* 31, no. 1 (1999): 61.

(78) Yeheskel Hansenfeld, Jane A. Rafferty, and Mayer N. Zald, "The Welfare State, Citizenship, and Bureaucratic Encounters," *Annual Review of Sociology* 13 (1987): 401.

(79) かなり異なった形，すなわち（新たな選択場面への直面を防ぐべき理由とは対照的に）現にある選択肢を無効化すべき理由があることへの注意を促す仕方でではあるが，これもまたヤン・エルスターが *Ulysses and the Sirens: Studies in Rationality and Irrationality* (Cambridge: Cambridge University Press, 1979) で展開した主張である．

(80) Michael J. Sandel, *The Case Against Perfection: Ethics in the Age of Genetic Engineering* (Cambridge, MA: Harvard University Press, 2007)〔林芳紀・伊吹友秀訳『完全な人間を目指さなくてもよい理由』ナカニシヤ出版，2010 年〕, 87.

(81) Ibid., pp. 88-89.

(82) 当然のことながら，このことは年金受給者に利得のみならず負担も負わせた．ある企業の賭けがかなり絶望的で規定の年金支払いの見通しが立たない場合には，企業が年金基金に資金を追加せねばならなくなるのと同様，有望な賭けによる利得がすべて出資者に還元されることはなかった．要は，リスクにさらされる機会の増大が今日必然的に年金を侵食しているわけではないが，そこには大きな規範的代償――そのようなリスクが不可避となることに由来する代償を含む――が生じている，ということなのである．

(83) 運平等主義をめぐる論争にも同様の懸念がある．選択の結果の不運はどの程度の不平等な分配を正当化するのだろうか．たとえばエリザベス・アンダーソンは，“What Is The Point of Equality?”（295-302）において，運平等主義原理がもたらしうる反直観的な帰結の長大かつ戦慄的なリストを示している．

運平等主義によると，健康保険の購入を拒むか単に無視した後に大きな交通事故に遭った者には，我々に援助を求める正当な権利がない．これは「不注意な被害者の遺棄」（296）問題を提起する．自分にはどうしようもない理由で障害を負った人と自分の不注意で障害を負った人がいた場合，前者に対して我々は補償と便宜をはからねばならないが，後者にはどちらの義務も負わない．これは「障害を負った者の間の差別」（ibid.）問題である．みずから選んで自然災害の生じやすい地域に住むことにした人は，そのリスクをみずから引き受けねばならない．これは「市民間の地理的差別」（ibid.）問題を呼びさます．

リストは延々と続く．実際，ここに加えたいものがある．今日の年金制度においては，たまたまある堅実に見えた投資オプションを選んだ年金受給者は安楽な老後を送ることができ，たまたま別の堅実な投資オプションを選んだ者は老後資金を失っている——これは「高齢者間の投資的運の差別」の事例である．

(84) 実際，学生負債の未曾有の増大がいっそう有害である理由は，単に高等教育のために負債を負う決断への責任が我々にあることだけではない．おそらく我々は，より高等な教育を求めないという仮の決断への責任をも負っているのである．学士資格を欠いた者の失業率が圧倒的に高いことを我々はみな知っており，知っているべきである以上，自身の今日の運命に責任を負う者たちへの失業手当を払わなくてもよい，というあの愚かな決定の正当化根拠を誰かが示してもよさそうなものである．

(85) 本書の序を見よ．

第3章

(1) House Budget Committee Majority Sta , *The War on Poverty: 50 Years Later—A House Budget Committee Report*, 4, 2014年8月10日アクセス．http://budget.house.gov/uploadedles/war_on_poverty.pdf.

(2) Igor Volsky, “Paul Ryan Blames Poverty on Lazy ‘Inner City’Men,” *Think Progress*, 2014年3月12日．2014年9月8日アクセス．http://thinkprogress.org/economy/2014/03/12/3394871/ryan-poverty-inner-city/.

(3) Susan Greenbaum, “Debunking the Pathology of Poverty,” *Al Jazeera America*, 2014年8月7日アクセス．http://america.aljazeera.com/opin-ions/2014/3/culture-of-povertysocialwelfarepaulryanauenza.html.

(4) David Remnick, “Going the Distance: On and off the Road with Barack Obama,” *The New Yorker*, January 27, 2014, 2014年9月2日アクセス．http://www.newyorker.com/reporting/2014/01/27/140127fa_fact_remnick?currentPage=all.

(5) Ta-Nehisi Coates, “The Champion Barack Obama: How Black America Talks to the White

House," *The Atlantic*, January 31, 2014, 2014 年 6 月 29 日アクセス. http://www.theatlantic.com/politics/archive/2014/01/the-champion-barack-obama/283458/?single_page=true.

(6) たとえば, Ronald Dworkin, *Sovereign Virtue: Equality in Theory and Practice* (Cambridge, MA: Harvard University Press, 2000)〔小林公他訳『平等とは何か』木鐸社, 2002 年〕; G. A. Cohen, "On the Currency of Egalitarian Justice," *Ethics* 99, no. 4 (1989): 906-944 および Richard J. Arneson, "Equality and Equal Opportunity for Welfare," *Philosophical Studies* 56, no. 1 (1989): 77-93, reprinted in Louis Pojman and Robert Westmoreland, eds., *Equality: Selected Readings* (Oxford: Oxford University Press, 1997), 229-241 を見よ. トマス・ネーゲルは同様に運の影響が全方面に及んでいることを強調する一方, 運の影響への対応を政治の役割とする考えには反対している. Thomas Nagel, "Justice and Nature," *Oxford Journal of Legal Studies* 17, no. 2 (1997): 303-321.

(7) John Rawls, *A Theory of Justice*, 1st ed. (Cambridge, MA: Harvard University Press, 1971)〔矢島鈞次監訳『正義論』紀伊國屋書店, 1979 年〕.

(8) Ibid., 102.

(9) Ibid., 312.

(10) Ibid., 12 (強調引用者).

(11) 自然運の影響は正義の名にかけて除去すべしとする見解に伴う困難についての説得力ある発言として, Nagel, "Justice and Nature" を見よ.

(12) この問題へのロールズ自身の解答には, 矛盾があると思う.「生来の分配は正当でも不当でもない. 生誕時に特定の社会的地位にあることは不当ではない. これらは単なる自然的事実である」Rawls, *Theory of Justice*, 87 という彼の言明を考えよ. この種の運が正当でも不当でもないのなら, 正義は運に対する中立性の方針を要求するように思える. そのような偶然性に基づいた功績基底的な主張に注意を奪われてはならないばかりか, そこから生じる優位性を除去する必要もない. しかしながらロールズは最終的に, この種の中立的姿勢を排して正しい社会に向けたより積極的な要求に好意的な態度をとり, 運の影響を抑制, 排除すべきだと考えているように見える. たとえば, 自然的自由の体系へのロールズの反論を考えよ.

> 所得と資産の既存の分配状態は, それに先立つ自然的資産——つまり生来の才能と能力——の累積的効果の産物である. それらが開発されたり未実現のままにされたりするなかで, そしてその活用が折々の社会情勢や不測の事態・幸運等の偶然的要素によって優遇されたり冷遇されたりするなかで, このような効果が生じるのである. 直観的に言うと, 自然的自由の体系が抱える最も明白な不正とは, それが道徳的観点から見てきわめて恣意的なこれらの要因から不適切な影響を受けつつ生じた分配的配当を許してしまうことにある (Ibid., 72).

この言明は筆者にはやや不可解である. 平等が独立の理由から要求されるのだとしたら, 運が平等を覆すものである以上, 運の抑制は必然なのではないか. しかし才能のくじ運が単なる自然的事実なのだとしたら, それ自体は正当でも不当でもなく, それゆえ自然的自由の体系が分配的配当に対する道徳的に恣意的な要因の影響を和らげないという事実が, なぜそれ自体に対する打撃になるのかが判然としなくなる. ロールズの運への関

心は単なる付随的なものである（それゆえ後者の文の修正を要する）のか，あるいは運によるあらゆる格差の生成は不正であり，それゆえその根絶に加担している（したがって前者の文は修正されねばならない）のか，どちらかである．このままでは，彼の言明は緊張をはらんでいる．

（13） Dworkin, *Sovereign Virtue*, esp. 64.

（14） Richard Arneson, "Rawls, Responsibility, and Distributive Justice," in *Justice, Political Liberalism, and Utilitarianism—Themes from Harsanyi and Rawls*, ed. M. Salles and J. A. Weymark (Cambridge: Cambridge University Press, 2008), 80.

（15） Philippe van Parijs, *Real Freedom for All* (Oxford: Oxford University Press, 1995)〔後藤玲子・齊藤拓訳『ベーシック・インカムの哲学――すべての人にリアルな自由を』勁草書房，2009年〕．ヴァン・パリースに運平等主義者という呼び名はふさわしくないかもしれない．というのも彼が主唱する「ベーシック・インカム」は軽率な選択によっても剝奪されないからである．しかしここで重要なのは，個人の生活を運の影響から守ろうという野心をヴァン・パリースが重要な点で共有していることである．さらには，ヴァン・パリースが愛における市民の不運を補償したいと考える特殊な理由は，運平等主義者にもあてはまる．ただ，別の文脈で彼を運平等主義者と呼ぶのは，確かに擁護できない．

（16） Ibid., 127〔前掲書，201-202頁〕. ヴァン・パリースは続けて，平等で売買可能な権利は婚姻パートナーではなく，婚姻関係をこそその本質としている，ということを明快に述べようとしている．しかしながら，この引用箇所は彼の「男性」と「女性」の用法を逆にして読み直してみるべきである――中国やインドのように，女性の方が不足している社会を考えるときにはそうすべきだろう．中国の不運な男性は，「女性に対する平等で売買可能な権利」あるいは女性との婚姻関係への同様の権利を当然に保障されるのだろうか．

（17） Rawls, *Theory of Justice*, 92-95; and Ronald Dworkin: "What Is Equality? Part 1: Equality of Welfare," *Philosophy & Public Affairs* 10, no. 3 (1981)，同じく Ronald Dworkin, "What Is Equality? Part 1: Equality of Resources," *Philosophy & Public Affairs* 10, no. 4 (1981) を見よ．

（18） たとえば，Ronald Dworkin: "Equality, Luck, and Hierarchy," *Philosophy & Public Affairs* 31, no. 2 (2003): 190-198を見よ．

（19） 運平等主義の適用範囲を制限しようとする企てをめぐる議論は，悪い選択運の犠牲者に対する厳しすぎる処遇の回避という文脈で最も多く発生しているが，これらについては，たとえば Shlomi Segall, *Health, Luck, and Justice* (Princeton, NJ: Princeton University Press, 2009), 58-73 および Kristin Voigt, "The Harshness Objection: Is Luck Egalitarianism Too Harsh on the Victims of Option Luck?," *Ethical Theory and Moral Practice* 10, no. 4 (2007): 389-407を見よ．

（20） Immanuel Kant, *Groundwork of the Metaphysics of Morals* (Cambridge: Cambridge University Press, 1998), 8〔篠田英雄訳『道徳形而上学原論』［改訳］岩波書店，1976年，24-25頁〕.

（21） Bernard Williams, *Moral Luck: Philosophical Papers* (Cambridge: Cambridge University Press, 1981), 36.

（22） Dana Nelkin, "Moral Luck," *Stanford Encyclopedia of Philosophy*, rev. ed., 2008, 2013年3月28

日アクセス．http://seop.illc.uva.nl/archives/win2009/entries/moral-luck/.

(23) Ibid.

(24) 道徳的運に関する論争を現代分析哲学のなかで惹起した二つの論文として，Bernard Williams, "Moral Luck," *Proceedings of the Aristotelian Society, Supplementary Volumes,* vol. 50, 115-135; Thomas Nagel, "Moral Luck," *Proceedings of the Aristotelian Society, Supplementary Volumes,* vol. 50, 137-151 (New York: Wiley, 1976) を見よ．道徳的運によって申し立てられた異論の厳格さに関するとりわけ強力な議論については，Michael Zimmerman, "Luck and Moral Responsibility," *Ethics* 97 (1987): 374-386 を参照のこと．

(25) ここでは 1976 年初出のトマス・ネーゲルの道徳的運に関する古典的な 2 論文が最初に用いたきわめて有用な語法に従っている．Nagel, "Moral Luck."

(26) 結果運に関する最近の議論については，たとえば，Peter Vallentyne, "Brute Luck and Responsibility," *Politics, Philosophy, Economics* 7, no. 1 (2008): 57-80 を見よ．結果運に関する最近の議論は，成功した試みと失敗した試みとに対する異なる扱いをめぐって展開されている．たとえば，Leo Katz, "Why the Successful Assassin Is More Wicked Than the Unsuccessful One," *California Law Review* 88, no. 3 (2000): 791-812 および Ken Levy, "The Solution to the Problem of Outcome Luck: Why Harm Is Just as Punishable as the Wrongful Action That Causes It," *Law and Philosophy* 24, no. 3 (2005): 263-303 を見よ．

(27) Nagel, "Moral Luck," 145-146.

(28) Nagel, "Moral Luck," 146-150 を見よ．

(29) 構成運は道徳的運への脅威そのものだと主張する論文として，Andrew Latus, "Constitutive Luck," *Metaphilosophy* 34, no. 4 (2003): 460-475 を見よ．構成運の意義を――あるいはその存在をも――否定する論者として，Susan Hurley, "Justice without Constitutive Luck," *Royal Institute of Philosophy Supplement* 35 (1993): 179-212; Daniel Statman, "Introduction," *Moral Luck* (Albany: State University of New York Press, 1993) および Nicholas Rescher, *Luck: The Brilliant Randomness of Everyday Life* (New York: Farrar, Straus and Giroux, 1995)〔高坂政枝訳『運をつかむ人 運にみはなされる人――宿命をかえる哲学』PHP 研究所，1999 年〕を見よ．

(30) この例は「養育」事例に関わるものであるから，当人の遺伝ではなく育ちによるものであっても構成運の形に特別な影響はないことを強調しておく必要があるだろう．実際，「生得」性の側に属する構成運もよく似た特徴をそなえている．

> 遺伝子変異によってテストステロン値が高く，暴力的性向が強くなってしまった A が，C をゆえなく蹴り飛ばす．B は，非変異遺伝子を欠いていれば同様の暴力的傾向をそなえていたかもしれないが，C に対して敬意をもって接している．

明らかに，ある行為者の悪行がその遺伝子によるものであれその両親によるものであれ，どちらも同じく当人にはどうしようもない事柄に属しており，なおかつ当人の道徳的性格に大きな影響を与える．人の道徳的地位に違いをもたらす運の効果を除去しようとする真面目な企ては，すべてその人の性格に対する生得的影響と養育上の影響の両方を除去するように促すはずである．

(31) Nagel, "Moral Luck," 147-148. ただし，アンドリュー・レイタスが因果運という範疇

はすべて構成運と状況運によって構成されている以上冗長だと主張してきたことに注意せよ．Andrew Latus, "Moral Luck," *The Internet Encyclopedia of Philosophy*, 2014 年 3 月 12 日アクセス．http://www.iep.utm.edu/moralluc/.

(32) 興味深いことに，因果運は道徳的責任をかなりの程度溶解させ，道徳的運すなわち結果運，状況運，構成運のために存在してきた運の影響から行為者を守る二通りの可能性を一つに溶融させてしまうおそれがある．因果的運からの格差形成作用から同胞市民を守りたいという願望を実現する方法の一つは，行為者 A に因果的に予定された当人の行動について，当人に責任を負わせるべきではない，と述べることである．もう一つの方法は，行為者 A に当人による因果的に予定された非道な行動の責任を問う際，行為者 B に当人によるやや悪質な行動の責任を問うのといかなる意味でも異なる扱いをしてはならない，と述べることである．しかし決定論的世界においては，行為者 A の行動も行為者 B の行動もまったく当人の思いのままにはならないのだから，いずれについても当人には責任を問えない．

(33) その理由については以下の例を考えよ．

> 我々の世界の大半は決定論的である．しかしながら，時折量子物理学レベルの不確定な出来事が運動の連鎖反応に入り込んで人間行動に影響を与えるかもしれない．このような事態がいま関心のある事例に生じたとする．A は C を蹴飛ばすことにしたが，これは量子物理学レベルのまったくランダムな出来事によってあるニューロンが点火されたことによる．他方，B は C に敬意をもって接することにしたが，これは量子物理学レベルのまったくランダムな出来事がわずかに異なるニューロンに点火したことによる．

この例に照らしてみれば，因果運が我々の道徳的責任に加えている明白な脅威が因果論的世界だけに限られないことは明らかである．一定の出来事がまったくランダムに生じる世界においても，人間の主体性の余地はほとんど存在しないように思えるのであり，それゆえ（と論は進む）賞賛や非難といった基本的な道徳的範疇の余地もないように思える．この点については，たとえば Gary Watson, *Free Will* (Oxford: Oxford University Press, 2003）および Derk Pereboom, *Living without Free Will* (Cambridge: Cambridge University Press, 2001）を見よ．

(34) Galen Strawson, *Freedom and Belief* (Oxford: Clarendon Press, 1986).

(35) Galen Strawson, "The Impossibility of Moral Responsibility," *Philosophical Studies* 75 (August 1994): 13-14.

(36) Friedrich Nietzsche, *Beyond Good and Evil: Prelude to a Philosophy of the Future*, trans. Walter Kaufmann (New York: Random House, 1966), § 21〔吉村博次訳『ニーチェ全集 第 2 巻 善悪の彼岸』白水社，1983 年，44 頁〕.

(37) おそらく当見解の最も説得力ある擁護論は，しばしばこの分野の文献中で「リバタリアン」的として知られているものだが，ロバート・ケインによるものである．*The Significance of Free Will* (Oxford: Oxford University Press, 1999）および *A Contemporary Introduction to Free Will* (Oxford: Oxford University Press, 2005), esp. chaps. 3 and 4 を見よ．また Randolph Clarke, *Libertarian Accounts of Free Will* (Oxford: Oxford University Press, 2006）も

参照のこと．

(38) たとえばダニエル・デネットの *Freedom Evolves* (New York: Viking, 2003〔山形浩生訳『自由は進化する』NTT 出版，2005 年〕におけるケイン批判を見よ．

(39) David Blumenfeld, "The Principle of Alternate Possibilities," *Journal of Philosophy* 68, no. 11 (1971): 339–345; Carl Ginet, "In Defense of the Principle of Alternative Possibilities: Why I Don't Find Frankfurt's Argument Convincing," *Nous* 30 (1996): 403–417; Michael Zimmerman, "The Moral Significance of Alternate Possibilities," in *Moral Responsibility and Alternative Possibilities: Essays on the Importance of Alternative Possibilities*, ed. David Widerker and Michael McKenna (Aldershot, UK: Ashgate, 2006) および David Kopp, "Defending the Principle of Alternative Possibilities," *Nous* 31 (1997): 441–456 を見よ．

(40) Harry Frankfurt, "Alternate Possibilities and Moral Responsibility," *Journal of Philosophy* 66, no. 23 (1969): 835〔三ツ野陽介訳「選択可能性と道徳的責任」門脇俊介 + 野矢茂樹編・監修『自由と行為の哲学』春秋社，2010 年，91 頁〕．

(41) 現在進行している論争への最初の手がかりとして最善なのは，Widerker and McKenna, *Moral Responsibility and Alternative Possibilities* におけるフランクファートの論文に対する近年の応答集である．また John Martin Fisher, "The Frankfurt Cases: The Moral of the Stories," *Philosophical Review* 119, no. 3 (2010): 315–336 および Michael Otsuka, "Incompatibilism and the Avoidability of Blame," *Ethic* 108, no. 4 (1998): 685–701 も見よ．

(42) Strawson, "The Impossibility of Moral Responsibility," 13.

(43) Daniel Dennett, *Elbow Room: The Varieties of Free Will Worth Wanting* (Cambridge, MA: MIT Press, 1984), 133.

(44) ハリー・フランクファートが擁護したこの示唆については，この後より詳細に検討する．

(45) Ronald Dworkin, *Justice for Hedgehogs* (Cambridge, MA: Harvard University Press, 2011).

(46) Ibid., 224.

(47) Harry Frankfurt, "Freedom of the Will and the Concept of a Person," *Journal of Philosophy* 68, no. 1 (1971): 5–20〔近藤智彦訳「意志の自由と人格という概念」『自由と行為の哲学』〕．

(48) Ibid. また Harry Frankfurt, "Identification and Wholeheartedness," in *Responsibility, Character, and the Emotions: New Essays in Moral Psychology*, ed. Ferdinand David Shoeman (Cambridge: Cambridge University Press, 1987) も参照のこと．

(49) この主題はもう 1 人の「嵌合論者」であるジェラルド・ドゥオーキン（同姓のロナルドと混同してはならない）によっていっそう明示的に探求されている．ドゥオーキンの主張によると，我々がある人を自律しているとみなすべきなのは，「当人が自分の欲望や目標，価値観に同一化しており，なおかつこの同一化の過程が行為者当人にとって疎遠なものになってしまうような作用に影響されていない場合」Gerald Dworkin, *The Theory and Practice of Autonomy* (Cambridge: Cambridge University Press, 1988), 61（強調点引用者）のことである．こうしてドゥオーキンは，彼の嵌合説に説得力ある外在主義的条件を加えている．すなわち，我々が責任を負う行動は，真性の心理過程だけを源泉としていなければならないだけではなく，これらの心理過程が，その要所において我々自身の

ものでなければならない（つまりたとえば外的な操作要因によって引き起こされた一時的な逸脱であってはならない）のである．

（50）Dworkin, *Justice for Hedgehogs.*

（51）Ibid., 226.

（52）T・M・スキャンロンは多くの重要な点でドゥオーキンに近い道徳的責任論を発展させてきた．ここでは詳述しないが，それは筆者がスキャンロンの理論に道徳的帰責によって可能となる応答という文脈——次章以降でとりあげる論点——で最も関心をもっているからでもある．

（53）2，3の例として，Gary Watson, *Free Will*, 2nd ed.（Oxford: Oxford University Press, 2003）; John Martin Fischer, *The Metaphysics of Free Will*（Oxford: Blackwell, 1994）あるいは John Martin Fischer and Mark Ravizza, *Responsibility and Control*（Cambridge: Cambridge University Press, 1998）および Alfred Mele, *Effective Intentions: The Power of Conscious Will*（Oxford: Oxford University Press, 2009）を見よ．

（54）Arneson, "Rawls, Responsibility, and Distributive Justice," 80.

（55）Michael Sandel, *Liberalism and the Limits of Justice*, 2nd ed.（Cambridge: Cambridge University Press, 1998）, 89.

（56）2013年6月3日アクセス, http://bornthiswayfoundation.org/.

（57）これをめぐる論争の特に際立った例は，CNNのニュースキャスター，アシュリー・バンフィールドがある牧師について報じた際に生じた．この人物は同性愛を小児性愛と同列に扱い，政府に同性愛者を死刑に処するよう要求したのだが，バンフィールドはこれを怒りもあらわに報じたのである．ぎこちなくではあるが同性愛関係を本来合意に基づくもの，小児性愛を本来合意に基づかないものとして区別しようとするなかで，彼女は一度「ライフスタイルの選択」という表現を使った．このような背景があるにもかかわらず，即座に大きな批判が浴びせられ，バンフィールドは翌朝番組中に謝罪を余儀なくされた．Alex Alvarez, "CNN's Ashleigh Banfield: Pedophilia, Incest Often 'Not By Choice,' but Being Gay Is 'a Lifestyle Choice,'" *Mediaite*, May 31, 2012, 2013年6月4日アクセス．http://www.mediaite.com/tv/cnns-ashleigh-banfield-pedophilia-incest-often-not-by-choice-but-being-gay-is-a-lifestyle-choice/ を見よ．同じく，Alex Alvarez, "Ashleigh Banfield Clarifies Remarks on Homosexuality: 'Lifestyle Choice' Was 'Not What I Meant at All,'" Mediaite, June 1, 2012, 2013年6月4日アクセス, http://www.mediaite.com/tv/ashleigh-banfield-clarifies-remarks-on-homosexuality-lifestyle-choice-was-not-what-i-meant-to-say-at-all/ も見よ．

（58）ジョン・ロールズについて言うなら，たとえば「市民という概念の理解」には，「二つの道徳的能力」の説明が含まれている．一つは市民には善を構想する能力があると想定されることであり，ここには明らかに人生において価値あるものについての当人の考えを「形成し，修正しそして合理的に追求する」能力が含まれる．このような理由からも，ロールズの主張によると，人を「妥当な請求権の自己認証的源泉」と考えるべきなのである．Rawls, *Justice as Fairness: A Restatement*（Cambridge, MA: Harvard University Press, 2001）, 21-24.〔田中成明他訳『公正としての正義　再説』岩波書店，2004年〕

（59）たとえばある近年の研究によると，「線条体の形態学的異常と小児性愛との間には関

連」がある．Boris Schiffer, Thomas Peschel, Thomas Paul, Elke Gizewski, Michael Forsting, Norbert Leygraf, Manfred Schedlowski, and Tilmann H. C. Krueger, "Structural Brain Abnormalities in the Frontostriatal System and Cerebellum in Peadophilia," *Journal of Psychiatric Research* 41, no. 9 (2007): 753–762.

(60) この主題に関するいくつかの初期の展開については，John Rawls, "Two Concepts of Rules," *The Philosophical Review* 64, no. 1 (1955): 3–32〔深田三徳訳「二つのルール概念」田中成明編訳『公正としての正義』木鐸社，1979年〕を見よ．

(61) Frankfurt, "Freedom of the Will and the Concept of a Person."

(62) Dworkin, *Justice for Hedgehogs*, 226.

第4章

(1) Daniel T. Rodgers, *Age of Fracture* (Cambridge, MA: Harvard University Press, 2011), 34.

(2) Thomas M. Scanlon, "The Significance of Choice," *The Tanner Lectures on Human Values* (Brasenose College, Oxford University, May 16, 23, 28, 1986), 149–216, http://tannerlectures.utah.edu/_documents/a-to-z/s/scanlon88.pdf.

(3) Ibid., 178.

(4) Ibid., 178–179.

(5) Ibid., 179–180.

(6) Ibid., 179.

(7) Ibid., 180.

(8) Ibid.

(9) これが福祉国家に対する「自由」市場の優越性を唱える一般的主張ではないことを銘記されたい．一定の福祉国家制度の下にある市民ならば，高い主体性を発揮して適切な形で各々にその住宅を割り振っていくことができるかもしれない．他方，自由市場の下であっても，この問題にほとんど選択の余地がなく，はじめから特定の住宅に住むしかない——あるいは自分の資力に見合った家が事実上どこにも見当たらない——人がいるかもしれない．したがって重要なのは，自由市場と福祉国家との間ではなく，むしろ寛大な福祉国家に暮らすが福祉制度に依存せざるをえない市民と，このセーフティネットに頼らずにすむ国に暮らす市民との間での比較である．

(10) 平等主義理論においては，職業選択に関する論争は近年，いわゆる有能者の奴隷制度——ある運平等主義観においては，有能な者に対する課税を非常に重くしつつ，その才能によって得られるはずの収入よりも低収入の職業に就けなくするという発想——という文脈において生じている．このような課税形式の擁護論として，G. A. Cohen, *Rescuing Justice and Equality* (Cambridge, MA: Harvard University Press, 2009), chap. 5を見よ．これへの応答として，Michael Otsuka, "Freedom of Occupational Choice," *Ratio* 21, no. 4 (2008): 440–453およびLucas Stanczyk, "Productive Justice," *Philosophy & Public Affairs* 40, no. 2 (2012): 144–164を見よ．

(11) 食料品配給券制度のある特定の運用形態は，しばしば供給過剰と過少のサイクルを

引き起こすが，これはまた経験上望ましくない効果，たとえば肥満の増大などを招く可能 性がある．W. H. Dietz, “Does Hunger Cause Obesity?” *Pediatrics* 95 (1995): 766-767 および Lauren M. Dinour, Dara Bergen, and Ming-Chin Yeh, “The Food Insecurity-Obesity Paradox: A Review of the Literature and the Role Food Stamps May Play,” *Journal of the American Diabetic Association* 107, no. 11 (2007): 1952-1961 を見よ．

(12) 「財産所有的民主制」の語は，J. E. Meade, *Efficiency, Equality and the Ownership of Property* (London: George Allen and Unwin, 1964) で最初に用いられ，次いでとりわけジョン・ロールズの *A Theory of Justice* (特に初版の 272-274 頁を見よ) で採用された．財産所有的民主制およびそれに伴う事前の分配 predistribution の概念に対する関心は近年，特に英国において再度強まっている．優れた論文集 Martin O'Neill and Thad Williamson, eds., *Property-Owning Democracy: Rawls and Beyond* (Chichester, UK: Blackwell, 2012) を見よ．2012 年 9 月に英国野党の旧指導者エド・ミリバンドは，証券取引所に向けた演説のなかで事前分配の概念を支持した．Alex Stevenson, “Ed Miliband's Predistribution Speech in Full,” politics.co.uk, 2014 年 8 月 10 日アクセス．http://www.politics.co.uk/comment-analysis/2012/09/06/ed-miliband-s-redistribution-speech-in-full を見よ．

(13) Scanlon, “Significance of Choice,” 179.

(14) 個人には形式上「職業選択の自由」があるが，穏当な生活を送るに足る仕事が一つしか提供されていないならば，明らかにこの条件は満たされていない．逆に，有意義な職業上の選択肢がいくつも示されているなら，あらゆる職業からの自由な選択など必要ない．この状況がこの点で選択の表現的価値と類似していることを考えよ．スキャンロンに何百ものダイヤモンドをちりばめた iPhone ケースを購入するだけの財力がなくても，多様な贈物の選択肢のなかからの彼の選択は表現的価値をもつだろう．

(15) World Values Survey Wave 5, 2005-2009, Question V51, 2014 年 4 月 21 日アクセス．http://www.worldvaluessurvey.org/WVSOnline.jsp.

(16) もちろん，『プロテスタンティズムの倫理と資本主義の精神』でマックス・ウェーバーは勤勉と優越的な道徳的地位との宗教的基盤上の結合がまさに資本主義の根底にあると主張した．しかし仕事の価値は徹頭徹尾，世俗的な政治的思考のなかでも賞賛されてきたのであり，そこには社会主義やマルクス主義の著作さえ含まれる．他方昨今の平等主義思想家のなかには，みずから望めば不就労を選べることを保障することで市民に真の自由を授けるものとして「ベーシック・インカム」を擁護する者もある．特に Philippe van Parijs, *Real Freedom for All: What (If Anything) Can Justify Capitalism?* (Oxford: Oxford University Press, 1998) を見よ．

(17) クエンティン・スキナーが *Liberty before Liberalism* (Cambridge: Cambridge University Press, 1997)〔梅津順一訳『自由主義に先立つ自由』聖学院大学出版会，2001 年〕で擁護した，あるいはフィリップ・ペティットが *Republicanism: A Theory of Freedom and Government* (Oxford: Oxford University Press, 1999) で擁護した「共和主義的」あるいは「ネオローマ的」な自由観を見よ．これらの——密接に関連するが各々別個の——自由観への標準的な応答とは，それが当該自由の基盤とそれが今後どの程度確実に享受されるかとの混同にもとづく誤解である，という主張である．しかしこれは的外れであり，実際

に将来自分の自由を奪われる可能性があるならば，これが現時点において自由に行動する当人の能力に――将来自分の生活に責任を負う能力への不安感が現時点での重要な選択肢を奪ってしまうのと同様――明白な影響を及ぼすのである．いずれの論点についても，Robert Goodin and Frank Jackson, "Freedom from Fear," *Philosophy and Public Affairs* 35, no. 3 (2007): 249–265 および筆者の草稿 "Political Theory, History and Truth" (available upon request) を参照のこと．

(18) Magnus Sverke, Johnny Hellgren, and Katharina Näswall, "No Security: A Meta-Analysis and Review of Job Insecurity and Its Consequences," *Journal of Occupational Health Psychology* 7, no. 3 (2002): 245. また，B. Burchell, "The Effects of Labour Market Position, Job Insecurity and Unemployment on Psychological Health," in *Social Change and the Experience of Unemployment*, ed. D. Gallie, C. Marsh, and C. Vogler (Oxford: Oxford University Press, 1994), 188–212; Hans De Witte, "Job Insecurity and Psychological Well-Being: Review of the Literature and Exploration of Some Unresolved Issues," *European Journal of Work and Organizational Psychology* 8, no. 2 (1999): 155–177 および J. Hartley, D. Jacobson, B. Klandermans, and T. van Vuuren, *Job Insecurity: Coping with Jobs at Risk* (London: Sage, 1991) も見よ．

(19) Richard S. Lazarus and Susan Folkman, *Stress, Appraisal, and Coping* (New York: Springer Publishing Company, 1984)〔本明寛監訳『ストレスの心理学――認知的評価と対処の研究』実務教育出版，1991 年〕. この認識は多くの「共和主義的」政治理論家による規範的主張に経験的示唆を与えるのに役立つ．それによると，妨害の危険が察知されることは，妨害そのものと同程度に個人の自由に対し抑制的な効果をもちうる．注 (17) を見よ．

(20) Susan J. Ashford, "Individual Strategies for Coping with Stress during Organizational Transitions," *Journal of Applied Behavioral Science* 24, no. 1 (1988): 19–36.

(21) Sendhil Mullainathan and Eldar Shafir, *Scarcity: Why Having So Little Means So Much* (New York: Times Books, 2013)〔大田直子訳『いつも「時間がない」あなたに――欠乏の行動経済学』早川書房，2017 年〕.

(22) Michael J. Sandel, "The Procedural Republic and the Unencumbered Self," *Political Theory* 12, no. 1 (1984): 86 (強調原著者).

(23) Ibid. (強調原著者).

(24) Ibid., 86–87 (強調原著者).

(25) 重要な応答としては，Amy Gutmann, "Communitarian Critics of Liberalism," *Philosophy and Public Affairs* 14 (1985): 308–322 を見よ．初期の優れた論争の解説である Stephen Mulhall and Adam Swift, *Liberals and Communitarians* (Oxford: Blackwell, 1992)〔谷澤正嗣・飯島昇藏ほか訳『リベラル・コミュニタリアン論争』勁草書房，2007 年〕, Will Kymlicka, *Liberalism, Community, and Culture* (Oxford: Clarendon Press, 1989), esp. 52–53 および Will Kymlicka, *Multicultural Citizenship: A Liberal Theory of Minority Rights* (Oxford: Oxford University Press, 1995)〔角田猛之・石山文彦・山崎康仕監訳『多文化時代の市民権――マイノリティの権利と自由主義』晃洋書房，1998 年〕の貢献を見よ．またロールズの *A Theory of Justice* および彼の *Political Liberalism* (New York: Columbia University Press, 1993) と *Justice as*

Fairness—A Restatement（Cambridge, MA: Harvard University Press, 2001）における，彼自身の議論とカントの包括的教説との区別の試みも見よ．.

(26) Bernard Williams, *Ethics and the Limits of Philosophy*（Cambridge, MA: Harvard University Press, 1985）, 68〔森際康友他訳『生き方について哲学は何が言えるか』産業図書，1993年，115頁〕（強調原著者）.

(27) Bernard Williams, "A Critique of Utilitarianism," in *Utilitarianism—For & Against*, ed. J. J. C. Smart and Bernard Williams（Cambridge: Cambridge University Press, 1973）, esp. 116-117.

(28) Peter Strawson, "Freedom and Resentment," reprinted in Paul Russell and Oisín Deery, eds., *The Philosophy of Free Will: Essential Readings from the Contemporary Debate*（New York: Oxford University Press, 2013）, 67〔法野谷俊哉訳「自由と怒り」門脇俊介＋野矢茂樹編・監修『自由と行為の哲学』春秋社，2010年（適宜訳文を修正した）〕.

(29) Ibid., 70〔同 48-49（適宜訳文を修正した）〕.

(30) Ibid., 71〔同 51-52（適宜訳文を修正した）〕.

(31) T. M. Scanlon, *Moral Dimensions: Permissibility, Meaning, Blame*（Cambridge, MA: Harvard University Press, 2008）, 128.

(32) Ibid., 132.

(33) bid., 141.

(34) 第2章で見た通り，エリザベス・アンダーソンは運平等主義をまさにこの種のフェティシズムに陥っているとして非難してきた．Elizabeth Anderson, "What Is the Point of Equality?," *Ethics* 109, no. 2（1999）: 287-337. Samuel Scheffler, "What Is Egalitarianism?," *Philosophy & Public Affairs* 31, no. 1（2003）: 5-39 および Jonathan Wolff, "Fairness, Respect, and the Egalitarian Ethos," *Philosophy & Public Affairs* 27, no. 2（1998）: 97-122 における同様の批判も見よ．

(35) T. M. Scanlon, "The Diversity of Objections to Inequality," *The Lindley Lecture*（University of Kansas, 1996）. その改訂版は T. M. Scanlon, *The Difficulty of Tolerance: Essays in Political Philosophy*（Cambridge: Cambridge University Press, 2003）, 202-218 に再録.

(36) Scanlon, "Diversity," 2. しばしば「十分主義 sufficientarism」と呼ばれる立場を擁護してきた他の哲学者として，Michael Walzer, *Spheres of Justice: A Defense of Pluralism and Equality*（New York: Basic Books, 1983）〔山口晃訳『正義の領分——多元性と平等の擁護』而立書房，1999年〕; Harry Frankfurt, "Equality as a Moral Ideal," Ethics 98（1987）: 21-42 および Frankfurt's "The Moral Irrelevance of Equality," *Public Affairs Quarterly* 14, no. 2（2000）: 87-103, また David Wiggins, "Claims of Need," *Needs, Values, Truth: Essays in the Philosophy of Value*, 3rd. ed.（Oxford: Oxford University Press, 1998）〔2002年刊行の改訂第3版の邦訳として，大庭健・奥田太郎編・監訳『ニーズ・価値・真理——ウィギンズ倫理学論文集』勁草書房，2014年〕, 1-58 を見よ．

(37) Scanlon, "Diversity," 3. この一連の考察からのある興味深い推測は，広範な富の不平等はそれが教育や政治を含む他の生活領域へと「出血」しないかぎり許容される，ということである．この推測はウォルツァーが *Spheres of Justice* において擁護し，ロールズが *Political Liberalism* の第8講において考慮した．エリザベス・アンダーソンの運平等主義

批判もまた，平等の諸観念に対する平等な顧慮の重要性を説得力ある形で活用している．Anderson, "What Is the Point of Equality?," 287-337 を見よ．

(38) Scanlon, "Diversity," 3. 共和主義的自由の古典的定式については，Skinner, *Liberty before Liberalism* および Pettit, *Republicanism* を見よ．高次の不平等が解きがたい支配関係を招くという発想に関するより明確な考察の例としては，Philip Pettit, "Freedom in the Market," *Politics, Philosophy & Economics* 5, no. 2 (2006): 131-149. を見よ．最後に，福祉国家が非支配の達成にどう役立つのかについては，Lena Halldenius, "Non-domination and Egalitarian Welfare Politics," *Ethical Theory and Moral Practice* 1, no. 3 (1998): 335-353 を見よ．

(39) Scanlon, "Diversity," 4. ロールズは彼の言う「公正な機会の平等」を彼の正義構想の中心にあるものとして擁護した．しかしながら，それに続く一部の哲学者たちは機会の平等が固有の価値をもつという確信を弱めてきた．機会の平等批判の一つは右派リバタリアン由来のもので，それをロック的所有権の自由な行使と衝突するものとして描いている．たとえば Richard Epstein, *Forbidden Grounds: The Case against Employment Discrimination Laws* (Cambridge, MA: Harvard University Press, 1992) を見よ．しかしさらに驚くべき機会の平等批判は左派平等主義者由来のものである．たとえば Richard Arneson, "Against Rawlsian Equality of Opportunity," *Philosophical Studies* 93, no. 1 (1999): 77-112 および，より限定的な傾向のものとして Matthias Risse, "What Equality of Opportunity Could Not Be," *Ethics* 112 (2002): 720-747 を見よ．機会の平等擁護論の例としては，John Roemer, "Defending Equality of Opportunity," *The Monist* 86, no. 2 (2003): 261-282 を見よ．

(40) Scanlon, "Diversity," 4-5.

(41) これは特にルソーの『人間不平等起源論』〔本田喜代治訳，岩波文庫，1972 年〕における中心主題である．

(42) この定式は同論文の別の草稿版にも認められる．T. M. Scanlon, "When Does Equality Matter?," 8 (強調原著者), 2014 年 10 月 11 日アクセス．http://www.law.yale.edu/documents/pdf/Intellectual_Life/ltw-Scanlon.pdf.

(43) 地位の能力を敬意と適性の問題として理解し，これがより強固かつ永続的な不平等を招くとする興味深い見解が，Cecilia L. Ridgeway, "Why Status Matters for Inequality," *American Sociological Review* 79, no. 1 (2014): 1-16 に示されている．

(44) 近年この好例が出現したのは，仏経済相で社会党員のエマニュエル・マクロンが工場閉鎖に直面する労働者たちを「苛立たしい」と形容したときのことである．労働者救済の必要性を論じていたにもかかわらず，彼がこの労働者たちに主体性が欠けていると確信していたことは明白で，彼が憂慮を示そうとする際にさえ，これが地位の不平等をその具体的帰結とあわせて深刻化する方向に作用した．Sophie de Ravinel, "Emmanuel Macron s'excuse de ses propos sur les 'illettrées,'" *Le Figaro*, September 17, 2014, 2014 年 10 月 11 日アクセス．http://www.legaro.fr/politique/2014/09/17/01002-20140917ARTFIG00327-emmanuel-macron-s-excuse-de-ses-propos-sur-les-illettrees.php?pagination=2 を見よ．

(45) 責任ある存在としての他者承認の重要性に関するこの正当化に対しては明白な異論がある．それによると，もし誰一人責任を負うべき存在ではないと考えるなら，他者の責任の欠如を認めるという事実はおそらく地位の不平等の源にはなりえない，というの

である．確かにその通りだ．もし誰にも何一つ責任はないと考えられるのなら，他人を責任ある存在と考えるべきこの特殊な理由は事実上棚上げにされるだろう――ただし人間関係の基盤としての帰責の重要性に関する主張は，なお維持されるだろうが．これは理想理論上の重要論点である．しかし非理想理論には限定的にしかあてはまらない．責任ある行為主体という我々の自己理解はきわめて根深いものだからである．事実，左翼でさえ，他者に当人の生活に対する責任があることを否定しても，当人の主体性を同様に否認することは稀である．したがってロナルド・ドゥオーキンが刑事罰の文脈で述べたことは，ここでも該当する．一部の人びとが他者の行動への当人の責任を懸命に否定する理由の一端は，かれら自身――きわめて当然ながら自分の行動への責任を負うべき存在と想定されている人びと――が自分よりも不運な同胞市民を不当に扱ってしまった場合，それがかれら自身の道徳的地位に及ぼす含意への懸念にある．Ronald Dworkin, *Justice for Hedgehogs* (Cambridge, MA: Harvard University Press, 2011), 223ff を見よ．

(46) 人が自分の同胞市民の利害を当人以上に把握できるという発想に伴う政治的危険性に関する有力な警告として，Isaiah Berlin, "Two Concepts of Liberty," *Four Essays on Liberty* (Oxford: Oxford University Press, 1969) を見よ．フランクフルト学派の支持者を含むマルクス主義者の思考におけるその概念の役割については，Raymond Geuss, *The Idea of a Critical Theory—Habermas & the Frankfurt School* (Cambridge: Cambridge University Press, 1981) および Michael Rosen, *On Voluntary Servitude—False Consciousness and the Theory of Ideology* (Cambridge, MA: Harvard University Press, 1996) を見よ．

(47) エゴイズムに関する近年の文献としては，Thomas Nagel, *The Possibility of Altruism* (Oxford: Clarendon Press, 1970); Derek Parfit, *Reasons and Persons* (Oxford: Oxford University Press, 1984)〔森村進訳『理由と人格――非人格性の倫理』勁草書房，1998 年〕, pts. II and III; Christine Korsgaard, "The Myth of Egoism," in *Practical Conflicts: New Philosophical Essays*, ed. P. Baumann and M. Betzler (Cambridge: Cambridge University Press, 2005), 59-91 および David Gauthier, *Morals By Agreement* (Oxford: Clarendon Press, 1986)〔小林公訳『合意による道徳』木鐸社，1999 年〕を見よ．

(48) Bernard Williams, "Egoism and Altruism," *Problems of the Self* (Cambridge: Cambridge University Press, 1973), 250-265 を見よ．

第 5 章

(1) John Stuart Mill: "Chapters on Socialism," *On Liberty and Other Political Writings*, ed. Stefan Collini (Cambridge: Cambridge University Press, 1989), 230〔永井義雄・水田洋訳「社会主義論集」水田洋訳者代表『世界の大思想 II-6 ミル』河出書房，1967 年，400 頁〕.

(2) Ibid., 230-231〔同，400-401 頁〕.

(3) 不完全な手続的正義に関する議論については，たとえば Rawls, *Theory of Justice*, rev. ed. (Cambridge, MA: Harvard University Press, 1999), 74-75 を見よ．

(4) 厳格責任に関する文献の大半はその有用性の正当化にあたって合理的選択理論に依拠するか，不法行為に関する伝統的法理とどの程度調和させられるかについて頭を悩ませ

ている．たとえば Steven Shavell, "Strict Liability versus Negligence," *Journal of Legal Studies* 9, no. 1（1980）: 1–25 および Richard E. Epstein, "A Theory of Strict Liability," *Journal of Legal Studies* 2, no. 1（1973）: 151–204 を見よ．厳格責任への主な批判は，一部は倫理的考慮によるものだが，同様に主に経済的言語で表現されている．たとえば Richard A. Posner, "The Ethical and Political Basis of the Efficiency Norm in Common Law Adjudication," *Hofstra Law Review* 8（1979）: 487–507 を見よ．民法における厳格責任のより明示的な道徳的擁護論については，Stephen Cohen, "Justification for a Doctrine of Strict Liability," *Social Theory and Practice* 8, no. 2（1982）: 213–229 を見よ．

（5）刑法における厳格責任批判の初期形態については，H. L. A. Hart, *Punishment and Responsibility: Essays in the Philosophy of Law*（Oxford: Oxford University Press, 1968）所収の多数の論考を見よ．これへの多くの応答として，Irving Thalberg, "Hart on Strict Liability and Excusing Conditions," *Ethics* 81, no. 2（1971）: 150–160; Christine T. Sistare, "On the Use of Strict Liability in the Criminal Law," *Canadian Journal of Philosophy* 17, no. 2（1987）: 395–408 および Anthony Duff, *Answering for Crime: Responsibility and Liability in the Criminal Law*（Oxford: Hart Publishing, 2007）を見よ．

（6）各福祉受給者が可能なかぎり負うべき集団性への貢献についての古典的定式化については，Amy Gutmann and Dennis Thompson, *Democracy and Disagreement*（Cambridge, MA: Harvard University Press, 1996）を見よ．同様の結論に至るものの，貢献の倫理性を要求するために満たされるべき条件のリストから説き起こす議論として，Stuart White, "Social Rights and Social Contract — Political Theory and the New Welfare Politics," *British Journal of Political Science* 30, no. 3（2000）: 507–532 を見よ．また現状での貢献要求の許容可能性を反駁する第 2 章での拙論とも比較されたい．

（7）たとえば厳密な統計分析が示すところによると，人びとの健康状態の改善は結果的に GDP の増大を促す．Alok Bhargava, Dean T. Jamison, Lawrence J. Lau, and Christopher J. L. Murray, "Modeling the Effects of Health on Economic Growth," *Journal of Health Economics* 20, no. 3（2001）: 423–440; David E. Bloom, David Canning, and Jaypee Sevilla, "The Effect of Health on Economic Growth: A Production Function Approach," *World Development* 32, no. 1（2004）: 1–13 および Guillem López-Casasnovas, Berta Rivera, and Luis Currais, eds., *Health and Economic Growth: Findings and Policy Implications*（Cambridge, MA: MIT Press, 2005）を見よ．

（8）第 2 章の「予見可能性の価値」の節を見よ．

（9）特に第 2 章「屈辱的な開示」の節，および第 4 章「他者を責任の担い手として認めるべき平等主義的理由」の節を見よ．

（10）Philippe Van Parijs, *Real Freedom for All*（Oxford: Oxford University Press, 1995）を見よ．

（11）因果論的接近の擁護者が責任問題に対してとりうるのは，不作為について語るという方法である．デイヴィッド・ルイスからジョナサン・シェファーに至るまでの多くの因果論者は，不作為は原因の一種だと主張してきた．*Lewis's Philosophical Papers*, vol. 2, part IV（New York: Oxford University Press, 1987），または Jonathan Schaffer's "Causation by Disconnection," *Philosophy of Science* 67, no. 2（2000）: 285–300, "Causes Need Not be Physically Connected to Their Effects," in *Contemporary Debates in Philosophy of Science*, ed. Christopher

Hitchcock (Oxford: Blackwell, 2004) を見よ．これに対し，より最近の論者たちは不作為を「擬似」ないし「虚偽」の因果性と呼んできた．擬似因果性については Phil Dowe, "A Counterfactual Theory of Prevention および 'Causation' by Omission," *Australasian Journal of Philosophy* 79, no. 2 (2010): 216–226 を見よ．虚偽の因果性については，Johannes Persson, "Cause, Effect, and Fake Causation," *Synthese* 131, no. 1 (2002): 129–143 を見よ．

これらの見解のなかでは，一定の行動を実際にとったためにその結果に責任を負う可能性があるのとまったく同様に，人は一定の行動をとらなかったためにその結果への因果責任を負う可能性がある．しかしこの論の難点は，それが期待に言及しないために的を外しているところにある．純粋に因果論的に考えると，子どもの母親は，学校への迎えを怠ったためにその子の死についての責任を負うと言えるかもしれない．しかし同じことはその隣人にも言える．実際，その子の死んだ祖父にも同様に該当するのである．反事実論の文脈で直面したのと同じ問題がこうして頭をもたげてくる．不作為を原因に加える因果論は，仮説上の行動が原因に含められる行動に近接するとその区別がきわめて困難になってしまう．この線引きを満足のいく形で行うには，正当化された社会的期待に立ち戻って考えねばならず，これは単なる経験的ないし存在論的範疇ではなく規範的範疇に属するのである．

(12) T. M. Scanlon, *What We Owe to Each Other* (Cambridge, MA: Harvard University Press, 1998), 256–267.

(13) Scanlon, Ibid., 257–264. これらの例における名前は Serena Olsaretti, "Scanlon on Responsibility and the Value of Choice," *Journal of Moral Philosophy* 10, no. 4 (2013): 465–483 からの引用である．

(14) R. M. Adams, "Responsibility for Outcomes," *Working Paper*, 8. Serena Olsaretti, "Scanlon on Responsibility and the Value of Choice" における有益な議論とも対照せよ．

(15) Adams, "Responsibility for Outcomes," 8.

(16) Ibid.

(17) Jacob Torfing, "Workfare with Welfare: Recent Reforms of the Danish Welfare State," *Journal of European Social Policy* 9, no. 1 (1999): 5.

(18) Ibid, 6.

(19) Joe Soss, "Welfare Application Encounters: Subordination, Satisfaction, and the Puzzle of Client Evaluations," *Administration & Society* 31, no. 1 (1999): 59. また，C. T. Goodsell, "Welfare Waiting Rooms," *Urban Life* 12, no. 4 (1984): 467–477 も見よ．

(20) あるフェミニストの見解によると，(SSDI を含む) 社会保障制度の男性受給者の大半が，(AFDC を含む)「給付金 entitlement」プログラムの女性受給者の大半よりも受給に値するとみなされている．Nancy Fraser, "Women, Welfare, and the Politics of Need Interpretation," *Hypatia* 2, no. 1 (1987): 103–121 を見よ．

(21) Soss, "Welfare Application Encounters," 63.

(22) Richard H. Thaler and Cass R. Sunstein, *Nudge: Improving Decisions about Health, Wealth, and Happiness* (New York: Penguin Press, 2009)〔遠藤真美訳『実践行動経済学——健康，富，幸福への聡明な選択』日経 BP 社，2009 年〕．

(23) Sam Hanes, "Economic Growth and the Labor Market," The Behavioral Insights Team, "Update Reform 2013–2015," 7–9, http://blogs.cabinetoffice.gov.uk/behavioural-insights-team/2012/12/14/new-bit-trial-results-helping-people-back-into-work/.

結語

(1) Quentin Skinner, *Liberty before Liberalism* (Cambridge: Cambridge University Press, 1998), 116 (強調原著者)〔梅津順一訳『自由主義に先立つ自由』聖学院大学出版会, 2001 年〕

(2) Ibid., 112〔『自由主義に先立つ自由』121–122 頁〕.